2021

MSA · eBBR

Original-Prüfungsaufgaben
mit Lösungen

Berlin · Brandenburg

Deutsch

STARK

11. ergänzte Auflage
www.stark-verlag.de

Inhalt

Zentrale Prüfung 2016

Mittlerer Schulabschluss/erweiterte Berufsbildungsreife Berlin/Brandenburg

Zentrale Prüfung 2017

Mittlerer Schulabschluss/erweiterte Berufsbildungsreife Berlin/Brandenburg

Zentrale Prüfung 2018

Mittlerer Schulabschluss/erweiterte Berufsbildungsreife Berlin/Brandenburg

Zentrale Prüfung 2019

Mittlerer Schulabschluss/erweiterte Berufsbildungsreife Berlin/Brandenburg

Zentrale Prüfung 2020

Mittlerer Schulabschluss/erweiterte Berufsbildungsreife Berlin/Brandenburg

Wegen des Corona-Virus fanden die schriftlichen und mündlichen Prüfungen zum MSA und zur eBBR in Berlin im Jahr 2020 nicht statt. Die **Original-Prüfungsaufgaben 2020**, die in Brandenburg gestellt wurden, kannst du samt Lösungen als PDF auf der Plattform *MyStark* **herunterladen**, sobald sie zur Veröffentlichung freigegeben sind.

Jeweils zu Schuljahresbeginn erscheinen die neuen Ausgaben der Abschluss-Prüfungsaufgaben mit Lösungen.

Autorin

Lösungen Prüfungsaufgaben: Heike Graffenberger

Vorwort

Liebe Schülerin, lieber Schüler,

mit dem vorliegenden Buch kannst du dich gezielt auf den **Mittleren Schulabschluss** (MSA) und die **erweiterte Berufsbildungsreife** (eBBR) in Berlin bzw. auf die **Fachoberschulreife** (FOR) und die **erweiterte Berufsbildungsreife** (EBR) in Brandenburg im Fach Deutsch vorbereiten. Die **Original-Prüfungsaufgaben** aus den Jahren 2015–2020 bieten dir die Möglichkeit, unter Prüfungsbedingungen den Ernstfall ausgiebig zu üben.

Zu allen Aufgaben erhältst du ausführliche **Lösungsvorschläge**, die dir zeigen, wie man die Aufgaben richtig und umfassend bearbeiten kann. Oft sind aber auch andere Lösungen bzw. andere Formulierungen als die hier abgedruckten möglich. Versuche stets, die Aufgaben **selbstständig** zu beantworten, und sieh nicht gleich in der Lösung nach.

Falls du eine Aufgabe oder Lösung nicht genau verstanden hast, können dir die grau markierten **Hinweise und Tipps** weiterhelfen. Am Schluss solltest du deine Lösung mit der hier angebotenen vergleichen und deine eigenen Ergebnisse gegebenenfalls korrigieren.

Ergänzend zu diesem Buch ist der A4-Band **Training MSA • eBBR Deutsch Berlin / Brandenburg mit interaktivem Prüfungstraining** erhältlich (Best.-Nr. 11154ML, separates Lösungsbuch Best.-Nr. 111540L). Er bietet dir, neben einem breit gefächerten Grundwissenstraining mit Übungen, auch **interaktive Aufgaben** mit hilfreichen Tipps und sofortiger Auswertung, die du am **Computer oder Tablet** lösen kannst. Damit eignet sich der Band ideal zur vertieften, langfristigen Vorbereitung auf alle Kompetenzbereiche und Aufgabenarten der Abschlussprüfung.

Active**Book** Interaktives Training

Sollten nach Erscheinen dieses Buches noch wichtige Änderungen in der Prüfung zu MSA/eBBR oder zu FOR/EBR vom LISUM Berlin-Brandenburg bekannt gegeben werden, findest du aktuelle Informationen dazu im Internet bei *MyStark*.

Der Stark Verlag und die Autorin wünschen dir viel Spaß bei der Vorbereitung und vor allem viel Erfolg in der Prüfung!

Hinweise und Tipps zur Prüfung

In Berlin und Brandenburg finden gemeinsam die **zentralen schriftlichen Prüfungen** am Ende der 10. Klasse statt. Die Prüfung soll sicherstellen, dass die Bedingungen für den Erwerb der Schulabschlüsse an allen Schulen in Berlin und Brandenburg gleich sind. Da die Aufgaben zentral gestellt und von allen Schülerinnen und Schülern am selben Tag zur gleichen Zeit bearbeitet werden, ist gewährleistet, dass man überall **die gleichen Leistungen** erbringen muss, um die Prüfung zu bestehen.

Abschlüsse – Welchen Abschluss kannst du erwerben?

Mit dem Bestehen der zentralen Prüfung am Ende der 10. Klasse können diese Abschlüsse erworben werden:

- in **Berlin** der **Mittlere Schulabschluss** (MSA) oder die **erweiterte Berufsbildungsreife** (eBBR);
- in **Brandenburg** die **Fachoberschulreife** (FOR) oder die **erweiterte Berufsbildungsreife** (EBR).

Umfang – Was umfasst die zentrale Prüfung?

Die Prüfung besteht aus **drei schriftlichen Arbeiten**, je einer in Deutsch und Mathematik sowie in einer Fremdsprache.

- Zusätzlich muss in **Berlin** eine **mündliche Prüfung** in der ersten Fremdsprache sowie eine **Präsentationsprüfung** in einem weiteren Fach abgelegt werden.
- In **Brandenburg** ist die **mündliche Prüfung** in einer Fremdsprache verpflichtend. Freiwillig kann noch eine zusätzliche mündliche Prüfung abgelegt werden.

Termine – Wann findet die Prüfung statt?

Die Prüfungen 2021 finden an folgenden Terminen statt:

- Mathematik Donnerstag, 25. März 2021
- **Deutsch Donnerstag, 15. April 2021**
- Fremdsprache Dienstag, 20. April 2021

Bearbeitungszeit – Wie lange dauert die Prüfung?

Im Fach Deutsch dauert die Prüfung **180 Minuten**, also drei volle Stunden. Nicht eingerechnet wird die Zeit, die am Anfang nötig ist, um die Aufgaben zu verteilen.

Prüfungsinhalte – Was wird im Fach Deutsch geprüft?

Geprüft werden **alle Kompetenzbereiche** des Deutschunterrichts – mit Ausnahme des Kompetenzbereichs Sprechen und Zuhören. Du musst also zeigen, dass du Texte verstehst, die du vorher noch nie gelesen hast, dass du sprachliche Phänomene kennst und erklären kannst, dass du die Regeln der Rechtschreibung und Zeichensetzung beherrschst und dass du in der Lage bist, zu einem gegebenen Thema einen überzeugenden Text zu schreiben.

Aufgabentypen – Wie sehen die Aufgaben aus?

Es kommen drei Arten von Aufgaben vor: geschlossene, halboffene und offene.

- Bei **geschlossenen Aufgaben** gibt es in der Regel keinen Spielraum, es ist nur genau eine Antwort richtig. Oft handelt es sich um Multiple-Choice-Aufgaben oder Richtig/Falsch-Aufgaben oder es gibt eindeutige Regeln wie im Bereich der Rechtschreibung und Grammatik, die nur eine Lösung zulassen.
- Auch bei **halboffenen Aufgaben** wird eine bestimmte Lösung erwartet, jedoch musst du diese Fragen mit eigenen Worten beantworten und hast somit eine gewisse Freiheit in der Ausgestaltung der Lösung.
- Bei **offenen Aufgaben** gibt es viele Lösungsmöglichkeiten; du kannst deine Antwort frei formulieren. Das betrifft vor allem den letzten Teil der Prüfung, wenn es darum geht, einen eigenen Aufsatz zu schreiben und darin deine Meinung zum Ausdruck zu bringen.

Bearbeitung der Aufgaben – Wie ausführlich müssen die Antworten sein?

Bei geschlossenen Aufgaben genügt in der Regel **ein Kreuz**. Manchmal musst du auch eine bestimmte Information aufschreiben, z. B. einen Namen oder eine Zahl. Halboffene Aufgaben beantwortest du mit **vollständigen Sätzen** (es sei denn, du wirst ausdrücklich aufgefordert, nur Stichworte zu notieren). In der Regel werden nicht mehr als ein bis zwei Sätze als Antwort von dir erwartet. Bei offenen Aufgaben musst du meist **einen längeren, zusammenhängenden Text** schreiben (Richtschnur: ca. 500 Wörter).

Rechtschreibung – Was fließt in die Bewertung ein?

Selbstverständlich wird neben den Inhalten auch die Rechtschreibung bewertet. In zwei Teilen der Prüfung werden deine Rechtschreibkenntnisse ganz **direkt geprüft**, indem du zum einen Aufgaben zum „Richtig schreiben“ bearbeiten und zum anderen in einem Text Rechtschreib-, Grammatik-, Zeichensetzungs- und Ausdrucksfehler korrigieren musst. Zudem geht auch in **den letzten beiden Prüfungsteilen**, also bei der Schreibaufgabe, die Sprachrichtigkeit in die Benotung mit ein. Bewertet werden dabei nicht nur **Rechtschreibung** und **Zeichensetzung**, sondern auch die **grammatische Korrektheit** und die sprachliche **Darstellungsleistung**. Das heißt, du solltest deinen Aufsatz gut strukturieren, Wiederholungen vermeiden und dich präzise und angemessen ausdrücken.

Hilfsmittel – Was ist erlaubt und was nicht?

Du darfst ein **Wörterbuch** benutzen. Es hilft dir, wenn du nicht genau weißt, wie ein Wort geschrieben wird oder welche Bedeutung es hat.
Handys sind **nicht** erlaubt. Wenn du dein Handy nicht zu Hause lassen willst, musst du es vor Beginn der Prüfung auf das Lehrerpult legen. Sollte eine Schülerin oder ein Schüler während der Prüfung mit einem Handy erwischt werden, wird das als Täuschungsversuch angesehen, und damit gilt die Prüfung automatisch als nicht bestanden.

Ablauf – Wie läuft die Prüfung ab?

Jeder Schüler und jede Schülerin bekommt einen Einzelplatz. Wenn alle Prüflinge ihren Platz eingenommen haben, werden die Aufgaben ausgeteilt. Das ist ein ganzes Paket (mehr als 20 Seiten). Danach beginnt die eigentliche Prüfungszeit: Nun bearbeitet jeder für sich nacheinander die angegebenen Aufgaben. Wer fertig ist, gibt ab und kann nach Hause gehen.

Vorgehen – Wie gehst du am besten vor?

Am besten blätterst du das Paket mit den Prüfungsaufgaben am Anfang einmal kurz durch, um dir einen **Überblick** zu verschaffen. Danach bearbeitest du die einzelnen Aufgaben. Springe nicht hin und her, sondern beginne mit dem ersten Text und den entsprechenden Aufgaben. Arbeite so nach und nach das ganze Prüfungspaket durch. Aufgaben, die dir viel Kopfzerbrechen bereiten, überspringst du aber am besten erst einmal, damit du nicht unnötig Zeit verlierst. Wenn du alles bearbeitet hast, kannst du dich noch einmal diesen Aufgaben zuwenden und versuchen, sie doch noch zu lösen.
Teile dir deine Zeit gut ein! Für die **Schreibaufgabe** solltest du am Ende noch **mindestens eine Stunde** übrig haben.

Bewertung – Wann hast du die Prüfung bestanden?

Neben jeder Aufgabe ist die Punktzahl, die man mit der richtigen Lösung erreichen kann, angegeben. Einige Aufgaben sind **anspruchsvoller**, sie sind mit einem **Stern** (✱) markiert. Entsprechend gibt es zwei verschiedene Bewertungskategorien: „Fundamentum" und „Additum" – also in etwa „grundlegende" und „zusätzliche" Punkte.

- Willst du die Bestnote im **MSA** bzw. in der **FOR** erhalten, musst du **alle**, auch die **Aufgaben mit Sternchen** richtig lösen.

- Für eine gute Note in der **eBBR** bzw. **EBR** reicht es aus, wenn du dich auf die **Aufgaben ohne Stern** beschränkst. Aber Achtung: Um 100 Prozent Leistung (also die Note 1) in der eBBR/EBR zu erreichen, musst du **auch einige Aufgaben mit Stern** gelöst haben. Bearbeite also möglichst alle Aufgaben; denn am Ende gehen **alle Punkte** in die Bewertung mit ein, egal welchen Abschluss du erreichen willst!

Wenn du mit deinen Lösungen **mindestens 60 Prozent** der Gesamtpunktzahl erzielst (bei eBBR/EBR bezogen auf Fundamentum, bei MSA/FOR bezogen auf Fundamentum + Additum), hast du die Prüfung mit der Note 4 bestanden.

Noten – Wie berechnet sich die Abschlussnote?

Die Abschlussnote setzt sich aus dem **Ergebnis der Prüfung** und aus den **Jahresnoten** in den Prüfungsfächern zusammen. Es zählt also deine Leistung des ganzen Schuljahres! In beiden Bereichen musst du im Durchschnitt **mindestens die Note 4** („ausreichend") erhalten haben, um den Abschluss zu bekommen.

Ausgleichsregelungen – Kann man bei Nichtbestehen die Prüfung wiederholen?

Nein, das geht nicht. Wenn du aber nur in einem Fach die Prüfung nicht bestanden hast, kannst du den Abschluss trotzdem schaffen, wenn das Ergebnis in einem **anderen Prüfungsfach** entsprechend gut ausfällt. Hast du im Prüfungsteil in einem Fach z. B. die Note 5 erhalten, kannst du dies ausgleichen, wenn du in einem anderen Fach mindestens die Note 3 erzielt hast. Dasselbe gilt auch für die Jahresnoten der Fächer. Bedenke, dass du zum Bestehen immer in beiden Bereichen den geforderten Notendurchschnitt (Note 4) erzielen musst.
Bei Nichtbestehen des Prüfungsteils gibt es außerdem auch noch die Möglichkeit, eine **zusätzliche mündliche Prüfung** zu beantragen, um den Abschluss durch eine entsprechende Leistung doch noch zu erreichen.

1 Ernest Shackleton

Ernest Shackleton gelangt vor Scott und Amundsen näher an den Südpol heran als je ein Mensch vor ihm. Auf seiner dritten Antarktisexpedition steckt er im Packeis fest – und startet die spektakulärste Rettungsaktion in der Geschichte des Südpolarmeers.

Der Erfolg einer Expedition – wovon hängt er ab? Es gab Unternehmen, die brachen auf, und niemand hörte jemals wieder etwas von ihnen. Andere erreichten zwar ihr hochgestecktes Ziel, aber auf dem Rückweg kamen alle Teilnehmer um. Für viele Expeditionsleiter zählte ein einzelnes Leben nicht viel, wenn es darum ging, ihre Vision zu verwirklichen. Doch manche hätten ihr eigenes Leben gegeben, um alle Mitglieder wieder heil nach Hause zu bringen. Vielleicht sind das die größten Entdeckerpersönlichkeiten – auch wenn sie ihr eigentliches Ziel gar nicht erreicht haben. Ernest Shackleton ist so ein Fall.

Der gebürtige Ire ist Anfang 20 und Offizier der englischen Handelsmarine, als er an Robert F. Scotts erster Antarktisexpedition teilnimmt. Schon bei der ersten Überwinterung im Packeis zeigen sich die Unterschiede der beiden Männer. Scott, ganz englischer Marineoffizier, legt mehr Wert auf Hierarchien als auf gute Kommunikation mit seinen Leuten. Shackleton dagegen findet zu jedem gut Kontakt und wird so zum psychologischen Führer der Expedition.

Shackleton begleitet Scott gemeinsam mit Edward Wilson auf dessen erster Fahrt Richtung Südpol. Auf dem Rückweg ist Shackleton so geschwächt, dass er zeitweise von den anderen beiden auf einem Schlitten gezogen werden muss. Scott, mit dem er sich verkracht hat, schickt ihn als dienstuntauglich nach Hause. Doch in England wird Shackleton als Held gefeiert – immerhin ist er einer der Männer, die bisher am weitesten nach Süden vorgedrungen sind.

Durch den Beifall ermutigt, treibt Ernest Shackleton das Geld für eine eigene Antarktisexpedition auf und kauft das Schiff „Nimrod“. Mit zehn Ponys und neun Hunden geht es 1907 abermals zum südlichsten Kontinent. Die Expedition errichtet ihr Lager auf der Ross-Insel.

Shackleton teilt das Unternehmen in mehrere Gruppen auf. Einer Mannschaft gelingt die Erstbesteigung des 3 795 Meter hohen Vulkans „Erebus“. Ein zweites Team erreicht am 16. Januar 1909 als erstes den magnetischen Pol der Südhalbkugel auf Victorialand. Shackleton selber bereitet unterdessen seinen Marsch zum geografischen Südpol vor.

Am 29. Oktober 1908 bricht er mit vier Ponys auf. Er wird begleitet von Jameson Adams, Eric Marshall und Frank Wild. Es wird ein unbarmherziger Gewaltmarsch. Die Ponys sinken im Schnee ein, fallen in Gletscherspalten. Alle müssen getötet werden, die Männer ziehen ihre Schlitten nun selber. Shackleton entdeckt den Beardmore-Gletscher. Ohne Steigeisen kämpfen er und seine Männer sich die gewaltige Eiszunge hinauf. Ende Dezember erreichen sie als erste Menschen das antarktische Hochplateau. Von hier aus strömen die Gletscher Richtung Küste.

Shackleton und seine Männer leiden an Schneeblindheit, Hunger und Erfrierungen. Aber sie ziehen weiter nach Süden. Am 9. Januar erreichen sie 88 Grad 23 Minuten. Die Vorräte gehen zur Neige, sie sind am Ende ihrer Kräfte, aber nur noch 185 Kilometer vom Pol entfernt. Kein Mensch war jemals so nah am südlichsten Punkt der Erde. Doch Shackleton opfert seine Männer nicht. Er dreht um. Adams wird auf dem Rückweg so krank, dass er nicht mehr laufen kann. Die anderen ziehen ihn auf einem Schlitten. Die letzten 36 Stunden marschieren sie ohne Pause – und retten ihm dadurch das Leben. Die Expedition hat den Pol nicht erreicht. Sie ist dennoch ein großer Erfolg. In England wird Shackleton dafür in den Adelsstand erhoben.

Amundsen erreicht 1911 als Erster den Südpol. Peary hat zwei Jahre vorher den Nordpol erobert. Doch eine Trophäe ist für Shackleton noch zu holen: die Durchquerung der Antarktis. Am 1. August 1914 sticht er mit der „Endurance“ in See. Die Expedition ist überschattet vom Ausbruch des Ersten Weltkriegs. In Buenos Aires kommen 69 kanadische Schlittenhunde an Bord. Am 5. November 1914 erreichen die Männer Südgeorgien, einen Monat später segeln sie mit frischen Vorräten weiter ins Südpolarmeer.

Das Weddellmeer – es liegt zwischen der ostantarktischen Küste, der Antarktischen Halbinsel und den Süd-Sandwich-Inseln – ist eines der gefährlichsten Meere der Welt. Hier toben Orkane und haushohe Wellen. Eisschollen werden von der Strömung nach Westen vorangetrieben. Wenn sie sich schließen, spricht man von Eisdrift. Sechs Wochen bahnt sich die „Endurance“ einen Weg durch das Packeis. Immer wieder kann sie sich in offene Wasserrinnen retten. Doch am 20. Januar 1915 sitzt sie fest – eine Tagesreise von dem geplanten Landeplatz an der antarktischen Küste entfernt. Fußballspielen auf dem Eis, Training mit den Hunden, sonntags Gesangsabende – der Winter ist lang. Am 1. Mai verschwindet die Sonne – die Eisdrift treibt das Schiff immer weiter von der Küste weg. Im September – Frühling auf der Südhalbkugel – rührt sich das Eis. Schollen schieben sich krachend übereinander, verkeilen sich, bäumen sich auf. Die „Endurance“ führt einen zähen Todeskampf. Die Männer müssen tatenlos zusehen. Am 27. Oktober zerbirst ihr Schiff – und sinkt.

Die Truppe rettet sich aufs Eis, gründet das „Patience Camp“. Schlafsäcke werden verlost. Shackleton dreht es so, dass die Offiziere die dünneren bekommen. Sie schleppen drei offene Boote mit, um sich darin zu retten, sobald sich die Eisfläche öffnet. Ein Mann darf sein Banjo mitnehmen, um die Truppe abends aufzuheitern. Shackleton weiß, wie wichtig die Stimmung fürs Überleben ist. […]

Das Eis wird dünner. Jede Nacht bangen die Männer in den Zelten um ihr Leben. Ob die Scholle hält, die sich da unter ihnen bewegt? Dann endlich, am 9. April, können sie in die Boote. Sie nehmen Kurs auf die Elephant-Insel. Sieben Tage in offenen Booten über das stürmische Eismeer – als sie auf dem kargen Eiland ankommen, sind sie mehr tot als lebendig. „Eine so wilde und ungastliche Küste habe ich noch nie gesehen“, notiert Frank Hurley, der Fotograf. Kein Mensch weiß, wo sie sind. Südgeorgien mit seiner Walfangstation liegt fast 1 500 Kilometer entfernt.

Doch Shackleton wagt das schier Unmögliche. Mit fünf Männern sticht er am 24. April 1916 in einem siebeneinhalb Meter langen, offenen Boot in See, um von dort Rettung zu holen. Sie nehmen Proviant für vier Wochen mit. Wenn sie die Insel bis dahin nicht erreicht hätten, meint Shackleton, wären sie sowieso untergegangen. Das Südpolarmeer kocht, immer wieder überzieht Eis die Taue des Boots. Ihre nasse Kleidung trocknet während der ganzen Fahrt nicht. Wenn bei einem der Männer die Lebensgeister nachzulassen drohen, lässt Shackleton heiße Pulvermilch zubereiten. Schneetreiben und Stürme behindern die Navigation. Es ist schwierig, die Sonne mit dem Sextanten[1] anzuvisieren. Ein Wunder, dass sie nach 16 Tagen Südgeorgien erreichen. Es dauert vier Monate – noch ist Krieg –, bis Shackleton ein chilenisches Schiff auftreibt, um seine Männer von der Elephant-Insel zu retten, doch am Ende hat er keinen einzigen Mann verloren.

1921 bricht der große Polarfahrer noch einmal in die antarktischen Gewässer auf. Doch in Südgeorgien stirbt er an Herzversagen. Ernest Shackleton liegt dort zwischen norwegischen Walfängern begraben.

Fundort: http://www.nationalgeographic.de/entdecker/ernest-shackleton.
Redaktion National Geographic

1 Messgerät zum Bestimmen der Position auf See

Lesekompetenz – Aufgaben zu Text 1 „Ernest Shackleton" Punkte

101 Ergänzen Sie die fehlenden Angaben zur Person Ernest Shackleton. 3

	Angaben zu Shackleton
a) Geburtsland	
b) Alter beim Antritt seiner ersten Expedition	
c) Ehrung	
d) Todesursache	
e) Grabstätte	

102 Nummerieren Sie, in welcher Reihenfolge folgende Antarktisexpeditionen stattfanden. 1

	Nummer
a) Expedition Shackletons in die Antarktis im Jahre 1921	
b) Shackletons erste eigene Antarktisexpedition	
c) Durchquerung der Antarktis unter Leitung von Shackleton	
d) Scotts erste Antarktisexpedition, an der Shackleton teilnimmt	

103 Im Text werden Shackleton und Scott miteinander verglichen. Notieren Sie, inwiefern sich die beiden Polarforscher im Umgang mit der Mannschaft unterscheiden.

	Umgang mit der Mannschaft	
a) Shackleton		1
b) Scott		1

∗ 104 Warum gehört Shackleton nach Einschätzung des Autors zu den „größten Entdeckerpersönlichkeiten“ (Z. 11)? 1

____

____

105 Ergänzen Sie die fehlenden Angaben zu Shackletons erster eigenen Antarktisexpedition. 3

a) Beginn:	
b) Name des Schiffes:	
c) Art und Anzahl der Tiere an Bord:	
d) Ort des Basislagers:	

106 Zu welcher Jahreszeit zählt der Monat September auf der Südhalbkugel? 1

____

∗ 107 Obwohl Shackleton bei seiner ersten Expedition sein eigentliches Ziel nicht erreicht hatte, wurde er dennoch für seine außerordentlichen Erfolge gefeiert.
Notieren Sie
a) sein eigentliches Ziel.
b) zwei Erfolge der Expedition.

a) sein eigentliches Ziel:

____ 1

b) • ein Erfolg:

____ 1

• ein weiterer Erfolg:

____ 1

∗ 108 Ein Teil der ersten eigenen Expedition Shackletons wird als „unbarmherziger Gewaltmarsch“ (Z. 35 f.) bezeichnet.
Notieren Sie drei Gründe aus dem Text, die diese Bezeichnung rechtfertigen.

• ____ 1
• ____ 1
• ____ 1

109 Kreuzen Sie an, wer als Erster den Südpol erreichte. 1

a) Shackleton	☐
b) Scott	☐
c) Amundsen	☐
d) Peary	☐

110 Von welchem politischen Ereignis wurde die dritte Expedition Shackletons überschattet? 1

___

111 Was machte die Durchquerung des Weddellmeeres besonders riskant?
Notieren Sie drei im Text genannte Risiken.

- ___ 1
- ___ 1
- ___ 1

Lesekompetenz gesamt	**22**
Fundamentum	15
✱ Additum	7

Sprachwissen und Sprachbewusstsein – Aufgaben zu Text 1

Punkte

✱ 151 In Zeile 71 f. heißt es: „Am 27. Oktober zerbirst ihr Schiff."
Welches der folgenden Synonyme kann das Verb „zerbersten" in diesem Satz ersetzen? 1

a) zerbrechen	☐
b) zerkratzen	☐
c) zerfallen	☐
d) zergehen	☐

152 Formulieren Sie den folgenden umgangssprachlichen Satz in Standardsprache um.

Shackleton hat sich mit Scott verkracht. 1

___

153 Welche Bedeutung hat die Redewendung „zur Neige gehen“? 1

____

154 Ergänzen Sie die Tabelle, indem Sie der Schreibung der unterstrichenen Wörter die jeweilige Regel zuordnen.

Regel:

1) Substantive/Nomen werden großgeschrieben.
2) Verben werden kleingeschrieben.
3) Substantivierte/nominalisierte Verben werden großgeschrieben.
4) Adverbien werden kleingeschrieben.
5) Eigennamen werden großgeschrieben.

	Nummer der Regel	
a) Auf dem Schiff findet am <u>Sonntag</u> ein Gesangsabend statt.		1
b) Auf dem Schiff finden <u>sonntags</u> Gesangsabende statt.		1

155 Notieren Sie jeweils eine Rechtschreibstrategie, mit der Sie überprüfen können, ob das unterstrichene Wort richtig geschrieben ist.

	Rechtschreibstrategie	
Beispiel: <u>Schlitten</u> – Schliten	Silbentrennung (Schlit-ten)	
a) <u>geschwächt</u> – geschwecht		1
b) <u>krachend</u> – krachent		1

∗ 156 Verbinden Sie die folgenden Sätze zu einem sinnentsprechenden Satzgefüge.

Shackleton holt Hilfe für die Mannschaft. Alle Mitglieder werden gerettet. 1

____

____

____

∗ 157 Welche Funktion hat der Doppelpunkt in dem folgenden Satz?

> Doch eine Trophäe war für Shackleton noch zu holen: die Durchquerung der Antarktis. 1

____

∗ 158 Der folgende Satz enthält verschiedene Stilmittel.

> Die „Endurance“ führt einen zähen Todeskampf.

Unterstreichen Sie zwei der hier verwendeten Stilmittel. 1

Vergleich	Personifikation	Euphemismus
Metapher	Oxymoron	

159 Setzen Sie in den folgenden Sätzen die Verben aus den Klammern in einer grammatisch richtigen Form ein.

a)	Auf dem Rückweg __________ *(sein)* er geschwächt.	1
b)	Es __________ *(werden)* ein unbarmherziger Gewaltmarsch.	1

160 Das Wort „schier“ beschreibt die Art und Weise eines Geschehens oder Sachverhalts. Welches der folgenden Wörter kann das Wort „schier“ im folgenden Satz sinngemäß ersetzen?

Shackleton wagt das <u>schier</u> Unmögliche. 1

a)	oft	☐
b)	nie	☐
c)	meistens	☐
d)	beinahe	☐

∗ 161 Verändern Sie den folgenden Satz so, dass er keine Wertungen mehr enthält.

> Ohne Steigeisen kämpfen sich die Männer den gewaltigen Berg hinauf. 1

____

Sprachwissen und Sprachbewusstsein gesamt	**14**
Fundamentum	9
∗ Additum	5

2 Gefangen im Packeis

Die abenteuerliche Fahrt der Endurance

von Christa-Maria Zimmermann

Bei dem folgenden Textauszug handelt es sich um den Beginn eines Romans.

Oktober/November 1914

Ich hockte in dem engen Spind[1], mit Krämpfen in den Beinen von der Bewegungslosigkeit, und kämpfte gegen die Übelkeit. Das bisschen Tee, das Billy mir heute Morgen in die Kajüte geschmuggelt hatte, wollte wieder heraus, ich spürte es schon fast in der Kehle sitzen. Ich hatte seit gestern keinen Krümel gegessen, denn ich wusste, dass ich am ersten Tag an Bord immer seekrank wurde, bis der Körper sich an die Bewegungen des Schiffes gewöhnt hatte. Und die waren heftig, denn die *Endurance,* die ja mit Packeis fertig werden sollte, hatte einen speziell geformten Rumpf, der die Wellen besonders stark spüren ließ. Auf und ab, auf und ab – mein Magen schlug einen Purzelbaum.

Die stickige Luft in dem Spind und der Geruch des Ölzeugs, unter dem Billy mich versteckt hatte, verstärkten die Übelkeit noch. Kalter Schweiß überzog mein Gesicht und meinen ganzen Körper. Meine Zähne klapperten. Ich drückte die Spindtür auf und ließ mich auf den Boden gleiten. Schließlich konnte ich mich nicht auf Billys Sachen übergeben. Wie immer, wenn ich seekrank war, fragte ich mich, warum ich vor zwei Jahren von zu Hause ausgerissen war und auf einem Schiff angeheuert hatte. Ich hatte Abenteuer erleben wollen, aber nicht sterbenselend in der Ecke liegen.

Die Kajütentür wurde aufgerissen, jemand schrie: „Befehl vom Ersten: Alle Mann …“ Die Stimme brach ab, jemand schnappte nach Luft, dann wurde die Türe zugeschlagen und Schritte klapperten die Treppe hoch und übers Deck. Ich stöhnte. Was war schlimmer? Meine Entdeckung oder die Übelkeit. Ob wir wohl weit genug vom Land entfernt waren? Den Hafen von Buenos Aires hatten wir gestern verlassen, aber gab es da nicht noch ein paar vorgelagerte Inseln?

Jedenfalls war es jetzt zu spät, darüber nachzugrübeln. Die Tür ging wieder auf, eine Hand packte mich am Kragen und stellte mich auf die Füße.

„Marsch zum Boss mit dir!“

Ich schielte nach hinten. Die Hand und die Stimme gehörten Frank Wild, dem Stellvertreter von Sir Ernest Shackleton. […]

Während er mich vor sich herschob, als ob ich eine Gummipuppe wäre, sagte er noch: „Hol die drei aus seiner Kabine. Sie müssen davon gewusst haben“, und die trappelnden Schritte entfernten sich wieder.

Ich war froh, dass der Weg übers Deck führte und ich ein paar Augenblicke lang die frische salzige Luft einatmen konnte. Aber dann wurde ich in die Kajüte geschoben, die ich schon von meiner Bewerbung vor fünf Tagen kannte, und Officer Wild meldete: „Blinder Passagier entdeckt.“

Eine volle Minute lang blieb es ganz still. Ich hob den Kopf. Vor dem Tisch unterm Bullauge[2], der mit Seekarten bedeckt war, standen Sir Ernest Shackleton und Kapitän Worsley und starrten mich an. Dann machte Sir Ernest einen Schritt nach vorn, holte tief Luft – und dann brach ein Donnerwetter los, wie ich es noch nie erlebt hatte, dabei bin ich eine ganze Menge gewöhnt. Ich zog den Kopf zwischen die Schultern und wagte nicht mehr, den Blick zu heben. Am liebsten wäre ich weggelaufen, aber ich spürte Officer Wild dicht hinter mir. Und außerdem würden alle noch schlechter von mir denken, wenn ich mich wie ein Feigling benahm. Das hier musste einfach durchgestanden werden. [...] Die Tür ging wieder auf.

„Matrose Bakewell, Matrose How, Matrose McLeod", verkündete Officer Wild.

„Was habt ihr euch dabei gedacht, ihr Idioten?", donnerte Sir Ernest. „Am höchsten Mastbaum sollte man euch aufknüpfen, alle vier! Ich werde euch in Ketten legen lassen, bis wir in Südgeorgien sind, und euch von da zurück nach England schicken. Und zwar als Gefangene."

Er schrie so laut, dass seine Stimme bestimmt auf dem ganzen Schiff zu hören war. Ich fing an zu zittern, obwohl ich das wirklich nicht wollte. Sir Ernest war bei der Marine gewesen, und da herrschten strenge Sitten, das hatte ich schon oft gehört. Captain Scott hatte auf seiner ersten Expedition in die Antarktis tatsächlich einen Mann wegen Ungehorsams in Ketten legen lassen. Und gab es vielleicht die neunschwänzige Katze noch, die zum Auspeitschen verwendet wurde? Himmel, Tod und Teufel! Billy war mein einziger Freund und jetzt brachte ich ihn ins Unglück. Ich presste die Fingernägel in die Handflächen, um den Brechreiz zu unterdrücken, und öffnete den Mund.

„Ich bin ganz allein schuld, Sir. Ich habe mich versteckt. Die anderen können nichts dafür."

„Wie kannst du es wagen, meinen Befehl zu missachten?" Seine Stimme dröhnte wie ein Nebelhorn. „Ich habe dir gesagt, dass du zu jung bist und dass ich dich nicht an Bord haben will."

Jawohl, das hatte er. Vor fünf Tagen schon. [...]

„Dies ist keine Vergnügungsfahrt, sondern eine Expedition. Weißt du überhaupt, was das bedeutet?"

„Jawohl, Sir. Ich habe nämlich Ihre Bücher gelesen. [...]"

Sir Ernest schnaufte ein paar Mal laut. „Ein Bücherwurm! Auch das noch! Und was weißt du?"

Ich schluckte die saure Brühe hinunter, die mir in den Mund gestiegen war. Zur Hölle mit der Übelkeit. Jetzt würde ich reden! „Dass Sie der berühmteste Polarforscher sind. Dass Captain Scott Sie auf seine erste Südpolexpedition mitgenommen hat, von 1902 bis 1904. Dass Sie vor fünf Jahren eine eigene Expedition unternommen haben und so weit gekommen sind wie noch nie ein Mensch vor Ihnen und dass der König Sie deshalb zum Sir gemacht hat. Und vor zwei Jahren ist Captain Scott noch einmal zum Südpol aufgebrochen und hat ihn auch erreicht, aber auf dem Rückmarsch ist er mit seinen Leuten erfroren, und der Norweger Amundsen war schon vor ihm da."

Sir Ernest schnaufte noch einmal. „Wenn uns die Vorräte ausgehen, dann bist du der Erste, der geschlachtet wird, dass du's nur weißt. […] Oder wir werfen dich den Eisbären zum Fraß vor!"

Wollte er mir eine Falle stellen und testen, ob ich wirklich seine Bücher gelesen hatte? Ich holte noch einmal Luft. „Es gibt keine Eisbären in der Antarktis, Sir. Eisbären gibt es nur am Nordpol."

Er musterte mich schweigend. Seine Augen waren wirklich so durchdringend wie Messer. Ich kam mir vor wie ein Kaninchen vor der Schlange. Dann ging ein Zucken um seine Mundwinkel und er drehte den Kopf. „Einen Steward[3] und Küchenjungen könnten wir noch brauchen, Skipper[4], oder?"

Der Kapitän nickte und blinzelte mir zu. Sollte das etwa heißen …?

„Du kriegst drei Pfund im Monat und keinen Penny mehr, verstanden?" Sir Ernests Stimme klang wieder normal. „Und jetzt verschwindet!"

„Aye, aye, Sir", sagten die drei wie aus einem Munde. […]

Davon hatte ich geträumt, so lange ich denken konnte. Ich wollte Abenteuer in fremden Ländern erleben. Und eines Tages hatte ich die düstere Schule in Rhondda und meinen strengen Vater und meine Stiefmutter satt. In der Nacht war ich aus meinem Fenster und über die Gartenmauer geklettert, war von einer Eisenbahnbrücke in einen offenen Kohlewaggon gesprungen und mit ihm bis Newport an der Südküste von Wales gekommen. Dort hatte ich als Schiffsjunge angeheuert.

Seit ich zur See fuhr, war mein Leben richtig aufregend geworden. Aber die Fahrt mit der *Endurance* würde alles übertreffen. Als ich sie zum ersten Mal betreten hatte, da hatte ich mir geschworen, dass keine Macht der Welt mich mehr von Bord bringen würde. Sir Ernest Shackleton fuhr in die Antarktis und ich sollte nicht dabei sein, weil ich zu jung war? Oh nein!

Ich richtete mich auf und machte mich auf den Weg in die Kombüse[5]. Ich hatte es geschafft! Ich gehörte zur Mannschaft der *Endurance!* Und die war auf dem Weg zu einem der letzten großen Abenteuer, die auf der Erde noch möglich waren: zur Durchquerung der Antarktis.

Aus: Christa-Maria Zimmermann: Gefangen im Packeis. Die abenteuerliche Fahrt der Endurance. Würzburg, Arena 2000, S. 6–11.

1 schmaler Schrank
2 rundes Schiffsfenster
3 Servicekraft auf einem Schiff
4 Anrede für einen Kapitän
5 Schiffsküche

Lesekompetenz – Aufgaben zu Text 2 „Gefangen im Packeis“ Punkte

201 Notieren Sie,
a) in welchem Jahr die Handlung einsetzt.
b) wie das Schiff heißt, auf dem sich der Ich-Erzähler befindet. 1

a) ______________________________

b) ______________________________

202 Unterstreichen Sie die Namen der Matrosen, die in der Kajüte untergebracht sind, in der der Ich-Erzähler entdeckt wird. 1

Bakewell	Scott	McLeod	Wild	How	Worsley

203 Notieren Sie,
a) worin die spezielle Bauweise des Schiffes besteht.
b) welche Auswirkungen diese auf das Verhalten des Schiffes hat.

a) ______________________________ 1

b) ______________________________ 1

204 Notieren Sie, warum der Ich-Erzähler den Spind verlässt. 1

____

____

*205 Notieren Sie aus den Zeilen 3–11 einen Textbeleg, aus dem hervorgeht, dass der Ich-Erzähler nicht zum ersten Mal auf einem Schiff ist. 1

____

____

206 Kreuzen Sie an, ob die folgenden Aussagen zum Ich-Erzähler richtig oder falsch sind. 3

	richtig	falsch
a) Er ist vor drei Jahren von zu Hause ausgerissen.	☐	☐
b) Er hat bereits Bücher von Ernest Shackleton gelesen.	☐	☐
c) In Buenos Aires hat er Shackleton um die Teilnahme an der Expedition gebeten.	☐	☐

		richtig	falsch
d)	Shackleton wollte ihn nicht anheuern, da er immer seekrank wird.	☐	☐
e)	Er hat in Newport das erste Mal auf einem Schiff angeheuert.	☐	☐

∗207 Notieren Sie ein Motiv des Ich-Erzählers, an einer Expedition teilzunehmen. 1

___

∗208 Notieren Sie, was Shackleton dazu bewegt, den Ich-Erzähler einzustellen. 1

___

___

209 Notieren Sie,
a) welche Aufgaben der Ich-Erzähler an Bord übernehmen soll.
b) welchen Lohn er dafür erhalten soll. 1

a) ___

b) ___

210 Kreuzen Sie an, auf welche Personen die folgenden Aussagen zutreffen. 3

		Shackleton	Wild	Worsley
a)	Er ist der Leiter der Expedition.	☐	☐	☐
b)	Er ist stellvertretender Expeditionsleiter.	☐	☐	☐
c)	Er ist der Kapitän des Schiffes.	☐	☐	☐
d)	Er führt den blinden Passagier an Deck.	☐	☐	☐
e)	Er hat einen durchdringenden Blick.	☐	☐	☐

✱211 Im Text heißt es: „Am höchsten Mastbaum sollte man euch aufknüpfen, alle vier!“
Notieren Sie einen Grund, warum die vier so hart bestraft werden sollen. 1

____

✱212 Shackleton ist zu Beginn des Gesprächs mit dem Ich-Erzähler sehr aufgebracht. Das zeigt sich unter anderem an seiner Stimmführung.
Notieren Sie dafür zwei Belege aus dem Text.

- ____ 1
- ____ 1

Lesekompetenz gesamt 18
Fundamentum 12
✱ Additum 6

Sprachwissen und Sprachbewusstsein – Aufgaben zu Text 2

Punkte

251 Ein „blinder Passagier“ ist jemand, der 1

a)	nicht gut sehen kann.	☐
b)	heimlich mitreist.	☐
c)	den falschen Fahrschein gelöst hat.	☐
d)	sich der falschen Reisegruppe angeschlossen hat.	☐

252 Notieren Sie,
a) welche Zeitformen im folgenden Satzgefüge verwendet werden.
✱b) was durch den Gebrauch der beiden unterschiedlichen Zeitformen verdeutlicht wird.

Er testete mich, ob ich wirklich seine Bücher gelesen hatte.

a) • erste Zeitform:

____

• zweite Zeitform:

____ 1

✱b) ____ 1

∗253 Erklären Sie den Bedeutungsunterschied, der sich aus der Verwendung des Konjunktivs im zweiten Satz ergibt.

Satz 1: Am höchsten Mastbaum knüpfe ich euch auf.
Satz 2: Am höchsten Mastbaum würde ich euch aufknüpfen. 1

____

____

____

254 In den beiden folgenden Sätzen wird das Anredepronomen einmal groß- und einmal kleingeschrieben.
Begründen Sie die unterschiedliche Schreibweise.

a) Was habt <u>ihr</u> euch dabei gedacht?
b) Ich habe nämlich <u>Ihre</u> Bücher gelesen.

a) ____________________________________ 1

b) ____________________________________ 1

∗255 Kreuzen Sie an, welcher der unten aufgeführten Satzbaupläne auf den folgenden Satz zutrifft.

Das bisschen Tee, das Billy mir heute Morgen in die Kajüte geschmuggelt hatte, wollte wieder heraus. 1

a) HS_1, NS, HS_1.	☐
b) HS_1, NS_1, NS_2.	☐
c) HS_1, NS, HS_2.	☐

256 Kreuzen Sie an, in welchem Modus das Verb im folgenden Satz steht.

„Und jetzt verschwindet!“ 1

a) Indikativ	☐
b) Konjunktiv	☐
c) Imperativ	☐

257 Ordnen Sie den folgenden Beispielen das entsprechende Stilmittel zu.

1. Ellipse
2. Vergleich
3. Lautmalerei

Beispiel	**Nummer**	
a) Und zwar als Gefangene.		1
b) Über mir knatterten die Segel im Wind.		1

∗ 258 Formen Sie den folgenden Satz in ein Satzgefüge mit einem Kausalsatz um.

Scott hatte auf seiner ersten Expedition einen Mann wegen Ungehorsams einsperren lassen. 1

____

____

____

Sprachwissen und Sprachbewusstsein gesamt **11**
Fundamentum 7
∗ Additum 4

3 Die Deutschen und ihr Eis

Konsum – Vorlieben – Markt

Speiseeismarkt in Deutschland

Marktanteile 2012

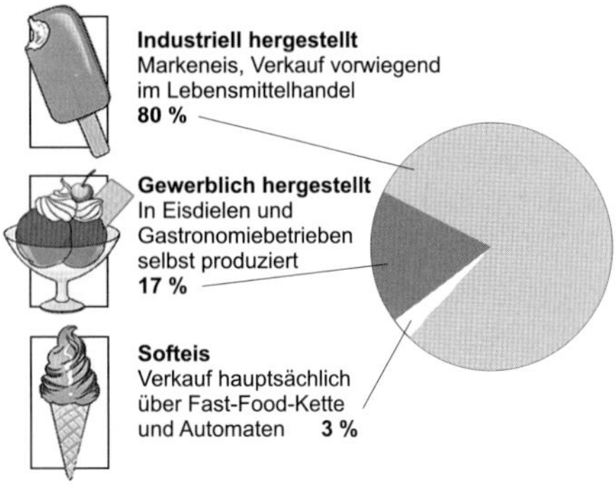

Pro-Kopf-Verbrauch in Europa

Angaben in Liter industriellem Eis (2011)

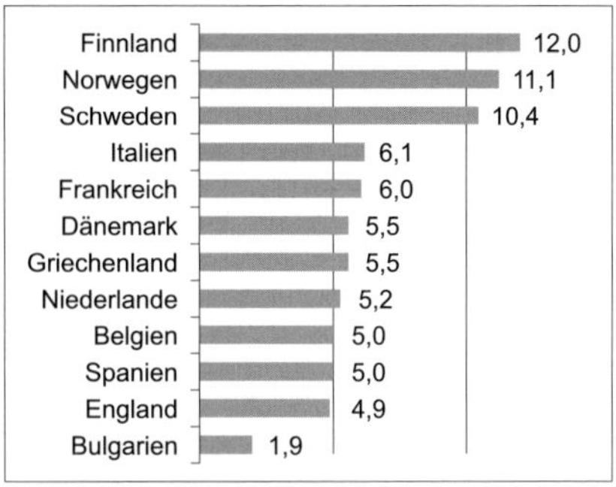

Lieblings-Eissorten der Deutschen

In Eisdielen 2012

Rund 80 Prozent der Deutschen genießen Speiseeis nicht nur im Sommer, sondern das ganze Jahr über.

Was verdient jemand, der Speiseeis herstellt?

Angaben in Euro pro Monat

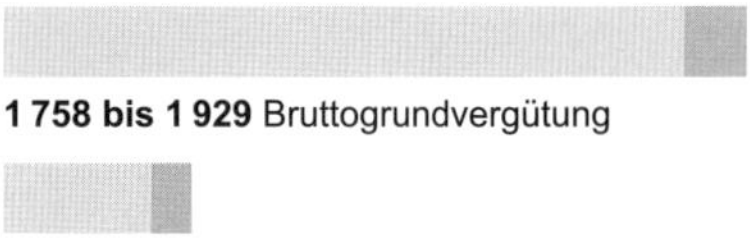

Speiseeishersteller ist ein Exot unter den Ausbildungsberufen. Jedes Jahr lernen nur rund 40 Menschen den Beruf.

Eissorten im Überblick

- Kremeis enthält mindestens 50 Prozent Milch und auf 1 Liter Milch mindestens 270 Gramm Vollei oder 90 Gramm Eigelb.
- Rahmeis hat einen Milchfettanteil von mindestens 18 Prozent aus der verwendeten Sahne (Rahm).
- Milcheis hat einen Milchanteil von mindestens 70 Prozent.
- Eiskrem enthält mindestens 10 Prozent Milchfett.
- Fruchteis hat einen Fruchtanteil von mindestens 20 Prozent, Fruchteis aus Zitrusfrüchten oder anderen sauren Früchten enthält einen Fruchtanteil von mindestens 10 Prozent.
- Fruchteiskrem enthält mindestens 8 Prozent Milchfett und einen deutlich wahrnehmbaren Fruchtgeschmack.
- (Frucht-) Sorbet hat einen Fruchtanteil von mindestens 25 Prozent. Bei Sorbets aus Zitrusfrüchten und anderen sauren Früchten beträgt der Fruchtanteil mindestens 15 Prozent.
- Wassereis hat einen Fettgehalt von weniger als 3 Prozent und einen Trockenmassegehalt aus süßenden und/oder weiteren geschmackgebenden Zutaten von mindestens 12 Prozent.

Definitionen nach den Leitsätzen des deutschen Lebensmittelbuches

Quelle: Lausitzer Rundschau, 07. 08. 2013. LR Medien und Druck BDVZ

Lesekompetenz – Aufgaben zu den Grafiken „Die Deutschen und ihr Eis“

Punkte

301 Sortieren Sie die folgenden Eissorten nach ihrem Beliebtheitsgrad. 1

Joghurt   Haselnuss   Erdbeer   Vanille   Fior di Latte

Beliebtheitsgrad	**Eissorte**
1.	
2.	
3.	
4.	
5.	

302 Welche Herstellungsarten von Speiseeis finden wir auf dem deutschen Markt? 1

größter Marktanteil (80 %):	
zweitgrößter Marktanteil (17 %):	
geringster Marktanteil (3 %):	

✱ 303 Begründen Sie, warum die folgende Aussage bezogen auf die Grafik falsch ist.

„Mangoeis ist das am wenigsten beliebte Eis der Deutschen.“ 1

____

____

304 Bei der Herstellung von Eis werden Facharbeiter benötigt.
Notieren Sie,

a) wie der Ausbildungsberuf heißt.

✱ b) warum dieser Ausbildungsberuf als Exot bezeichnet wird.

a) ______________________________ 1

✱ b) ______________________________ 1

305 Kreuzen Sie an, ob die folgenden Aussagen bezogen auf die Grafiken richtig oder falsch sind. 3

		richtig	falsch
a)	Wassereis enthält Fett.	☐	☐
b)	Rahmeis wird mit Sahne verfeinert.	☐	☐
c)	Je saurer die Früchte sind, desto größer ist der Fruchtanteil im Eis.	☐	☐
d)	Kremeis besteht mindestens zur Hälfte aus Milch.	☐	☐
e)	Der Fruchtanteil im Fruchteis beträgt weniger als zehn Prozent.	☐	☐

306 Wie viel Prozent der Deutschen essen ganzjährig Eis? 1

____

✱ 307 Erklären Sie, warum die folgende Aussage sachlich falsch ist.

Jeder Finne hat im Jahr 2011 zwölf Liter industrielles Eis gegessen. 1

____

____

____

____

____

Lesekompetenz gesamt	**10**
Fundamentum	7
✱ Additum	3

4 Schreibkompetenz – Überarbeiten eines Textes

Im folgenden Text sind beim Übersetzen in die deutsche Sprache Fehler unterlaufen, die vor dem Druck noch korrigiert werden müssen.
Berichtigen Sie nur den jeweiligen Fehler.

R Rechtschreibfehler
Z Zeichensetzungsfehler
G Grammatikfehler
A Ausdrucksfehler

			Punkte
481	Die Ionischen Inseln sind überwiegend fruchtbar und geprägt durch eine üppich blühende Vegetation.	**R** ____________	1
482	Dank ihres mildes Klimas ist die Inselgruppe ein äußerst beliebtes Reiseziel.	**G** (Kasus) ____________	1
∗483	Kennzeichnend für die meisten Inseln auch für die Insel Korfu, ist ein großer Artenreichtum in der Pflanzenwelt.	**Z** (Korrigieren Sie im Satz.)	1
484	An der Ostküste dieser Insel findet man sanfte Buchten, während sich der Westen vor allen durch steile Küstenabschnitte auszeichnet.	**G** (Kasus) ____________	1
∗485	Die Insel ist dicht mit Olivenbäumen bezogen.	**G** (Lexik) ____________	1
∗486	Die Feuchtigkeit speichern diese Bäume in ihren immergrünen Blättern, mit denen sie auch den trockendsten Sommer überstehen.	**R** ____________	1
487	Die Oliven werden nicht gepflückt. Als sie auf den Boden gefallen sind, werden sie eingesammelt.	**G** (Konjunktion) ____________	1

488	Für den Reisenden ist Korfu, der schönste Fleck Griechenlands von unvergleichlichem Reiz.	**Z** (Korrigieren Sie im Satz.)	1
489	Das Hinterland ist immer ein mega Kontrast zu den überfüllten und oft unerträglich lauten Küstenorten.	**A** ______________________	1
490	Wer sich nur wenige Tage auf der Insel aufhällt, sollte unbedingt die Stadt Korfu besuchen.	**R** ______________________	1

Schreibkompetenz gesamt	**10**
Fundamentum	7
✱ Additum	3

5 Schreibkompetenz – Erstellen eines Schreibplans

Public Viewing

An Ihrer Schule ist im Rahmen einer Sportgroßveranstaltung geplant, gemeinsam die Übertragung des Spielverlaufs auf einer großen Leinwand zu verfolgen (Public Viewing). Diese Idee stößt nicht nur auf Zustimmung.
Dies nehmen Sie zum Anlass, um einen Artikel für die Schülerzeitung zu verfassen, in dem Sie die Vor- und Nachteile von Public Viewing in der Schule gegeneinander abwägen.

Lesen Sie zunächst folgende Meinungsäußerungen:

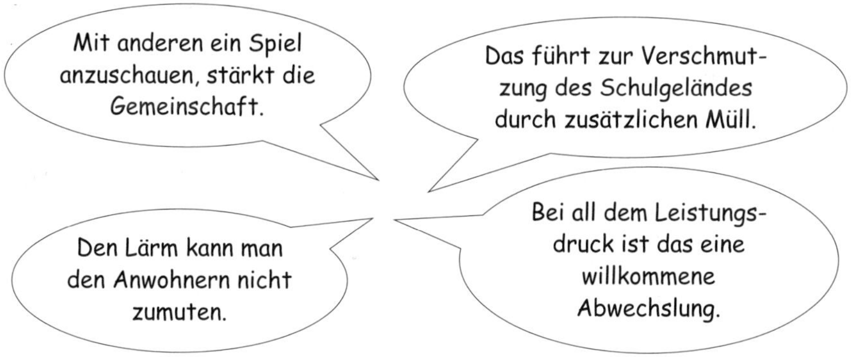

Mit anderen ein Spiel anzuschauen, stärkt die Gemeinschaft.
Das führt zur Verschmutzung des Schulgeländes durch zusätzlichen Müll.
Den Lärm kann man den Anwohnern nicht zumuten.
Bei all dem Leistungsdruck ist das eine willkommene Abwechslung.

Aufgabe:

Erstellen Sie einen Schreibplan, indem Sie das folgende Gliederungsraster ausfüllen:

a) Leiten Sie aus den vorgegebenen Meinungsäußerungen jeweils zwei Pro- und zwei Kontra-Argumente ab.

b) Stützen Sie die Argumente mit jeweils einem Beleg oder Beispiel. Sie müssen dabei auch auf Ihr Alltagswissen und eigene Erfahrungen zurückgreifen.

*c) Formulieren Sie jeweils eigenständig noch ein weiteres Pro- und Kontra-Argument und stützen jedes mit einem eigenen Beleg oder Beispiel.

d) Ergänzen Sie stichwortartig Ihre Überlegungen für Einleitung und Schluss des Artikels, wobei der Schluss Ihre persönliche Meinung widerspiegeln soll.

*e) Formulieren Sie abschließend ein Fazit, das zwei Empfehlungen im Umgang mit Public Viewing an Schulen beinhaltet.

Gliederungsraster:

	1. Einleitung		
581	Schreibanlass		2
582	Hinführung zum Thema		
	2. Hauptteil		
	These	Public Viewing kann das Schulleben bereichern.	
583	1. Argument	•	1
584	Beleg/Beispiel	•	1

585	2. Argument	•	1
586	Beleg/Beispiel	•	1
*587	3. Argument	•	1
*588	Beleg/Beispiel	•	1
	Gegenthese	Veranstaltungen wie Public Viewing gehören nicht in die Schule.	
589	1. Argument	•	1
590	Beleg/Beispiel	•	1
591	2. Argument	•	1
592	Beleg/Beispiel	•	1
*593	3. Argument	•	1
*594	Beleg/Beispiel	•	1

	3. Schluss		
595	persönliche Meinung		1
✱596	Fazit zwei Empfehlungen		2

Schreibkompetenz (Erstellen eines Schreibplans)	**17**
Fundamentum	11
✱ Additum	6

6 Schreibkompetenz – Umsetzung des Schreibplans: Verfassen eines Artikels für die Schülerzeitung

Verfassen Sie diesen Artikel.

Vor- und Nachteile von Public Viewing in der Schule

681	Einhalten der Gliederung		2
✱682	Schreibfunktion	(Additum 4, Fundamentum 1)	5
✱683	Sprachliche Darstellungsleistung	(Additum 2, Fundamentum 2)	4
684	Sprachliche Korrektheit (Grammatik)		2
685	Sprachliche Korrektheit (Rechtschreibung)		2
686	Sprachliche Korrektheit (Zeichensetzung)		2
687	Leserfreundliche Form (Übersichtlichkeit/Schriftbild)		1
		Schreibkompetenz (Verfassen eines erörternden Artikels)	**18**
		Fundamentum	12
		✱ Additum	6

Lösungsvorschläge

1 Ernest Shackleton

Lesekompetenz – Aufgaben zu Text 1 „Ernest Shackleton“

101

		Angaben zu Shackleton
a)	Geburtsland	Irland
b)	Alter beim Antritt seiner ersten Expedition	Anfang 20
c)	Ehrung	Erhebung in den Adelsstand
d)	Todesursache	Herzversagen
e)	Grabstätte	Südgeorgien/Antarktis/ zwischen Walfängern

Hinweis: *Du findest die Lösungen in folgenden Zeilen:*
a) Z. 13: „Der gebürtige Ire“
b) Z. 13: „ist Anfang 20“
c) Z. 51: „in den Adelsstand“
d) Z. 101: „stirbt er an Herzversagen“
e) Z. 101f.: „Doch in Südgeorgien stirbt er [und] liegt dort zwischen norwegischen Walfängern begraben.“

102

		Nummer
a)	Expedition Shackletons in die Antarktis im Jahre 1921	4
b)	Shackletons erste eigene Antarktisexpedition	2
c)	Durchquerung der Antarktis unter Leitung von Shackleton	3
d)	Scotts erste Antarktisexpedition, an der Shackleton teilnimmt	1

Hinweis: *Du findest die Lösungen in folgenden Zeilen: a) Z. 100f.; b) Z. 25f.; c) Z. 53f.; d) Z. 19f.*

103

		Umgang mit der Mannschaft
a)	Shackleton	legt Wert auf gute Kommunikation und findet zu jedem gut Kontakt
b)	Scott	legt Wert auf Hierarchien; gute Kommunikation mit seiner Mannschaft ist ihm nicht so wichtig

***Hinweis:** Hier findest du die Antworten: a) Z. 17f., b) Z. 16f.*

∗ 104 Shackleton hat keine Menschenleben riskiert, um seine Expeditionen erfolgreich zu Ende zu führen.

***Hinweis:** Möglich sind alle Antworten, die verdeutlichen, dass Shackleton das Leben der Expeditionsmitglieder über das Erreichen des Vorhabens stellt. Richtig ist auch, dass er bis dahin Unmögliches versucht. Du findest die Lösungen in folgenden Zeilen: Z. 9f.: „Doch manche hätten ihr eigenes Leben gegeben, um alle Mitglieder wieder heil nach Hause zu bringen."; Z. 46: „Doch Shackleton opfert seine Männer nicht."; Z. 87: „Doch Shackleton wagt das schier Unmögliche."*

105

a)	Beginn:	1907
b)	Name des Schiffes:	Nimrod
c)	Art und Anzahl der Tiere an Bord:	10 Ponys, 9 Hunde
d)	Ort des Basislagers:	Ross-Insel

***Hinweis:** Du findest die Lösungen in den Zeilen 26ff.*

106 Der Monat September zählt auf der Südhalbkugel zum Frühling.

***Hinweis:** Du findest die Lösung in Z. 68f.: „Im September – Frühling auf der Südhalbkugel – rührt sich das Eis."*

∗ 107 a) sein eigentliches Ziel: Er wollte den geografischen Südpol erreichen.
b)
- ein Erfolg: Er entdeckte den Beardmore-Gletscher.
- ein weiterer Erfolg: Er bestieg als Erster den 3 795 m hohen Vulkan „Erebus".

***Hinweis:** Richtig sind bei Aufgabe b) auch diese Antworten: das Erreichen des magnetischen Pols der Südhalbkugel auf Victorialand und das Erreichen des antarktischen Hochplateaus. Du findest die Lösungen in den folgenden Zeilen: a) Z. 1ff., 25ff., 32f. b) Z. 37f., Z. 29f., Z. 31f., Z. 39f.*

∗ 108 • Erfrierungen
- Erkrankungen (z. B. Schneeblindheit)
- lange Märsche ohne Pause

Hinweis: Lies die beiden Absätze von Z. 34 bis Z. 51, denn sie beschreiben den „Gewaltmarsch". Du musst hier nur drei Antworten geben, es sind aber verschiedene möglich – außer den oben genannten z. B. auch diese: Ponys versinken im Schnee; Ponys fallen in Gletscherspalten; Ponys müssen getötet werden; Schlitten müssen von Expeditionsteilnehmern gezogen werden; fehlende Steigeisen beim Klettern; Hunger.

109 c) Amundsen

Hinweis: Die Antwort steht in Z. 52.

110 Das politische Ereignis, das die dritte Expedition Shackletons überschattete, war der Ausbruch des Ersten Weltkriegs.

Hinweis: Die Antwort ist in Z. 55 zu finden.

111 • Orkane
- haushohe Wellen
- Eisschollen bzw. Eisdrift

Hinweis: Auch andere Antworten sind denkbar. Weitere Risiken waren das Packeis und die Meeresströmung. Du findest die Antworten in den Zeilen 59–72.

Sprachwissen und Sprachbewusstsein – Aufgaben zu Text 1

∗ 151 a) zerbrechen

Hinweis: Dieses Verb beschreibt, wie das Schiff auseinanderbricht. Die anderen Vorschläge bezeichnen eher das Entstehen eines geringeren Schadens (zerkratzen) oder einen langwierigeren Vorgang (zerfallen, zergehen).

152 Shackleton hat sich mit Scott zerstritten.

Hinweis: In dem vorgegebenen Satz ist das Verb „verkracht" umgangssprachlich, also muss es ersetzt werden. Denkbar sind auch Umformulierungen wie „Shackleton hatte Streit mit Scott" oder „Shackleton hat sich mit Scott überworfen".

153 „Zur Neige gehen" bedeutet soviel wie „knapp werden" oder „zu Ende gehen".

Hinweis: *Es muss deutlich werden, dass „zur Neige gehen“ bedeutet, dass die Vorräte bald aufgebraucht sind.*

154

		Nummer der Regel
a)	Auf dem Schiff findet am Sonntag ein Gesangsabend statt.	Regel 1
b)	Auf dem Schiff finden sonntags Gesangsabende statt.	Regel 4

Hinweis:
a) „Am Sonntag“ steht für „an dem Sonntag“, d. h., der Artikel „dem“ weist auf die Artikelfähigkeit hin, welche Merkmal eines Nomens ist.
b) sonntags: Hier kann man durch die Frage „Wann?“ erkennen, dass es sich um ein Adverb handelt, und Adverbien werden kleingeschrieben. Außerdem gilt das „-s“, das an den Wochentag angehängt ist, als Kennzeichen eines so gebildeten Adverbs.

155

		Rechtschreibstrategie
a)	geschwächt – geschwecht	Ableitung aus der Wortfamilie schwach; Umlautbildung von *a* zu *ä*
b)	krachend – krachent	Verlängerung durch Attribuierung, z. B. krachende Welle; Das Partizip I wird mit dem Infinitiv des Verbs + -d gebildet, d. h. krachen + -d = krachend

∗ 156 Alle Mitglieder werden gerettet, weil Shackleton Hilfe für die Mannschaft holt.

Hinweis: *Bei der Aufgabe muss man beachten, dass die Bildung eines Satzgefüges verlangt wird, d. h. Hauptsatz + Nebensatz. Deshalb muss auf die Stellung des finiten Verbs (gebeugten Verbs) geachtet werden. Im Hauptsatz steht das finite Verb am Anfang oder an zweiter Stelle, im Nebensatz steht es am Ende (s. Unterstreichung in der Lösung). Die Darstellung des Satzgefüges als Konjunktionalsatz mit „weil“ macht die Abhängigkeit klar, wodurch die Rettung möglich wurde. Du kannst aber auch diesen Satz bilden: „Shackleton holt Hilfe für die Mannschaft, damit alle Mitglieder gerettet werden.“ Die Reihenfolge der Teilsätze hat sich dann geändert und auch ihre Satzart (Hauptsatz/Nebensatz).*

✱ 157 Ankündigung/Hervorhebung

Hinweis: *Der Doppelpunkt betont in diesem Fall die Besonderheit, die Shackleton erreichen kann/will. Beachte, dass nach dem Doppelpunkt nur dann klein weitergeschrieben wird, wenn kein vollständiger Satz folgt, sondern Sachverhalte konkretisiert werden, so wie hier „die Trophäe“.*

✱ 158 Personifikation, Metapher

Hinweis:

- *Personifikation = Vermenschlichung unbelebter Dinge, d. h. hier, dass das Schiff wie ein Mensch einen Kampf führt*
- *Metapher = Sprachbild/Bedeutungsübertragung; „zäher Todeskampf“ beschreibt das Aufbäumen des Schiffes vor dem Sinken*
- *Vergleich = Verknüpfung zweier semantischer Bereiche durch ein Vergleichswort (wie, gleich) zur Veranschaulichung*
- *Euphemismus = Beschönigung, d. h. das Einsetzen von „harmlosen“ Wörtern, um schlimme Dinge abgeschwächt auszudrücken (z. B. „entschlafen“ statt „sterben“)*
- *Oxymoron = Verbindung zweier Vorstellungen, die sich eigentlich ausschließen (z. B. „bittersüß“)*

159 a) Auf dem Rückweg war/ist er geschwächt.
b) Es wurde/wird ein unbarmherziger Gewaltmarsch.

Hinweis: *In den vorgegebenen Sätzen muss man erkennen, dass die zu ergänzenden Verbformen in der 3. Person Singular gebildet werden müssen. Auch kommen nur einfache Tempusformen (Präteritum, Präsens) infrage.*

160 d) beinahe

Hinweis: *„Schier“ und „beinahe“ bedeuten, dass ein Zustand „fast“ so ist, die anderen Antworten drücken dies nicht aus.*

✱ 161 Ohne Steigeisen klettern/steigen die Männer den Berg hinauf.

Hinweis: *Um diese Aufgabe erfüllen zu können, muss man zuerst herausfinden, welche Satzbestandteile Wertungen enthalten: „Ohne Steigeisen kämpfen sich die Männer den gewaltigen Berg hinauf.“ Erst jetzt kann man den Satz verändern. Durch die Vermeidung der wertenden Satzbestandteile wird die gesamte Satzaussage verändert, denn es wird nun nicht mehr deutlich, welche Strapazen diese Klettertour für die Männer enthielt.*

2 Gefangen im Packeis *(Christa-Maria Zimmermann)*

Lesekompetenz – Aufgaben zu Text 2 „Gefangen im Packeis"

201 a) 1914
b) „Endurance"

Hinweis: *Die Antworten findest du in Z. 2 und im Untertitel.*

202 Bakewell Scott McLeod Wild How Worsley

Hinweis: *In Z. 32 wird ausgesagt, dass drei Mann aus der Kabine geholt werden sollen, da man vermutet, diese müssten vom Aufenthalt des blinden Passagiers gewusst haben; in Z. 48 werden die Namen Bakewell, How und McLeod genannt, nachdem die drei an Deck gebracht worden sind.*

203 a) speziell geformter Rumpf
b) lässt die Wellen besonders stark spüren; heftige Schiffsbewegungen; starke Auf- und Abbewegungen

Hinweis: *Du findest die Antworten in den folgenden Zeilen: a) Z. 9 f.: „einen speziell geformten Rumpf"; b) Z. 10: „der die Wellen besonders stark spüren ließ"; Z. 10 f.: „Auf und ab […] – mein Magen schlug einen Purzelbaum."*

204 Übelkeit

Hinweis: *Diese Antwort findest du in Z. 12 f.: „Die stickige Luft […] verstärkte[] die Übelkeit noch." Es sind auch andere Lösungen möglich: Er möchte die Sachen seines Freundes nicht beschmutzen (Z. 15 f.: „Schließlich konnte ich mich nicht auf Billys Sachen übergeben."); Krämpfe in den Beinen (Z. 3: „Ich hockte in dem engen Spind, mit Krämpfen in den Beinen […]").*

* 205 „dass ich am ersten Tag an Bord immer seekrank wurde" (Z. 7)

Hinweis: *Hier wird durch das Wort „immer" deutlich, dass dem Ich-Erzähler diese Situation bekannt ist. Zudem erzählt er, wie er sein Verhalten danach richtete, z. B. nicht zu essen, bis sein Körper sich an die Schiffsbewegungen gewöhnt hat (vgl. Z. 6).*

206

		richtig	falsch
a)	Er ist vor drei Jahren von zu Hause ausgerissen.	☐	☒
b)	Er hat bereits Bücher von Ernest Shackleton gelesen.	☒	☐
c)	In Buenos Aires hat er Shackleton um die Teilnahme an der Expedition gebeten.	☒	☐
d)	Shackleton wollte ihn nicht anheuern, da er immer seekrank wird.	☐	☒
e)	Er hat in Newport das erste Mal auf einem Schiff angeheuert.	☒	☐

Hinweis: *Du findest die Antworten in den folgenden Zeilen: a) Z. 17: „warum ich vor* ***zwei Jahren*** *von zu Hause ausgerissen war"; b) Z. 71: „Ich habe nämlich Ihre Bücher gelesen"; c) Z. 24 f.: „Den Hafen von Buenos Aires hatten wir gestern verlassen"; Z. 66 f.: „Ich habe dir gesagt, […] dass ich dich nicht an Bord haben will."; Z. 68: „[…] das hatte er. Vor fünf Tagen schon."; d) Z. 66: „Ich habe dir gesagt, dass du zu jung bist"; e) Z. 102 f.: „Newport […]. Dort hatte ich als Schiffsjunge angeheuert."*

∗207 Er will Abenteuer erleben.

Hinweis: *Verschiedene Lösungen sind möglich. Die Antworten findest du in Z. 97 ff.: „Davon hatte ich geträumt, so lange ich denken konnte. Ich wollte Abenteuer in fremden Ländern erleben. Und eines Tages hatte ich die düstere Schule in Rhondda und meinen strengen Vater und meine Stiefmutter satt."*

∗208 Der Ich-Erzähler überzeugt durch sein selbstbewusstes Verhalten und kluge Antworten.

Hinweis: *Andere Gründe sind seine Hartnäckigkeit, die genaue Kenntnis von Shackletons Büchern, sein Wissen über die Antarktis, sein Interesse und seine Wissbegierde. Hinweise geben z. B. die folgenden Zeilen: Z. 63: „Ich bin ganz allein schuld […]"; Z. 71: „Ich habe nämlich Ihre Bücher gelesen."; Z. 87 f.: „Es gibt keine Eisbären in der Antarktis, […] Eisbären gibt es nur am Nordpol."*

209 a) Küchenjunge/Steward an Bord (Servicekraft)
b) drei Pfund im Monat

Hinweis: *Die Antworten findest du in den folgenden Zeilen: a) Z. 91f., b) Z. 94.*

210

	Shackleton	Wild	Worsley
a) Er ist der Leiter der Expedition.	☒	☐	☐
b) Er ist stellvertretender Expeditionsleiter.	☐	☒	☐
c) Er ist der Kapitän des Schiffes.	☐	☐	☒
d) Er führt den blinden Passagier an Deck.	☐	☒	☐
e) Er hat einen durchdringenden Blick.	☒	☐	☐

Hinweis: *Du findest die Antworten in den folgenden Zeilen: a) Z. 28ff.; b) Z. 30: „dem Stellvertreter von Sir Ernest Shackleton"; c) Z. 40: „Kapitän Worsley"; d) Z. 29: „Die Hand und die Stimme gehörten Frank Wild"; e) Z. 89f.: „Seine Augen waren […] durchdringend wie Messer."*

✱211 Sie haben seinen Befehl missachtet.

Hinweis: *Hier sind mehrere Antworten möglich, z. B. auch Ungehorsam, die Sorge um das Gelingen der Expedition, die Nahrungsmittelknappheit. Hinweise findest du in den folgenden Zeilen: Z. 56: „strenge Sitten"; Z. 57f.: „Captain Scott hatte […] einen Mann wegen Ungehorsams in Ketten legen lassen."; Z. 65: „Wie kannst du es wagen, meinen Befehl zu missachten?"; Z. 69: „Dies ist keine Vergnügungsfahrt, sondern eine Expedition."; Z. 83: „Wenn uns die Vorräte ausgehen […]."*

✱212
- „[…] dann brach ein Donnerwetter los, […]" (Z. 41)
- „[…] donnerte Sir Ernest." (Z. 50)

Hinweis: *Hier müssen zwei Belege genannt werden, um die Punkte zu erhalten. Weitere Antworten wären: „Er schrie so laut, dass seine Stimme bestimmt auf dem ganzen Schiff zu hören war." (Z. 54f.); „Seine Stimme dröhnte wie ein Nebelhorn." (Z. 65f.); „Sir Ernest schnaufte ein paar Mal laut." (Z. 72).*

251 b) heimlich mitreist.

Hinweis:

a) nicht gut sehen kann = falsch, da die Metapher nicht auf das Nicht-Sehen-Können der Person Bezug nimmt
b) heimlich mitreist = richtig, da die Metapher auf einen Mitreisenden weist, der nicht gesehen werden möchte
c) den falschen Fahrschein gelöst hat = falsch
d) sich der falschen Reisegruppe angeschlossen hat = falsch
Beide Antworten (c und d) sind falsch, denn sie beinhalten einen offiziellen Reiseantritt, bei dem der Reisende Planungsfehler begangen hat.

252 a)
- erste Zeitform: Präteritum
- zweite Zeitform: Plusquamperfekt

* b) Vorzeitigkeit/Nachzeitigkeit

Hinweis: *Zur Erfüllung der Aufgaben musst du zuerst die Verben betrachten und dann die Zeitformen bestimmen. a) 1. einfache Zeitform, d. h. ohne Hilfsverb. Nur Präsens und Präteritum sind einfache Zeitformen. Da der Satz ein Ereignis aus der Vergangenheit schildert, kann es nur das Präteritum sein; 2. zusammengesetzte Zeitform, d. h. Vergangenheit des Hilfsverbs „haben“ + Partizip II des Verbs „lesen“ = Plusquamperfekt. b) Der Ich-Erzähler hat in der Vergangenheit die Bücher Shackletons gelesen (abgeschlossener Vorgang in der Vergangenheit). Nachzeitigkeit: Shackleton testete den Ich-Erzähler danach, ob er wirklich die Bücher gelesen hatte.*

*253 Ein reales Geschehen (Satz 1) wird einem nicht realen Geschehen (Satz 2) gegenübergestellt.

Hinweis: *Satz 1: Am höchsten Mastbaum knüpfe ich euch auf. Hier wird ein reales Geschehen angekündigt. Satz 2: Am höchsten Mastbaum würde ich euch aufknüpfen. Hier wird die Möglichkeit eines realen Geschehens angekündigt. Das Geschehen könnte so passieren, muss es aber nicht zwingend.*

254 a) Kleinschreibung von Personalpronomen: Es werden Personen angesprochen, die vom Sprecher geduzt werden.
b) Großschreibung der höflichen Anredepronomen: Die achtungsvolle Ehrerbietung wird deutlich gemacht.

*255 a) HS_1, NS, HS_1.

Hinweis: *Um herauszufinden, welcher Satzteil ein Hauptsatz (HS) oder ein Nebensatz (NS) ist, musst du das finite (= gebeugte) Verb finden. Denn* *im HS steht das finite Verb am Anfang (1. oder 2. Stelle), im NS steht es am Ende. Im gegebenen Satz wird der Hauptsatz durch das Einschieben eines Nebensatzes unterbrochen: HS_1, NS, HS_1. Außerdem steht im Hauptsatz auch die Hauptaussage, während der Nebensatz hier als Relativsatz nur das Subjekt näher beschreibt. Das ist ein weiteres Erkennungsmerkmal.*

256 c) Imperativ

***Hinweis:** Modus = Aussageweise des Verbs (Überbegriff zu Indikativ, Konjunktiv und Imperativ); Indikativ = Wirklichkeitsform; Konjunktiv = Möglichkeitsform; Imperativ = Befehlsform. Du musst also zuerst das Verb bestimmen und dann entscheiden, welche der drei Aussageweisen hier zutrifft. Der Imperativ kann hier am Ausrufezeichen erkannt werden, welches neben anderen Funktionen die Befehlsform verstärkt.*

257

Beispiel	**Nummer**
a) Und zwar als Gefangene.	1
b) Über mir knatterten die Segel im Wind.	3

Hinweis:
- *Ellipse = unvollständiger Satz; Auslassung eines Satzteils/Wortes, der/das leicht ergänzbar ist. Z. 52 f.: „[…] und euch von da zurück nach England schicken. Und zwar als Gefangene": Hier dient die Ellipse zur Verdeutlichung der Bestrafung, die nicht nur das Heimschicken beinhaltet, sondern verschärfend auch die Gefangenschaft.*
- *Vergleich = Verknüpfung zweier inhaltlicher Bereiche durch ein Vergleichswort („wie", „gleich") zur Hervorhebung des Gemeinsamen*
- *Lautmalerei (auch Onomatopoesie) = lautlich-sprachliche Nachahmung von natürlichen Geräuschen; die Lautmalerei verleiht der Darstellung der sich im Wind bewegenden Segel viel mehr Anschaulichkeit, denn das Verb „knattern" spiegelt das Geräusch, das die Segel dabei machen, wider.*

* 258 Scott hatte auf seiner ersten Expedition einen Mann einsperren lassen, weil er ungehorsam war.

***Hinweis:** Bei dieser Aufgabe müssen zwei Bedingungen erfüllt werden: Einerseits soll ein Satzgefüge entstehen (= HS und NS), andererseits soll ein Kausalsatz (= Satz, der eine Begründung enthält) gebildet werden. Beachte hier auch die Hinweise zu Aufgabe 255. An der Stellung der finiten Verben (Unterstreichung) kannst du überprüfen, ob du wirklich ein Satzgefüge gebildet hast. Der NS wird durch die Konjunktion „weil" eingeleitet, die auf die Angabe eines Grundes hinweist (= Kausalsatz).*

3 Die Deutschen und ihr Eis

Lesekompetenz – Aufgaben zu den Grafiken „Die Deutschen und ihr Eis“

301

Beliebtheitsgrad	Eissorte
1.	Vanille
2.	Haselnuss
3.	Erdbeer
4.	Joghurt
5.	Fior di Latte

Hinweis: *Die Lösung findest du in der Grafik Nr. 2. Du musst die Lieblings-Eissorten auf die in der Aufgabe genannten Sorten reduzieren.*

302

größter Marktanteil (80 %):	industriell hergestelltes Eis
zweitgrößter Marktanteil (17 %):	gewerblich hergestelltes Eis
geringster Marktanteil (3 %):	Softeis

Hinweis: *Diese Lösungen findest du in der Grafik Nr. 1.*

* 303 Mangoeis rangiert zwar auf Platz 10 in der Grafik (also auf dem letztgenannten Platz), aber hier werden die Lieblings-Eissorten der Deutschen aufgelistet. Daraus folgt, dass Mangoeis bei den Lieblings-Eissorten auf Platz 10 liegt und nicht am wenigsten beliebt ist. Zudem gibt es viel mehr Eissorten als die, die in der Statistik erfasst wurden. Außerdem wurde in der Statistik auch nur erfasst, welches die Lieblings-Eissorten der Deutschen im Jahr 2012 in den Eisdielen war.

Hinweis: *Du findest die Antwort in Grafik Nr. 2.*

304 a) Der Ausbildungsberuf heißt Speiseeishersteller.

* b) Dieser Ausbildungsberuf ist ungewöhnlich und selten: Es gibt nur 40 Auszubildende im Jahr.

Hinweis: *Beide Antworten findet man in der Grafik Nr. 3, allerdings nicht im Balkendiagramm, sondern in den folgenden Informationen.*

305

		richtig	falsch
a)	Wassereis enthält Fett.	☒	☐
b)	Rahmeis wird mit Sahne verfeinert.	☒	☐
c)	Je saurer die Früchte sind, desto größer ist der Fruchtanteil im Eis.	☐	☒
d)	Kremeis besteht mindestens zur Hälfte aus Milch.	☒	☐
e)	Der Fruchtanteil im Fruchteis beträgt weniger als zehn Prozent.	☐	☒

Hinweis: *Alle Antworten findest du in der Grafik Nr. 5: a) letzter Stichpunkt, b) zweiter Stichpunkt, c) fünfter Stichpunkt, d) erster Stichpunkt, e) fünfter Stichpunkt.*

306 80 %

Hinweis: *Die Antwort findest du in der Grafik Nr. 2, aber nicht in der bildlichen Darstellung, sondern im Infosatz links unten.*

∗ 307 Da die Statistik lediglich Durchschnittswerte (Mittelwerte) darstellt, hat ein Finne im Jahr 2011 durchschnittlich zwölf Liter industrielles Eis gegessen, aber man kann von diesen Durchschnittswerten nicht den absoluten Verbrauch jedes einzelnen Finnen ableiten. Manche essen mehr, andere weniger Eis.

Hinweis: *Auch hier musst du zuerst die entsprechende Grafik finden. Die Grafik Nr. 4 stellt den Pro-Kopf-Verbrauch in Europa bezogen auf industrielles Eis im Jahr 2011 dar. Der erste Balken im Diagramm zeigt Finnlands Pro-Kopf-Verbrauch von zwölf Litern.*

4 Schreibkompetenz – Überarbeiten eines Textes

481	Die Ionischen Inseln sind überwiegend fruchtbar und geprägt durch eine ~~üppich~~ blühende Vegetation.	**R** üppig
482	Dank ihres ~~mildes~~ Klimas ist die Inselgruppe ein äußerst beliebtes Reiseziel.	**G** (Kasus) milden
∗483	Kennzeichnend für die meisten Inseln, auch für die Insel Korfu, ist ein großer Artenreichtum in der Pflanzenwelt.	**Z** (Korrigieren Sie im Satz.)
484	An der Ostküste dieser Insel findet man sanfte Buchten, während sich der Westen vor ~~allen~~ durch steile Küstenabschnitte auszeichnet.	**G** (Kasus) allem
∗485	Die Insel ist dicht mit Olivenbäumen ~~bezogen~~.	**G** (Lexik) z. B. bewachsen
∗486	Die Feuchtigkeit speichern diese Bäume in ihren immergrünen Blättern, mit denen sie auch den ~~trockendsten~~ Sommer überstehen.	**R** trockensten
487	Die Oliven werden nicht gepflückt. ~~Als~~ sie auf den Boden gefallen sind, werden sie eingesammelt.	**G** (Konjunktion) z. B. Sobald
488	Für den Reisenden ist Korfu, der schönste Fleck Griechenlands, von unvergleichlichem Reiz.	**Z** (Korrigieren Sie im Satz.)
489	Das Hinterland ist immer ein ~~mega~~ Kontrast zu den überfüllten und oft unerträglich lauten Küstenorten.	**A** z. B. großer
490	Wer sich nur wenige Tage auf der Insel ~~aufhällt~~, sollte unbedingt die Stadt Korfu besuchen.	**R** aufhält

Hinweis:

481) Durch Wortverlängerung, z. B. üppig<u>e</u> Vegetation, kann man herausfinden, ob die Endung „-ich“ oder „-ig“ richtig ist.

482) Im Nominativ heißt es „<u>mildes</u> Klima“, aber die Präposition „dank“ verlangt den Genitiv. Dieser wird im Pronomen „ihres“ ausgedrückt, das Adjektiv muss dann „<u>milden</u>“ heißen.

483) Nachgestellte Erläuterungen werden durch Kommas abgetrennt. Hier fehlt das Komma am Anfang der nachgestellten Erläuterung.

484) Die Wahl des Kasus passt nicht. Die Präposition „vor“ verlangt hier den Dativ. Es handelt sich außerdem um eine feststehende Wendung.

485) Das Wort „bezogen“ passt hier nicht, denn eine Landschaft ist nicht mit Bäumen „bezogen“.

486) Rechtschreibfehler: Das „d“ in „trockendsten“ weist auf das Partizip I hin, das aus dem Infinitiv eines Verbs + „d“ gebildet wird. Hier steht aber ein Adjektiv (trocken), kein Partizip. Das Verb „trocken“ existiert nicht.

487) Es wurde eine falsche Konjunktion verwendet. Es soll die Bedingung für das Aufsammeln ausgedrückt werden. Das ist mit „als“ nicht möglich. Um die Bedingung für folgende Handlungen auszudrücken, sind außer „sobald“ auch „wenn“ oder „nachdem“ gebräuchlich.

488) Hier gilt die Regel, dass nachträgliche Erläuterungen/Appositionen durch Kommas vom übrigen Satz abgetrennt werden.

489) Die Verwendung des Wortes „mega“ ist in einem Sachtext unangemessen, weil es sich um eine umgangssprachliche Wendung handelt. Richtig sind z. B. auch „starker“ und „gewaltiger“.

490) Die Form „aufhält“ kommt von „aufhalten“, d. h. der Wortstamm wird mit nur einem „l“ geschrieben.

5 Schreibkompetenz – Erstellen eines Schreibplans

***Hinweis:** Um dir den Schreibplan zu erleichtern, werden dir Teilaufgaben gestellt. Die Lösungen der einzelnen Teilaufgaben sollst du in das Gliederungsraster eintragen.*

a) Ordne die vier vorgegebenen Meinungsäußerungen der These bzw. der Gegenthese zu. Dabei gehören die Meinungsäußerungen, die die These „Public Viewing kann das Schulleben bereichern“ vertreten, in die Zeilen 583 bzw. 585. Dagegen sollen die Meinungsäußerungen, die die Gegenthese „Veranstaltungen wie Public Viewing gehören nicht in die Schule“ stützen, in die Zeilen 589 und 591 geschrieben werden. Du musst die Meinungsäußerungen jeweils umformulieren und in deinen eigenen Worten darstellen.

b) Nun musst du dir zu den formulierten Argumenten Beispiele/Belege überlegen. Dazu solltest du darüber nachdenken, ob du schon ähnliche Situationen erlebt hast und welche Gedanken die Argumente für die These bzw. Gegenthese stützen und verdeutlichen. Trage dies in die Spalten 584, 586, 590 und 592 ein.
c) Daraufhin musst du für die These und Gegenthese auch noch jeweils ein eigenes Argument mit entsprechendem Beleg/Beispiel formulieren. Mögliche weitere Argumente zur These wären z. B. das Kennenlernen von Schülern anderer Jahrgänge, die stärkere Identifizierung mit der eigenen Schule oder die positive Außenwirkung der Schule durch so eine Veranstaltung u. Ä. Weitere Argumente für die Gegenthese könnten die schwierige Beaufsichtigung seitens der Lehrer, das Ausbrechen eines möglichen Chaos, ein zu hoher organisatorischer Aufwand, eine negative Außenwirkung der Schule oder die mögliche Zerstörung schulischen Eigentums u. Ä. sein. Diese eigenen Argumente bzw. Belege/Beispiele musst du in den Spalten 587/588 und 593/594 eintragen.
d) Auch die Gedanken für die Hinführung zum Thema bzw. für den Schluss musst du selbstständig entwickeln und in die Spalten 581/582 und 595/596 in Stichworten eintragen.
e) An dein Fazit anschließend sollst du auch zwei persönliche Vorschläge zum Umgang mit dem Thema (Spalte 596) machen.

So könnte sich der folgende Schreibplan entwickeln:

	1. Einleitung	
581	Schreibanlass	• Beliebtheit von Public-Viewing-Veranstaltungen bei großen Sportereignissen in der Vergangenheit (z. B. in Berlin bei der Fußball-WM, Fußball-EM, bei den Olympischen Spielen) • Überlegung: Public Viewing in unserer Schule anlässlich des nächsten Fußballturniers?
582	Hinführung zum Thema	• Unstimmigkeit in den Schulgremien • Diskussion der Vor- und Nachteile einer solchen Veranstaltung in der Schülerzeitung

		2. Hauptteil
	These	Public Viewing kann das Schulleben bereichern.
583	1. Argument	Public Viewing kann das Gemeinschaftsgefühl an einer Schule stärken.
584	Beleg/Beispiel	So können viel mehr Zuschauer die Mannschaft sehen und unterstützen, da in der Turnhalle nur wenige Zuschauer Platz haben.
585	2. Argument	Eine Public-Viewing-Veranstaltung bietet eine gute Abwechslung zum Leistungsdruck des Schulalltags.
586	Beleg/Beispiel	Man erlebt Schule als Ort gemeinsamer Freude und Unterstützung der Mitschüler, die in der Schulmannschaft kämpfen.
∗587	3. Argument	So eine Veranstaltung bietet die Möglichkeit, dass sich Schüler verschiedener Jahrgänge kennenlernen und so die schulische Gemeinschaft gestärkt wird.
∗588	Beleg/Beispiel	Es gibt im Schulalltag wenige Gelegenheiten, bei denen Schüler verschiedener Jahrgänge gemeinsam ein Ziel verfolgen. Hier hätten alle das gemeinsame Interesse, die eigene Mannschaft zu unterstützen.
	Gegenthese	Veranstaltungen wie Public Viewing gehören nicht in die Schule.
589	1. Argument	Eine Public-Viewing-Veranstaltung bringt eine große Lärmbelastung mit sich.
590	Beleg/Beispiel	Diese Lärmbelastung führt besonders bei den Anwohnern in der Nähe der Schule zu Konflikten.
591	2. Argument	So eine Großveranstaltung führt unausweichlich zu einer unkontrollierbaren Verschmutzung des Schulgeländes.
592	Beleg/Beispiel	Der Vergleich mit anderen Public-Viewing-Veranstaltungen, z. B. in Berlin-Mitte, zeigt, dass nach der Veranstaltung viel Müll liegen bleibt, so wäre es im Kleinen auch in der Schule.
∗593	3. Argument	Es wäre ein hoher organisatorischer Aufwand nötig, und auch die Beaufsichtigung wäre schwierig.

✻594	Beleg/Beispiel	Besonders auf die Lehrer käme ein großer zeitlicher Aufwand zu, außerdem eine größere persönliche Verantwortung in einer schwierigen Aufsichtssituation.
	3. Schluss	
595	persönliche Meinung	• Public-Viewing-Veranstaltungen zur Stärkung der Schulgemeinschaft und zur Annäherung zwischen den Jahrgängen • Gute Planung und Vorbereitung notwendig: Verantwortung teilen und Zerstörung von Schuleigentum vorbeugen
✻596	Fazit/zwei Empfehlungen	• Die Durchführung sollte durch alle schulischen Gremien unterstützt werden • Identifikation der Schüler mit der Schule kann gesteigert werden • Verantwortung nicht nur bei den Lehrern (z. B. Sportvereine oder Sponsoren mit ins Boot holen) • Ankündigungen im Wohngebiet und Gespräche mit den Anwohnern → Beteiligung an der Veranstaltung anstelle von Ablehnung → Stärkung des nachbarlichen Miteinanders • Schüler organisieren Müllentsorgungsdienst

6 Schreibkompetenz – Umsetzung des Schreibplans: Verfassen eines Artikels für die Schülerzeitung

Hinweis: *In diesem Aufgabenbereich schreibst du nun einen Artikel für die Schülerzeitung, der auf dem Schreibplan aus dem 5. Aufgabenbereich basiert. Es muss deutlich werden, aus welchem Anlass du diesen Artikel schreibst. Du kannst ein persönliches (auch ein erfundenes) Erlebnis anführen, das den Leser neugierig macht und den vorgegebenen Anlass anschaulich werden lässt.*
Achte beim Ausformulieren auf vollständige Sätze und entsprechende Satzverknüpfungen, z. B. durch passende Konjunktionen. Vermeide Wortwiederholungen und lange verschachtelte Sätze („Bandwurmsätze“).
Gestalte den Text übersichtlich, indem du inhaltliche Einheiten jeweils in einem neuen Abschnitt beginnst.

Insgesamt soll dieser Artikel deine Argumentation und deine Einstellung zum Thema Schritt für Schritt und ohne Widersprüche deutlich machen und das Fazit mit den beiden Empfehlungen folgerichtig erarbeiten.
Da dieser Artikel für die Schülerzeitung entstehen soll, musst du auch darauf achten, dass die Sprache dem Anlass angemessen ist. Du sollst nicht in Jugendsprache schreiben, deine Wortwahl aber auf deine Leser zuschneiden, also in einer für Jugendliche verständlichen Sprache schreiben. Dabei musst du die sprachlichen Regeln einhalten.

„Spieler vor, noch ein Tor" –
Vor- und Nachteile von Public Viewing in der Schule

Einleitung: Schreibanlass

Erinnert ihr euch noch an die tollen Public-Viewing-Veranstaltungen im vorigen Jahr zur Fußball-WM? Wir haben gemeinsam mit wildfremden Menschen den Jungs unserer Nationalmannschaft die Daumen gedrückt. Jedes Tor haben wir begeistert gefeiert und sind uns in die Arme gefallen. Die unterschiedlichsten Menschen einte ein gemeinsames Erlebnis.

Hinführung zum Thema

Was hier im Großen geschah, könnte doch auch im Kleinen, z. B. bei unserem nächsten Anti-Gewalt-Fußballturnier, funktionieren. Dies stand deshalb auf der Tagesordnung unserer letzten Schülervertretersitzung. Wir haben vorgeschlagen, dieses Turnier auf großer Leinwand auf dem Schulhof zu übertragen, also ein Public Viewing für die Schüler unserer Schule zu organisieren. Da wir in der Sitzung zu keinem einheitlichen Standpunkt kamen, möchte ich euch hier die wichtigsten Argumente darlegen und meine Einschätzung zum Thema darstellen. Vielleicht schaffen wir es, eine sinnvolle Diskussion in allen Klassen zu führen.

Hauptteil:
Pro
1. Argument
Beleg/Beispiel

Public Viewing kann das Gemeinschaftsgefühl an unserer Schule stärken. Das ist sicher das wichtigste Argument, das für die Durchführung einer solchen Großveranstaltung auf dem Schulhof spricht. Ich erinnere mich an die Diskussionen im letzten Schuljahr, wer beim Anti-Gewalt-Fußballturnier zuschauen darf. Wir hatten viel mehr Interessenten als Zuschauerplätze, sodass wir nur Plätze verlosen konnten, was zu großem Unmut bei all denen führte, die nicht das Glück hatten, so einen Losplatz zu erhalten.

2. Argument
Beleg/Beispiel

Public Viewing kann eine Abwechslung zum alltäglichen Leistungsdruck bringen. Wir erleben die Schule bei so einem Ereignis nicht mehr nur als Lehranstalt, sondern als „Heimstatt“, die wir als Schüler täglich besuchen. Schule wird so zu dem Ort eines gemeinsamen Erlebnisses, das unser Gemeinschaftsgefühl stärkt, weil wir alle das Ziel haben, unsere Mitschüler zu unterstützen und mit ihnen gemeinsam ein Ziel zu erreichen. So gewinnen oder verlieren wir gemeinsam.

3. Argument
Beleg/Beispiel

So ein Großereignis an der Schule bringt zudem Schüler verschiedener Jahrgänge zusammen. Das gemeinsame Ziel, die eigene Mannschaft zu unterstützen, sprengt Klassengrenzen. Was in der Mannschaft funktioniert, nämlich dass man sich gegenseitig achtet und unterstützt, egal in welcher Klassenstufe man lernt, wäre auf einmal auch in der großen Schulgemeinschaft möglich. Man würde nicht den „Großen“ herauskehren, der alles besser weiß, sondern beim Zusehen z. B. die Nehmerqualitäten der „Kleinen“ schätzen lernen, die ja nur jemand sieht, der das Spiel verfolgt.

Kontra

Aber es gab in der Schülervertretung auch die Meinung, dass Veranstaltungen wie Public Viewing nicht in die Schule gehören.

1. Argument
Beleg/Beispiel

Ein Gegenargument war, dass mit dem Public Viewing auf dem Schulhof auch eine große Lärmbelästigung einherginge. So werden besonders unsere Nachbarn, die in den Wohnungen in der Nähe der Schule wohnen, sich möglicherweise belästigt fühlen und sich beschweren, vielleicht sogar die Polizei holen.

2. Argument
Beleg/Beispiel

Auch würde durch so eine Großveranstaltung ein erhebliches Müllproblem auf uns zukommen. Da in der Anonymität einer so großen Gemeinschaft niemand befürchten muss, zur Verantwortung gezogen zu werden, würden viele ihren Müll einfach liegen lassen.

3. Argument
Beleg/Beispiel

Die Lehrer, die an der Diskussion in der Schülervertretung teilnahmen, sahen in der Planung des Public Viewings auch einen großen organisatorischen Aufwand sowie eine große Verantwortung bei der Beaufsichtigung einer solchen Veranstaltung. So wäre in der Vergangenheit immer wieder die Planung und Organisation außerschulischer Veranstaltungen an den Lehrern hängen geblieben und die Aufsicht wäre eine zusätzliche Belastung.

Zusammenfassend möchte ich verdeutlichen, dass ein Public Viewing zum Anti-Gewalt-Fußballturnier eine tolle Sache wäre, die die Schulgemeinschaft stärken würde und uns ein gemeinsames tolles Erlebnis verschaffen würde. Allerdings ist mit der Organisation eines solchen Ereignisses auch viel Verantwortung verbunden und der Schutz des Schuleigentums muss gewährleistet sein.

Schluss:
Persönliche Meinung

Deshalb sollten wir gemeinsam überlegen, wie wir so eine Veranstaltung vorbereiten können, damit die Verantwortung auf mehreren Schultern ruht. So könnte man die Sportvereine und unseren Hauptsponsor mit ins Boot holen, um uns z. B. bei der Technikfrage zu unterstützen. Das Müllproblem könnte durch Ordnungsgruppen aus allen Klassenstufen eingedämmt werden und eine Bekanntmachung und Einladung im Wohngebiet würde vielleicht sogar die Anwohner von meckernden Außenstehenden zu mitfiebernden Fans machen.

Fazit
Empfehlungen

Vielleicht habe ich euch überzeugen können, das Thema in euren Klassen zu diskutieren und in diesem Sinne freue ich mich auf die nächste Zusammenkunft der Schülervertreter.

1 Nur mit Gummi

Burkhard Straßmann

Schläuche können mehr als Rosen wässern: Sie saugen Diamanten vom Meeresgrund und sind auch Chirurgen nützlich. Wie schaffen sie das?

Gelegentlich wackeln in den Häusern der ungarischen Stadt Szeged alle Tassen im Schrank. Dann ist im Gummiwerk am Ortsrand der drittgrößten Stadt des Landes mal wieder ein Schlauch geplatzt.

Nicht Fahrlässigkeit ist der Grund, auch kein Materialfehler. Berstversuche gehören zum Produktionsalltag in dem ehemaligen Staatsbetrieb. In einer speziellen Prüfkammer erleben neue Spezialschläuche, was ihnen hoffentlich ihr ganzes Schlauchleben lang erspart bleibt – Drücke von bis zu einigen Tausend Bar. Wasser, mit solchem Druck gespritzt, kann Stein- und Metallplatten schneiden. Im Gummiwerk macht der platzende Schlauch ein großes Getöse und springt locker zwei Meter hoch in die Luft. Dann traut sich der Prüfingenieur wieder in die triefnasse Kammer und beäugt den Schaden.

Ist es von Belang, wenn in Szeged ein Schlauch platzt? Oder genereller: Sind Schläuche wichtig? Der Gartenfreund, der zwischen seinen Beeten steht und das Grün wässert, würde „Tja“ sagen und schief grinsen. Das labberige Stück Weichplastik in seiner Hand, der geplatzte Fahrradschlauch, eventuell die medizinischen Schläuche, an denen er am Ende lieber nicht hängen möchte – viel mehr fiele ihm nicht dazu ein. Tatsächlich aber ist der Schlauch das am meisten unterschätzte Bauelement der Förder- und Transporttechnik. Ein heimlicher Held.

Nichts ist wichtiger beim Schlauch als seine Zuverlässigkeit. Darin unterscheidet er sich nicht von seinem populäreren Konkurrenten, dem Rohr. Wie dieses transportiert er Flüssigkeiten, Gase, staubiges Material und Schüttgut. Dafür muss er dicht sein. Doch darüber hinaus kann er noch viel mehr als das Rohr. Weil er flexibel ist, windet er sich durch enge und verbaute Räume, lässt sich biegen und aufrollen, und er kann mit den Gelenken der Maschinen leben.

Eine Kulturgeschichte des Schlauches käme vermutlich zu dem Ergebnis, dass der Schlauch das moderne Rohr ist. Denn er ist, anders als sein steifer Konkurrent, ein Freund der Mobilität. Er verträgt Bewegung. Eine feste Leitung oder einen Tank kann er mit vibrierenden, schlingernden, gelegentlich ruckelnden oder schaukelnden Maschinenteilen verbinden. Darum finden wir zwischen fixer

Karosserie und zitterndem Motor Schläuche; ebenfalls am Knickarm des Baggers oder zwischen zwei sich in der Brandung wiegenden Öltransportern.

Angesichts seiner ökonomischen und, wie man sehen wird, ökologischen Bedeutung ist es erstaunlich, dass das Image des Schlauches so schlecht ist. Wer nicht mehr durchblickt, steht auf dem Schlauch. Geschlaucht fühlt sich, wer fix und fertig ist. Und schon die Bibel sprach von alten Schläuchen, die reißen, wenn man neuen Wein einfüllt.

An ihre Existenz erinnern uns Schläuche erst im ruinierten Zustand. [...] Ein geplatzter Ölförderschlauch führt zu einer Umweltkatastrophe. Das Auto muss in die Werkstatt, weil der Kühlwasserschlauch undicht ist. Der Nachbar tobt, weil ihm nach dem Reißen des Waschmaschinenschlauches Wellen um die Füße plätschern. Und der Gartenfreund schimpft pudelnass, weil der Gartenschlauch vom Anschlussstück gerutscht ist.

Solche Pannen sind für Tamás Katona undenkbar. Katona ist der Geschäftsführer der Szegeder Gummifabrik und leitet auch den Geschäftsbereich Oil & Marine eines großen Konzerns. Katona behauptet, er schlafe nachts gut. Das kann man schwer glauben. Denn er verantwortet unter anderem die Herstellung solcher Schläuche, die unter den rauen Bedingungen einer Ölplattform mitten im Ozean Wind, Sonne und Seegang trotzen und die schlechteste Behandlung wegstecken müssen. Und das alles unter hohem Druck. Niemals dürfen Katonas Schläuche versagen. [...]

Doch Herr Katona schläft gut. Wenn der Anruf kommt, dass etwas passiert ist, will er nur wissen, ob die Beschädigung von außen kam – dann trifft den Anwender die Schuld. Wenn das Problem allerdings innen seine Ursache hätte, von der „Seele" des Schlauches herrührte, dann wäre das der schlimmste anzunehmende Unfall. Der aber sei, sagt Katona, noch nicht vorgekommen. [...]

Was den Besuch bei Tamás Katona so lohnenswert macht, ist etwas anderes. Zuerst der Duft überall im Werk. Es riecht ganz großartig nach Gummi, wie beim Reifenhändler. Und dann stehen auf dem Gelände Tieflader herum, auf denen so große Schläuche gestapelt sind, dass es einen schier umhaut. 1,2 Meter Außendurchmesser! [...]

Drinnen könnte ein Kind aufrecht stehen. Und auch dies sind (in Maßen) flexible Schläuche. Aus Tonnen von Gummi hergestellt. Die einen sind dazu gedacht, an gewaltigen Saugbaggern montiert, die Fahrrinne des Sueskanals schlammfrei zu halten. Die anderen gehen auf eine kuriose, aber offenbar lohnende Schatzsuche: Vor der Küste Namibias saugt ein Schiff namens *Peace in Africa* in 120 Metern Tiefe alles, was ihm vor den Rüssel kommt, hoch ans Licht. An Bord wird das Gemisch gesiebt und nach Diamanten durchsucht. [...]

Die Monsterschläuche aus Szeged sind nicht einmal die größten. Zwei bis drei Meter Durchmesser haben die Be- und Entlüftungsschläuche im Gotthard-Basistunnel. Die sogenannten Luttenschläuche stammen aus dem Bergbau, dienen zur Belüftung und hätten einen Eintrag im *Guinness Buch der Rekorde* verdient.

Eher am unteren Ende der Skala betätigt sich eine Firma aus Bremen. Hier findet man praktisch alle Schläuche, die einen Innendurchmesser von 2 bis 150 Millimeter haben: kleine Hochdruckschläuche zum Anschluss von Druckmessgeräten, Labormaterial, Bier- und Milchschläuche sowie Druckluft- und Hydraulikschläuche für Bagger. Noch kleinere Schläuche benutzt die minimalinvasive Chirurgie[1]. Die haben manchmal einen Innendurchmesser von unter einem Millimeter. […]

Ob kleiner oder großer Schlauch – die meisten werden auf einer Maschine mit dem Namen Extrusionsanlage hergestellt. Diese funktioniert wie eine Makkaronimaschine: Durch eine formgebende Öffnung wird das Ausgangsmaterial gepresst. Auch der gute alte Gartenschlauch entsteht so. […]

Ein Schlauch an sich ist in aller Regel zu nichts nütze. Er muss für den späteren Einsatz erst noch zur Schlauchleitung aufgerüstet, also mit Kupplungen oder Armaturen versehen werden. In der Gummifabrik in Szeged nimmt man auch die „Veredelung" selbst vor. Der Einbau der Kupplungen ist nicht ohne Tücken. Immerhin müssen sie unverrückbar in die Schlauchenden eingebaut und ebenso zuverlässig wie der Schlauch selbst sein. Auch bei enormem Überdruck im Schlauch soll die Kupplung zuallerletzt versagen.

Quelle: DIE ZEIT, Nr. 28/2013 vom 04. 07. 2013; http://www.zeit.de/2013/28/schlaeuche (Aufruf vom 14. 08. 2013)

1 Eingriffe mit kleinstmöglichen Verletzungen

Lesekompetenz – Aufgaben zu Text 1 „Nur mit Gummi“ Punkte

101 Was ist die Ursache dafür, dass in der Stadt Szeged manchmal die Tassen im Schrank wackeln? 1

a)	durchgeführte Sprengungen	☐
b)	platzende Schläuche	☐
c)	vorbeifahrende Tieflader	☐
d)	sich entladende Gewitter	☐

102 Im Untertitel heißt es: „Schläuche können mehr als Rosen wässern.“
a) Notieren Sie, welche Schlauchart für das Wässern von Rosen verwendet wird.
b) Notieren Sie zwei weitere Arten von Schläuchen (Z. 40–45).

a) __________ 1

b) • __________

• __________ 1

103 Notieren Sie
a) den vollständigen Namen des Geschäftsführers der Szegeder Schlauchfabrik.
b) den von ihm geleiteten Geschäftsbereich in einem großen Konzern. 1

a) __________

b) __________

✱ 104 Der Geschäftsführer der Gummifabrik behauptet, „er schlafe nachts gut.“ (Z. 48) Unter welcher Bedingung könnte er nicht mehr gut schlafen? 1

____

105 Im Text werden Rohre und Schläuche miteinander verglichen.
Notieren Sie
a) einen Unterschied.
b) zwei Gemeinsamkeiten.

a) __________ 1

b) • __________ 1

• __________ 1

106 Kreuzen Sie an, ob die folgenden Aussagen bezogen auf den Text richtig oder falsch sind. 3

	richtig	falsch
a) Chirurgen verwenden manchmal Schläuche mit weniger als einem Millimeter Innendurchmesser.	☐	☐
b) Auch Schläuche mit großem Durchmesser sind noch flexibel.	☐	☐
c) Es gibt Schläuche, in denen ein Kind stehen kann.	☐	☐
d) Die größten Schläuche haben einen Außendurchmesser von 1,2 Metern.	☐	☐
e) Schläuche müssen extremen Wetterbedingungen standhalten.	☐	☐

107 Bevor ein Schlauch zum Einsatz kommt, durchläuft er mehrere Prozesse, für die im Text verschiedene Fachbegriffe genannt werden:

1. Veredelung
2. Extrusion
3. Berstversuche

Ordnen Sie den in der Tabelle aufgeführten Tätigkeiten die entsprechende Nummer der Fachbegriffe zu.

Tätigkeiten	**Nummer der Fachbegriffe**	
a) Platzenlassen der Schläuche		1
b) Einbauen von Kupplungen und Armaturen		1
c) Formen des Ausgangsmaterials zu einem Schlauch		1

∗ 108 Im Text wird der Schlauch als ein „heimlicher Held“ bezeichnet (Z. 20 f.).
Erklären Sie diese Bezeichnung aus dem Textzusammenhang. Gehen Sie dabei auf beide Begriffe ein. 2

___

___

___

109 Im Text heißt es:

> „An ihre Existenz erinnern uns Schläuche erst im ruinierten Zustand.“ (Z. 40)

Kreuzen Sie an, welche der folgenden Aussagen diesem Satz entspricht. 1

a)	Erst wenn die Schläuche ruiniert sind, nehmen wir ihre Bedeutung wahr.	☐
b)	Erst wenn die Schläuche ruiniert sind, sind sie heimliche Helden.	☐
c)	Schläuche existieren nur in Ruinen.	☐
d)	Schläuche ruinieren unsere Existenz.	☐

∗ 110 Notieren Sie das Beispiel aus dem Text, das einen möglichen ökologischen Schaden beim Versagen eines Schlauches benennt. 1

___

111 Welche Eigenschaften müssen Ölförderschläuche laut Text aufweisen? Unterstreichen Sie die zwei zutreffenden Eigenschaften. 1

wärmegedämmt	luftdurchlässig	wetterfest
druckbeständig	starr	transparent

Lesekompetenz gesamt	**19**
Fundamentum	15
∗ Additum	4

Sprachwissen und Sprachbewusstsein – Aufgaben zu Text 1

Punkte

✳ 151 Erklären Sie die Bedeutung der folgenden beiden Wortgruppen, die sich aus dem Gebrauch der unterschiedlichen Partizipien ergibt.

	Bedeutung	Punkte
a) der platzende Schlauch		1
b) der geplatzte Schlauch		1

152 Im Text heißt es:

Er verträgt Bewegung.

Welche der folgenden Varianten entspricht der Aussage des Satzes? 1

a) Er verlangt nach Bewegung.	☐
b) Er verstärkt Bewegung.	☐
c) Er ahmt Bewegung nach.	☐
d) Er hält Bewegung aus.	☐

✳ 153 Erklären Sie die Bedeutung der folgenden Wortgruppen.

	Bedeutung	Punkte
a) das Schlauchende suchen		1
b) das schlauchende Suchen		1

154 Im Text heißt es:

Der Prüfingenieur beäugt den Schaden.

Notieren Sie für „beäugt" ein hier passendes Synonym. 1

____

155 Was bedeutet die Redewendung „auf dem Schlauch stehen“? Kreuzen Sie an. 1

a) etwas nicht verstehen	☐
b) sich auf etwas einstellen	☐
c) sich für etwas aufstellen lassen	☐
d) etwas ausbalancieren	☐

156 Ordnen Sie den folgenden Bedeutungen das entsprechende Fremdwort aus den Zeilen 28–36 zu.

	Fremdwort aus dem Text	
a) die Umwelt betreffend		1
b) neuzeitlich, zeitgemäß		1
c) schwingen, zittern		1

157 „Das“ oder „dass“?

a) Kreuzen Sie an, welche Schreibweise im folgenden Satz richtig ist. 2

Es ist	☐ das ☐ dass	größte Gummiwerk,	☐ das ☐ dass	in Ungarn gebaut wurde.

✻ b) Notieren Sie, womit Sie Ihre Entscheidung für „das“ oder „dass“ nach dem Komma begründen können. 1

____

158 Kreuzen Sie das jeweilige Wort an, das der Bedeutung von fix in den folgenden Sätzen entspricht.

	schnell	**fest**	**sicher**	
a) Wir finden Schläuche zwischen fixer Karosserie und zitterndem Motor.	☐	☐	☐	1
b) Ich muss noch fix einen Fahrradschlauch kaufen.	☐	☐	☐	1

Sprachwissen und Sprachbewusstsein gesamt	**15**
Fundamentum	10
✻ Additum	5

2 Subway Sound

Katrin Bongard

Livia ist 14 Jahre alt und gerade mit ihrem Vater nach Berlin gezogen. Dort begegnet sie dem Punk Tim. Er wettet mit ihr, dass sie es nicht schafft, einen ganzen Tag lang mit ihm wie ein Obdachloser auf der Straße zu leben. Auf diese Wette lässt sie sich ein. Aus einem Tag wird ein ganzes Wochenende, weil ihre Tasche mit dem Wohnungsschlüssel gestohlen wird und der Vater auf Geschäftsreise ist.

Eigentlich hätte ich es mir denken können. Ich meine, ich bin seit vierzehn Jahren Einzelkind, und eigentlich hätte ich es wissen müssen. Wisst ihr, was das Dumme daran ist, Einzelkind zu sein? Nein? Ich kann es euch sagen: Man ist immer in der Unterzahl. Stimmen wir doch ab, ob Livia ein Pferd bekommen soll? Oh, zwei Stimmen gegen eine, wer hätte das gedacht? Wer ist dafür, dass Livia auf das Konzert gehen kann? Schade, zwei gegen eine Stimme, dann bleibt sie wohl besser hier. Und wer ist dafür, dass die Eltern sich trennen? Oh, Livia, das halten wir beide aber für das Beste.

Nicht dass ich glaube, meine Eltern hätten sich nicht getrennt, wenn ich noch zwei Geschwister gehabt hätte, aber zumindest hätte es dann eine Art Diskussion geben können. Warum erzähle ich das alles? Weil sie beide zusammen am Tisch sitzen, als ich nach Hause komme. Die alte Koalition. Und kaum habe ich meinen Vater begrüßt und versucht, von der Mobberei in der Schule zu erzählen, haben beide schon strenge Mienen aufgesetzt.

„Livia, du wolltest letztes Wochenende bei Melli übernachten, das hast du zumindest deinem Vater gesagt. Dort hast du aber offensichtlich nicht geschlafen. Wo warst du also und mit wem?“

„Ich war mit Anna im Kino!“

„Ach so, mit Anna“, sagt meine Mutter ruhig.

Mein Vater räuspert sich. „Livia. Ich habe dir vertraut.“

Ich werde trotzig. Zwei gegen einen, das ist doch nicht fair. „Was kann ich dafür, dass man mir meine Tasche geklaut hat.“

Mein Handy klingelt. Ich hoffe inständig, dass es Lena ist, die mich aus diesem Albtraum erlöst. Ich starre auf das Display, aber es ist die Nummer meiner Mutter.

Ich sehe irritiert auf.

Sie hält ihr Handy in der Hand. „Und dein Handy ist angeblich auch gestohlen worden, war es nicht so?“

„Also, äh, da habe ich mich wohl geirrt, das hatte ich doch in meiner Jackentasche.“

„Okay“, sagt mein Vater. „Du bist dir also ganz sicher, dass deine Tasche gestohlen wurde?“

Ich nicke heftig. Das ist ja nun wohl die Wahrheit.

„Und was ist das?“

Er hält die kleine braune Butterbrottasche hoch. Ich springe auf. Unfassbar.

„WO KOMMT DIE HER?“ Ich öffne die Tasche. Mein Schlüssel ist darin und die Zahnbürste, der Rest fehlt. Aber immerhin.

„Das würden wir gerne von dir wissen, Livia!“, sagt meine Mutter, und es klingt schneidend.

„Aber woher soll ich das denn wissen?“

Mein Vater seufzt. Er hat wohl keine Lust mehr auf das Gerichtsspiel, er möchte einfach nur die Wahrheit wissen.

„Livia, ein Junge war vorhin hier und hat die Tasche vorbeigebracht.“

„Tim!“

„Schön, dass er einen Namen hat“, sagt meine Mutter kühl.

Auf einmal wird mir übel. Wenn Tim die Tasche gefunden hat, warum ist er dann nicht hier? Sitzt mit meinen Eltern am Tisch? Wäre das nicht logisch?

„Was hat er gesagt? Was … habt ihr ihm gesagt?“

„Wir dachten, er ist der Dieb und will einen Finderlohn kassieren“, sagt mein Vater streng.

Meine Mutter lächelt und will offenbar eine neue Taktik anschlagen.

„Er war sehr nett und freundlich und anscheinend der Meinung, dass dein Vater weiß, wer er ist. Und was passiert ist.“

„SCHEISSE!“

„Livia!“

Ich setze mich und sinke leicht in mich zusammen. Wie sollte ich denn darauf kommen, dass Tim hier vorbeikommt? Ich habe ihn wieder verleugnet. Was denkt er nun von mir?

„Livia, was ist passiert?“ […]

Ich fange bei unserer Ankunft in Berlin an. Bei dem Punk, der mich so freundlich angelächelt hat, dem kleinen süßen Hund auf seinem Schoß. Ich erzähle, wie ich ihn in der Pizzeria getroffen habe, ihm im Regen geholfen habe, ihn mit in die Wohnung genommen habe, seine Sachen waschen wollte. An dieser Stelle räuspert sich mein Vater heftig.

„Livia, du kannst doch nicht einfach einen Obdachlosen in unsere Wohnung lassen? Was denkst du dir dabei? Irgendeinen Typen! Ich meine …“

Meine Mutter legt ihre Hand sanft auf seinen Arm.

„Livia, dein Vater hat recht. Es ist gefährlich. Ich verstehe, dass du dem Jungen helfen wolltest, Mitleid hast, aber du kennst ihn doch überhaupt nicht, weißt nichts von ihm. Es gibt Krankheiten, es …“ Sie sieht hilflos zu meinem Vater. Ich weiß, was sie sagen will. […] Warum halten sie mich für so naiv?

„Er ist nicht richtig obdachlos. Ich meine, er hat eine Familie. Er ist auch bald achtzehn, und er hat gesagt, er nimmt keine Drogen."

„Das sagen sie immer …", stöhnt mein Vater.

Meine Mutter beruhigt ihn, doch ich spüre, dass auch sie in höchster Alarmbereitschaft ist. […]

„Was hast du dir dabei gedacht, Livia!", sagt meine Mutter fassungslos. „Dir muss doch klar sein, wie gefährlich das ist."

Ich nicke. Jetzt weiß ich es. „Ich wollte es einfach nur verstehen, ich wollte sehen, wie Tim lebt."

Mein Vater nickt. „Das kann ich verstehen."

„Natürlich!", ruft meine Mutter. „Das war ja klar."

Ich will nicht, dass sie streiten. Außerdem geht es gerade um meine Geschichte.

Ich erzähle weiter. Und beschönige einiges. Und kürze ab, aber halte mich ansonsten an die Wahrheit. Als ich an der Stelle ankomme, bei der ich Tim sage, dass ich meinem Vater alles erzählen werde, sehe ich, wie mein Vater leise lächelt.

„Sie wollte mir alles erzählen!", sagt er zu meiner Mutter […].

Als ich im Bett liege, kann ich nicht schlafen. Es ist ein Uhr, und morgen muss ich wieder um sieben aufstehen. Gerade ist das sowieso undenkbar. Es klopft leise, und ich lösche schnell das Licht, damit ich nicht noch mehr Ärger bekomme.

„Livia?"

Meine Mutter. Wenn ich „Herein" sage, weiß sie, dass ich noch wach bin, also schweige ich. Sie öffnet die Tür trotzdem einen Spalt, dann etwas weiter und kommt schließlich ganz herein.

„Livia?"

„Ja?"

Sie setzt sich an mein Bett, ihre Hand geht in alter Gewohnheit an meine Lampe, der Schirm ist noch heiß. Ich erwarte Ärger und denke, dass ich wirklich auf Halogen umsteigen sollte. Doch meine Mutter ist nicht sauer, im Gegenteil.

„Kann ich das Licht wieder anmachen? Du schläfst doch noch nicht."

„Aber ich gebe mir Mühe!"

Ich blinzele, setze mich auf. […]

Meine Mutter streichelt mein Haar, etwas, was sie bestimmt nicht mehr getan hat, seit ich fünf war. Und dann sagt sie etwas Erstaunliches.

„Dieser Tim …, er ist dir sehr wichtig, oder?"

Ich sehe sie nur an, meine Mutter konnte immer schon Gedanken lesen.

Sie lächelt. „Ist er wirklich … anders?"

„Wenn er mir etwas hätte antun wollen … Er hat es noch nicht mal versucht."

Meine Mutter nickt. „Zugegeben. Er sah nicht gefährlich aus. Und auch nicht … kaputt. Eher nett. Und ich glaube, er mag dich."

„Wieso denkst du das?“, schniefe ich und erhole mich dabei in Sekunden.

„Nun, wenn er wirklich auf der Straße lebt, dann hat er sich gestern sehr viel Mühe gegeben, einen guten Eindruck zu hinterlassen. Und überleg mal, was er alles getan haben muss, um deine Tasche wiederzubekommen.“

„Du findest es also nicht daneben, dass ich ihn mag?“

Sie sieht mich mit einem neuen Blick an, fast, als wären wir gleichberechtigt.

Aus: Bongard, Katrin: Subway Sound. Pink – Ein Imprint von Oetinger Taschenbuch. © Oetinger Taschenbuch GmbH, Hamburg 2013, S. 165 ff.

Lesekompetenz – Aufgaben zu Text 2 „Subway Sound“ — Punkte

201 Ergänzen Sie die Tabelle mit den entsprechenden Angaben zu Livia. — 2

	Livia
Alter	
Wohnort	
Familienstand der Eltern	
Anzahl der Geschwister	
Name einer Freundin	

202 Kreuzen Sie an, ob die folgenden Aussagen zu Tim richtig oder falsch sind. — 3

	richtig	**falsch**
a) Er ist ein Punk.	☐	☐
b) Er lebt auf der Straße.	☐	☐
c) Er hat keine Familie.	☐	☐
d) Er hat Livias Tasche gestohlen.	☐	☐
e) Er ist 18 Jahre alt.	☐	☐
f) Er hat einen Hund.	☐	☐

203 Im Text heißt es:

„Weil sie beide zusammen am Tisch sitzen, als ich nach Hause komme. Die alte Koalition.“ (Z. 17 f.)

Livia meint damit, dass ihre Eltern 1

a)	wieder zusammengezogen sind.	☐
b)	sich gegen sie verbündet haben.	☐
c)	ein Bündnis mit ihr geschlossen haben.	☐
d)	ihren alten Streit wieder austragen.	☐

* 204 Notieren Sie die zwei Gegenstände, die Livia ihren Eltern gegenüber in Erklärungsnot bringen.

a) ______________________________ 1

b) ______________________________ 1

* 205 In der dargestellten Situation verändert sich das Verhalten der Mutter mehrfach. Ordnen Sie den Textstellen das entsprechende Verhalten zu.

1. Sie ist distanziert.
2. Sie ist liebevoll.
3. Sie ist aggressiv.
4. Sie ist vorwurfsvoll.

		Nummer	
a)	„Schön, dass er einen Namen hat“, sagt meine Mutter kühl. (Z. 51)		1
b)	„Was hast du dir dabei gedacht, Livia! […] Dir muss doch klar sein, wie gefährlich das ist.“ (Z. 83 f.)		1

∗206 In den Zeilen 73 bis 77 werden verschiedene Erzählformen/Darbietungsformen verwendet.

1. Meine Mutter legt ihre Hand sanft auf seinen Arm.
2. „Livia, dein Vater hat recht. Es ist gefährlich."
3. Sie sieht hilflos zu meinem Vater.
4. Ich weiß, was sie sagen will.
5. Warum halten sie mich für so naiv?

Ordnen Sie alle Satznummern entsprechend zu.

Erzählform / Darbietungsform	Satznummern	
a) Erzählerbericht		1
b) innerer Monolog		1
c) direkte Rede		1

207 Woher weiß Tim, wo Livia wohnt? 1

____

____

∗208 Livia verhält sich in Bezug auf Tim ihren Eltern gegenüber widersprüchlich. Erklären Sie, woran das deutlich wird. 2

____

____

____

209 Notieren Sie aus den Zeilen 117–124 einen Textbeleg, der verdeutlicht, dass die Mutter Verständnis für Livias Zuneigung zu Tim zeigt. 1

____

____

____

210 Livias Eltern äußern verschiedene Vorurteile gegenüber Obdachlosen.
Notieren Sie zwei dieser Vorurteile.

- ______________________________ 1
- ______________________________ 1

✱211 Im Text äußert Livia gegen die Bedenken ihrer Eltern:

„Er ist nicht richtig obdachlos." (Z. 78)

Erklären Sie, was sie mit dieser Aussage erreichen möchte. 1

____

____

____

212 Warum lässt sich Livia auf die Wette mit Tim ein?
Notieren Sie einen im Text genannten Grund. 1

____

____

Lesekompetenz gesamt	**21**
Fundamentum	11
✱ Additum	10

Sprachwissen und Sprachbewusstsein – Aufgaben zu Text 2 Punkte

251 Formen Sie den folgenden Satz in Standardsprache um.

Meine Mutter ist sauer. 1

____

252 Unterstreichen Sie das Wort, das im folgenden Satz das Wort „fassungslos" passend ersetzen kann.

„Was hast du dir dabei gedacht, Livia!", sagt meine Mutter fassungslos. 1

erstaunt	beruhigt	gerührt	entsetzt	zurückhaltend

✱253 Woran wird in den folgenden Beispielen die unpersönliche Ausdrucksweise deutlich?

a) Man hat mir meine Tasche gestohlen.

b) Mir wurde meine Tasche gestohlen.

a) ______________________________ 1

b) ______________________________ 1

254 Ergänzen Sie die fehlenden stammverwandten Wörter.

Substantiv/Nomen	**Verb**	
	koalieren	1
Kolorierung		1

✱255 Im Text sagt der Vater zur Mutter:

„Sie wollte mir alles erzählen!“

Inwiefern ändert sich die Aussage des Satzes, wenn das jeweils unterstrichene Wort betont wird?

	Aussage des Satzes	
a) Sie wollte <u>mir</u> alles erzählen!		1
b) Sie wollte mir <u>alles</u> erzählen!		1

256 Formen Sie den folgenden Satz in die indirekte Rede um.

Die Mutter fragt: „Kann ich das Licht wieder anmachen?“ 2

____

____

Sprachwissen und Sprachbewusstsein gesamt	**10**
Fundamentum	6
✱ Additum	4

3 Mobilität

Daten zur Mobilität

Blick in die Zahlenwelt der Automobilwirtschaft – auf die **Erdöl-Importe,** die **weltweite Pkw-Produktion** und die **Absatzkrise** in der EU

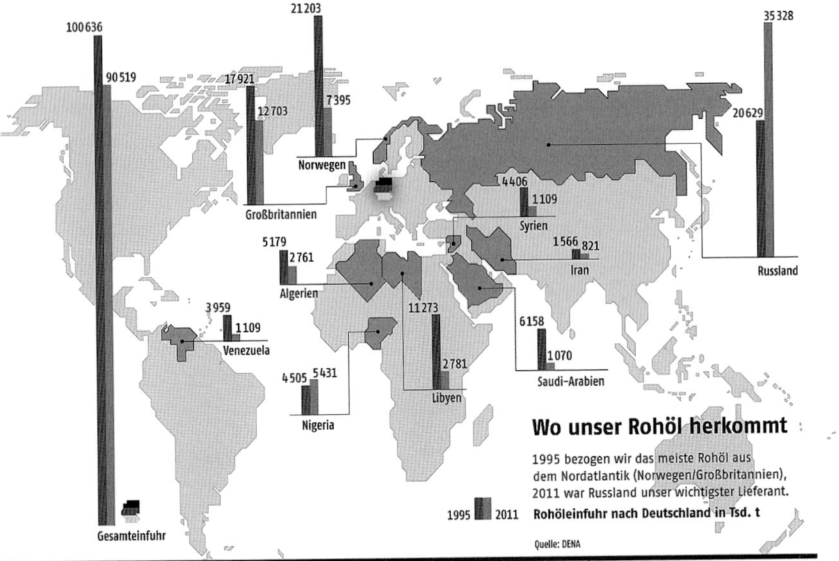

Wer uns gerade überholt

China schickt sich an, Europa als weltweit führenden Produktionsstandort für Automobile abzulösen.

Automobilherstellung der Jahre 2001 – 2011 in Millionen

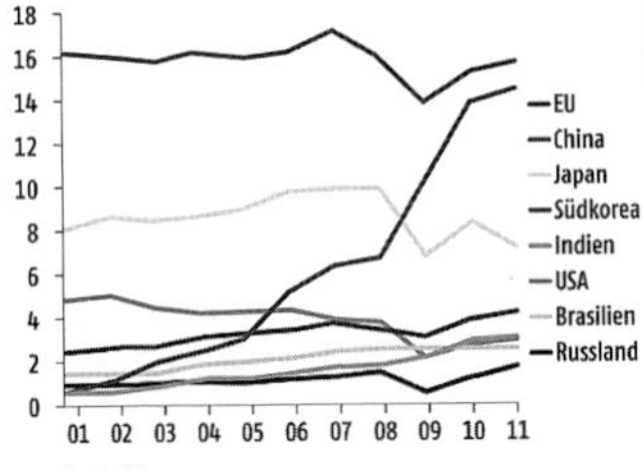

Quelle: OICA

Wohin wir exportieren

Rund 75 Prozent der in Deutschland gebauten Autos werden exportiert. Wohin? Siehe Kreis-Diagramm.

Pkw-Produktion und -Export der BRD

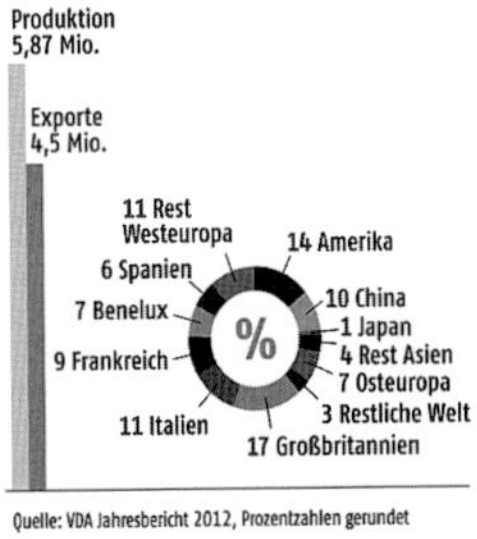

Quelle: VDA Jahresbericht 2012, Prozentzahlen gerundet

Wo die Krise zuschlägt

Je mehr in der EU gespart werden muss, desto mehr schwächelt der Pkw-Absatz (Vergleich 2011 – 2012).

Pkw-Absatzverluste nach Ländern in Prozent

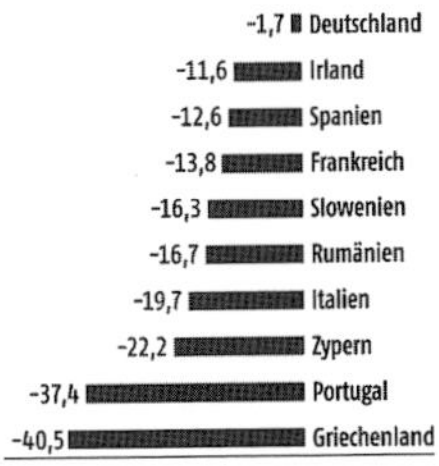

Quelle: VDA

Illustrationen und Grafiken: Martin Stallmann

Quelle: ADAC Motorwelt, Heft 2, Februar 2013, S. 18

Lesekompetenz – Aufgaben zu den Grafiken „Mobilität“

Punkte

301 Notieren Sie, in welcher Zeitschrift die Zusammenstellung der Grafiken erschienen ist. 1

____

302 Welche drei Länder lieferten 1995 das meiste Rohöl nach Deutschland? Kreuzen Sie die entsprechende Ländergruppe an. 1

a) ☐	b) ☐	c) ☐	d) ☐
Großbritannien Libyen Saudi-Arabien	Großbritannien Norwegen Libyen	Russland Norwegen Großbritannien	Russland Libyen Norwegen

303 Welche Länder konnten im Vergleich zu 1995 im Jahr 2011 ihre Lieferungen von Rohöl nach Deutschland erhöhen? 1

____

304 In welchen zwei europäischen Ländern sank der Absatz von Pkw wegen der Wirtschaftskrise am stärksten? 1

____

✱ 305 Erklären Sie, warum die folgende Aussage falsch ist:

In Slowenien und Rumänien ist der Pkw-Absatz fast identisch. 1

____

____

306 Notieren Sie, wer mit
a) „uns“ in der Grafik „Wer uns gerade überholt“ gemeint ist.
b) „wir“ in der Grafik „Wohin wir exportieren“ gemeint ist.

a) ____ 1

b) ____ 1

307 In der Grafik „Wohin wir exportieren“ steht die Aussage, dass 75 % der in Deutschland gebauten Autos exportiert werden.
Notieren Sie,

a) was mit den verbleibenden 25 % geschieht.

*b) auf welche der beiden Säulen sich die Angaben des Kreisdiagramms beziehen.

a) ______________________________ 1

*b) ______________________________ 1

308 Die Werte in der Grafik „Wo unser Rohöl herkommt“ sind in **Tsd. t** angegeben.
Notieren Sie, wie viel Tonnen Rohöl 2011 aus dem Iran nach Deutschland eingeführt wurden. 1

____

Lesekompetenz gesamt	**10**
Fundamentum	8
* Additum	2

4 Schreibkompetenz – Überarbeiten eines Textes

Im folgenden Text einer Stellenausschreibung sind Fehler enthalten. Berichtigen Sie <u>nur</u> den jeweiligen Fehler.

R Rechtschreibfehler
Z Zeichensetzungsfehler
G Grammatikfehler
A Ausdrucksfehler

			Punkte
481	Die Firma „Gartenglück" bietet, einen Ausbildungsplatz zum Gärtner der Fachrichtung Landschaftsbau.	**Z** (Korrigieren Sie direkt im Text.)	1
482	Interessenten müssen mindestens ein Abschluss, z. B. den der Berufsbildungsreife, vorweisen können.	**G** (Kasus) ______	1
483	Außerdem wird eine gute Körperliche Belastbarkeit erwartet.	**R** ______	1
* 484	Auch technisches Verständnis und Teamfähigkeit ist von Vorteil.	**G** (Numerus) ______	1
485	Die Bewerbungsunterlagen sind vollstendig einzureichen.	**R** ______	1
486	Dazu gehören Kopien der letzten beiden Zeugnisse der Praktikumsnachweise und ein tabellarischer Lebenslauf.	**Z** (Korrigieren Sie direkt im Text.)	1
* 487	Der Bewerbungszeitraum endet bis zum 15. Januar 2015.	**A** ______	1
488	Unsere Ansprechpartnerinen für die Bewerbungen sind Frau Strauch und Frau Baum.	**R** ______	1

∗489	Die Bewerbungsunterlagen wären an folgende Adresse zu richten:	**G** (Modus)	1
490	Firma „Gartenglück“ GmbH Frau Strauch/Frau Baum An der wiese 4 68345 Wäldlingen	**R**	1
		Schreibkompetenz gesamt	**10**
		Fundamentum	7
		✱ Additum	3

5 Schreibkompetenz – Erstellen eines Schreibplans

Zoologische Gärten – Artenschutz oder Tierquälerei?

Ihre Klasse führte im Rahmen des Biologieunterrichtes ein Projekt zur Tierhaltung in Tierparks und zoologischen Gärten durch.
Das Thema wurde sehr kontrovers diskutiert. Das nehmen Sie zum Anlass, um die unterschiedlichen Positionen in einem Artikel für die Schülerzeitung zu erörtern.

Lesen Sie zunächst folgende Meinungsäußerungen.

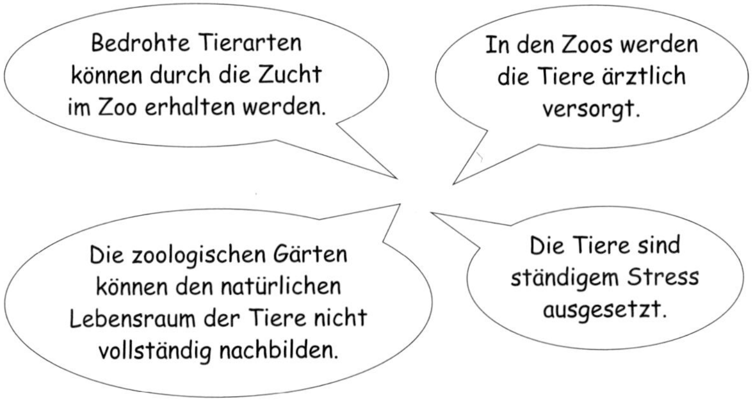

Bedrohte Tierarten können durch die Zucht im Zoo erhalten werden.
In den Zoos werden die Tiere ärztlich versorgt.
Die zoologischen Gärten können den natürlichen Lebensraum der Tiere nicht vollständig nachbilden.
Die Tiere sind ständigem Stress ausgesetzt.

Aufgabe:

Erstellen Sie einen Schreibplan, indem Sie das folgende Gliederungsraster ausfüllen:

a) Leiten Sie aus den vorgegebenen Meinungsäußerungen jeweils zwei Pro- und zwei Kontra-Argumente ab.

b) Stützen Sie die Argumente mit jeweils einem Beleg oder Beispiel. Sie müssen dabei auch auf Ihr Alltagswissen und eigene Erfahrungen zurückgreifen.

* c) Formulieren Sie jeweils noch ein weiteres Pro- und Kontra-Argument und stützen Sie jedes mit einem eigenen Beleg oder Beispiel.

d) Ergänzen Sie stichwortartig Ihre Überlegungen für Einleitung und Schluss des Artikels, wobei der Schluss Ihre persönliche Meinung widerspiegeln soll.

* e) Formulieren Sie abschließend ein Fazit und einen logischen Appell an die Leser.

Gliederungsraster:

	1. Einleitung		
581	Schreibanlass		1
582	Hinführung zum Thema		1
	2. Hauptteil		
	These	„Zoos leisten einen wichtigen Beitrag zur Arterhaltung“	
583	1. Argument	•	1
584	Beleg/Beispiel	•	1
585	2. Argument	•	1
586	Beleg/Beispiel	•	1

✱587	3. Argument	•	1
✱588	Beleg/Beispiel	•	1
	Gegenthese	„Tierhaltung im Zoo ist Tierquälerei“	
589	1. Argument	•	1
590	Beleg/Beispiel	•	1
591	2. Argument	•	1
592	Beleg/Beispiel	•	1
✱593	3. Argument	•	1
✱594	Beleg/Beispiel	•	1
	3. Schluss		
595	persönliche Meinung		1
✱596	Fazit/ Appell		2

Schreibkompetenz (Erstellen eines Schreibplans)	**17**
Fundamentum	11
✱ Additum	6

6 Schreibkompetenz – Umsetzung des Schreibplans: Verfassen eines Artikels für die Schülerzeitung

Verfassen Sie nun den Artikel.

Zoologische Gärten – Artenschutz oder Tierquälerei?

	681	Einhalten der Gliederung	2
*	682	Schreibfunktion	(Additum 4, Fundamentum 1) 5
*	683	Sprachliche Darstellungsleistung	(Additum 2, Fundamentum 2) 4
	684	Sprachliche Korrektheit (Grammatik)	2
	685	Sprachliche Korrektheit (Rechtschreibung)	2
	686	Sprachliche Korrektheit (Zeichensetzung)	2
	687	Leserfreundliche Form (Übersichtlichkeit/Schriftbild)	1
		Schreibkompetenz (Verfassen eines erörternden Artikels)	**18**
		Fundamentum	12
		* Additum	6

Lösungsvorschläge

1 Nur mit Gummi *(Burkhard Straßmann)*

Lesekompetenz – Aufgaben zu Text 1 „Nur mit Gummi“

101 b) platzende Schläuche

Hinweis: *Du findest die Antwort im ersten Textabschnitt (Z. 3–5).*

102 a) Gartenschlauch

b) • Ölförderschlauch
• Kühlwasserschlauch

Hinweis: *Die Lösungen findest du in folgenden Zeilen: a) Z. 44, b) Z. 41, Z. 42. Richtig sind auch diese Antworten: bei a) Wasserschlauch (vgl. Z. 15f.), bei b) Waschmaschinenschlauch (Z. 43). Bei Aufgabe b) erhältst du nur dann Punkte, wenn du diese Aufgabe vollständig gelöst hast. Du musst also genau zwei Arten von Schläuchen nennen, um einen Punkt zu bekommen. Bedenke auch, dass dir ein Abschnitt vorgegeben worden ist, aus dem du die erwähnten Schlaucharten herausschreiben sollst. Alle anderen Schlaucharten, die zwar im Text, aber nicht in diesem Abschnitt vorkommen, werden nicht gewertet!*

103 a) Tamás Katona

b) Oil & Marine

Hinweis: *Du findest die Lösungen in den Zeilen 46 und 59 bzw. in den Zeilen 47f. Nur für eine vollständige Lösung erhältst du einen Punkt.*

∗ 104 Herr Katona könnte dann nicht mehr gut schlafen, wenn Schäden im Inneren eines Schlauches auftreten würden.

Hinweis: *Lies dir noch einmal den Abschnitt Z. 48–58 genau durch. Überlege, welche Gründe für den guten Schlaf Katonas und welche unterschiedlichen Ursachen für eine mögliche Beschädigung eines Schlauches genannt werden. Formuliere dann einen Antwortsatz. Es ist auch eine andere als die oben genannte Lösung möglich, wenn sie sinngemäß das Gleiche ausdrückt.*

105 a) Flexibilität

b) • Zuverlässigkeit
• Verwendung als Transportmittel

Hinweis: *a) Die Lösung findest du in Z. 26. Weitere mögliche Unterschiede, die genannt werden können, sind z. B. die Beweglichkeit (Z. 30) und die Platzeinsparung (Z. 26 f.). b) In den folgenden Zeilen findest du die Lösungen: Z. 22, Z. 24. Eine weitere Gemeinsamkeit, die du anführen kannst, ist die Dichtigkeit (Z. 25). Um die volle Punktzahl zu erhalten, musst du einen Unterschied und zwei Gemeinsamkeiten nennen.*

106

		richtig	falsch
a)	Chirurgen verwenden manchmal Schläuche mit weniger als einem Millimeter Innendurchmesser.	☒	☐
b)	Auch Schläuche mit großem Durchmesser sind noch flexibel.	☒	☐
c)	Es gibt Schläuche, in denen ein Kind stehen kann.	☒	☐
d)	Die größten Schläuche haben einen Außendurchmesser von 1,2 Metern.	☐	☒
e)	Schläuche müssen extremen Wetterbedingungen standhalten.	☒	☐

Hinweis: *Du findest die Lösungen in den folgenden Zeilen: a) Z. 81 f., b) Z. 64 f., c) Z. 64, d) Z. 71 ff., e) Z. 50 ff. Die Punkte werden wie folgt vergeben: Bei fünf richtigen Antworten bekommst du drei Punkte, für vier richtige Antworten gibt es zwei Punkte, für zwei bzw. drei richtige Antworten einen Punkt. Hast du nur ein oder gar kein Kreuz richtig, erhältst du keinen Punkt.*

107

Tätigkeiten		Nummer der Fachbegriffe
a)	Platzenlassen der Schläuche	3
b)	Einbauen von Kupplungen und Armaturen	1
c)	Formen des Ausgangsmaterials zu einem Schlauch	2

Hinweis: *Die Lösungen findest du in folgenden Zeilen: Z. 6 ff., Z. 88 ff. und Z. 83 f.*

∗ 108 Die Bezeichnung deutet darauf hin, dass der Schlauch auch bei starker Beanspruchung und trotz seiner Flexibilität sehr zuverlässig ist, aber dennoch wenig beachtet wird.

Hinweis: Lies dir den gesamten Abschnitt (Z. 19–36) noch einmal aufmerksam durch und überlege, was den Schlauch besonders auszeichnet, ihn zu einem „Held" machen kann, und was der Text über sein Image aussagt. Wichtig ist, dass sowohl der Begriff „heimlich" als auch der Begriff „Held" erklärt werden muss. Wird nur einer der beiden Begriffe erklärt, erhältst du nur einen Punkt.

109 a) Erst wenn die Schläuche ruiniert sind, nehmen wir ihre Bedeutung wahr.

Hinweis: In dem Zitat wird darauf hingewiesen, dass uns die Bedeutung von Schläuchen häufig erst dann bewusst wird, wenn sie nicht mehr funktionieren. Diese Aussage entspricht der Aussage des Satzes a). Die anderen Aussagen entsprechen der Aussage des Zitates nicht und sind teilweise unlogisch.

∗ 110 Platzt ein Ölförderschlauch, kann dies zu einer Umweltkatastrophe führen.

Hinweis: Im Text gibt es viele Beispiele für Verwendungsmöglichkeiten von Schläuchen, aber nur an einer Stelle wird ein möglicher, die Umwelt betreffender – d. h. ökologischer – Schaden benannt (vgl. Z. 40 f.).

111 wärmegedämmt luftdurchlässig <u>wetterfest</u> <u>druckbeständig</u>
starr transparent

Hinweis: Du findest die Lösungen im Text in Z. 50 ff.

Sprachwissen und Sprachbewusstsein – Aufgaben zu Text 1

∗ 151

	Bedeutung
a) der p<u>latzende</u> Schlauch	Der Schlauch platzt in diesem Moment.
b) der <u>ge</u>p<u>latzte</u> Schlauch	Der Schlauch ist bereits geplatzt.

Hinweis: Im ersten Satz wird das Partizip I, auch Partizip Präsens genannt, als attributives Adjektiv verwendet. Es beschreibt das danebenstehende Nomen näher und bezieht sich auf die Gegenwart. Bei dem zweiten unterstrichenen Begriff handelt es sich um ein Partizip II, das auch als Par-

tizip Perfekt bezeichnet wird. Es bringt zum Ausdruck, dass etwas bereits geschehen ist.

152 d) Er hält Bewegung aus.

Hinweis: *Der Begriff „vertragen" bedeutet in diesem Kontext, dass der Schlauch widerstandsfähig genug ist, um bestimmte Einflüsse und Einwirkungen zu ertragen, also auszuhalten. Dieser Bedeutung entspricht Satz d). Die anderen Varianten haben jeweils eine andere Aussage: a) Es wird behauptet, dass ein Schlauch bewegt werden muss. b) Die Satzaussage lautet, dass auf ihn übertragene Bewegung stärker wird. c) Es wird ausgesagt, dass der Schlauch Bewegungen kopiert.*

✱153

	Bedeutung
a) das Schlauchende suchen	Es wird das Ende des Schlauches gesucht.
b) das schlauchende Suchen	Eine Suche ist sehr anstrengend.

Hinweis: *Überlege dir, welchen Wortarten sich die einzelnen Begriffe zuordnen lassen und welche Bedeutungen ihnen in den Wortgruppen zukommen. Bei dem Nomen „Schlauchende" handelt es sich um ein Kompositum (Schlauch + Ende), bei „schlauchend" hingegen um ein Partizip, welches das Nomen „Suche" näher erklärt. Formuliere jeweils einen Satz, der die vorgegebene Aussage exakt wiedergibt.*

154 betrachtet

Hinweis: *Der Begriff „beäugen" stammt aus dem Wortfeld „Auge". Das Synonym, das hier genannt wird, muss verdeutlichen, dass etwas mit den Augen wahrgenommen wird. Selbstverständlich sind auch andere als die oben genannte Lösung möglich, z. B. ansehen oder begutachten.*

155 a) etwas nicht verstehen

Hinweis: *Die vorgegebene Aussage muss im übertragenen Sinne verstanden werden. Wenn du die Redewendung nicht kennst und dir unsicher bist, was sie bedeutet, überlege zunächst, was wörtlich ausgesagt wird: Steht jemand auf einem Schlauch, ist die Weiterleitung durch den Schlauch unterbrochen oder zumindest stark eingeschränkt. Im übertragenen Sinne ist gemeint, dass der Gedankenfluss unterbrochen wurde, man also etwas nicht versteht.*

156

	Fremdwort aus dem Text
a) die Umwelt betreffend	ökologisch
b) neuzeitlich, zeitgemäß	modern
c) schwingen, zittern	vibrieren

Hinweis: *Lies den angegebenen Textabschnitt erneut aufmerksam durch und überlege, welche der darin genannten Fremdwörter zu den vorgegebenen Bedeutungen passen. Die Lösungen findest du in den Zeilen 35, 29 und 31.*

157 a)

Es ist	☒ das ☐ dass	größte Gummiwerk,	☒ das ☐ dass	in Ungarn gebaut wurde.

∗ b) Das „das" nach dem Komma ist ein Relativpronomen, welches einen Relativsatz einleitet. Man kann die Ersatzprobe durchführen und es durch „welches" ersetzen.

Hinweis: *a) Beim ersten „das" handelt es sich um den Artikel zum Nomen „Gummiwerk". Das zweite „das" ist ein Relativpronomen, das sich ebenfalls auf das zuvor genannte Nomen bezieht und einen Relativsatz einleitet. Bei dieser Aufgabe erhältst du nur einen Punkt, wenn du lediglich eine der beiden Teilaufgaben korrekt gelöst hast. b) Überlege, welche Regeln zu Pronomen dir bekannt sind: Kann man „das" durch „dieses" ersetzen, ist es ein Demonstrativpronomen; kann man es durch „welches" ersetzen, handelt es sich um ein Relativpronomen. Kannst du es weder durch „dieses" noch durch „welches" ersetzen, ist es eine Konjunktion und wird „dass" geschrieben.*

158

	schnell	fest	sicher
a) Wir finden Schläuche zwischen <u>fixer</u> Karosserie und zitterndem Motor.	☐	☒	☐
b) Ich muss noch <u>fix</u> einen Fahrradschlauch kaufen.	☒	☐	☐

Hinweis: *Überlege dir, was genau die beiden Sätze jeweils aussagen. Durch Einsetzen kannst du herausfinden, welches Wort in den Kontext der Satzaussage passt. a) Es muss deutlich werden, dass die Karosserie starr ist, der Motor sich jedoch bewegt, er vibriert. b) Hier wird darauf hingewiesen, dass die Besorgung des Fahrradschlauches in Eile geschieht, also schnell.*

2 Subway Sound *(Katrin Bongard)*

Lesekompetenz – Aufgaben zu Text 2 „Subway Sound"

201

	Livia
Alter	14 Jahre
Wohnort	Berlin
Familienstand der Eltern	geschieden
Anzahl der Geschwister	keine
Name einer Freundin	Anna

Hinweis: *In dem Textabschnitt Z. 1–30 findest du die Lösungen in folgenden Textzeilen: Z. 1 und 7f., Z. 1, Z. 13 und 15, Z. 8 und 15f., Z. 24. Weitere Lösungsmöglichkeiten sind beim Familienstand der Eltern auch „getrennt lebend", bei der Anzahl der Geschwister auch die Angabe „Einzelkind" sowie beim Namen der Freundin auch „Melli" (Z. 21) oder „Lena" (Z. 29). Hast du alle fünf Felder korrekt ausgefüllt, erhältst du zwei Punkte. Bei drei oder vier richtigen Antworten gibt es einen Punkt, hast du weniger als drei Antworten richtig, bekommst du bei dieser Aufgabe keinen Punkt.*

202

		richtig	**falsch**
a)	Er ist ein Punk.	☒	☐
b)	Er lebt auf der Straße.	☒	☐
c)	Er hat keine Familie.	☐	☒
d)	Er hat Livias Tasche gestohlen.	☐	☒
e)	Er ist 18 Jahre alt.	☐	☒
f)	Er hat einen Hund.	☒	☐

Hinweis: *Die Lösungen findest du in folgenden Textzeilen: a) Z. 2, b) Z. 3 und 120, c) Z. 78, d) Z. 121f., e) Z. 78f., f) Z. 67. Bei dieser Aufgabe erhältst du die volle Punktzahl (drei Punkte), wenn alle sechs Antworten korrekt sind. Bei vier oder fünf richtigen Antworten bekommst du zwei Punkte, bei zwei bzw. drei korrekten Antworten einen Punkt. Hast du weniger als zwei Kreuzchen richtig gesetzt, gibt es keinen Punkt.*

203 b) sich gegen sie verbündet haben.

Hinweis: Mit „Koalition" ist hier ein Bündnis, in diesem Fall gegen die Tochter, gemeint. Nur Antwort b) ergibt in diesem Zusammenhang einen Sinn. Die anderen Lösungsmöglichkeiten lassen sich nicht aus dem Textzusammenhang erklären: a) Im Text gibt es keinen Hinweis darauf, dass die Eltern wieder zusammengezogen sind. d) Es gibt auch keinen Hinweis auf einen aktuellen Streit zwischen den beiden. c) Aus dem Gespräch wird zudem deutlich, dass die Eltern sich gegen die Tochter verbünden, und nicht mit ihr.

∗204 a) (Butterbrot-)Tasche
b) Handy

Hinweis: Überlege dir genau, welchen beiden Gegenständen eine besondere Bedeutung zukommt bzw. welche Gegenstände Livia in Erklärungsnot bringen. Die Lösungen findest du in den Zeilen 41 und 49 sowie 29 ff.: Livia erzählt ihren Eltern, dass sowohl ihr Handy als auch ihre Tasche gestohlen worden sind. Da beide Gegenstände während des Gesprächs wieder auftauchen, fliegt ihre Lügengeschichte auf.

∗205

		Nummer
a)	„Schön, dass er einen Namen hat", sagt meine Mutter kühl. (Z. 51)	1
b)	„Was hast du dir dabei gedacht, Livia! […] Dir muss doch klar sein, wie gefährlich das ist." (Z. 83 f.)	4

Hinweis: a) Im Begleitsatz wird die Art, mit der die Mutter ihre Aussage trifft, durch das Adjektiv „kühl" näher beschrieben. Überlege dir, welches der genannten Verhalten am ehesten dem kühlen und damit eher emotionslosen sowie zurückhaltenden Auftreten der Mutter entspricht. Starke Emotionen, wie z. B. Aggressivität oder das Zeigen von Liebe, scheinen nicht passend. Auch das Adjektiv „vorwurfsvoll" passt nicht zu der genannten Textstelle. b) Das Ausrufezeichen, mit dem der erste Satz endet, verleiht dem Gesagten einen besonderen Nachdruck und deutet bereits an, dass der Sprecher seine Aussage weder liebevoll noch distanziert äußert. Beachtet man die Satzaussage, passt auch das Adjektiv „aggressiv" nicht, denn das Gesagte klingt eher besorgt oder vorwurfsvoll.

*206

Erzählform/Darbietungsform	Satznummern
a) Erzählerbericht	1, 3
b) innerer Monolog	4, 5
c) direkte Rede	2

Hinweis: *a) In beiden Sätzen (1 und 3) schildert Livia als Erzählerin das Verhalten ihrer Eltern. b) In den Sätzen 4 und 5 werden die Gedanken der Erzählerin wiedergegeben, es handelt sich also um einen inneren Monolog. c) An den Anführungszeichen wird deutlich, dass es sich beim zweiten Satz um eine direkte Rede handelt. Die volle Punktzahl erhältst du nur dann, wenn du alle Satznummern richtig zugeordnet hast.*

207 Tim war bereits zuvor schon einmal bei Livia zu Hause.

Hinweis: *Du findest die Lösung im Text in der Zeile 69.*

*208 Mehrmals weist Livia darauf hin, dass sie immer vorhatte, ihren Eltern von Tim zu erzählen. Letztendlich hat sie das aber nie getan.

Hinweis: *Lies die folgenden Abschnitte erneut durch: Z. 62–70, Z. 90–93. Formuliere dann einen Antwortsatz.*

209 „Zugegeben. Er sah nicht gefährlich aus. Und auch nicht … kaputt. Eher nett."

Hinweis: *Lies den Textabschnitt noch einmal aufmerksam durch. Achte dabei darauf, was die Mutter zu Livia sagt und warum sie dies tut. Den oben angeführten Textbeleg findest du in Zeile 117f. Du könntest auch andere Textbelege anführen, z. B.: „Und ich glaube, er mag dich" (Z. 118), „Nun, wenn er wirklich auf der Straße lebt, dann hat er sich gestern sehr viel Mühe gegeben, einen guten Eindruck zu hinterlassen" (Z. 120f.) oder „Und überleg mal, was er alles getan haben muss, um deine Tasche wiederzubekommen" (Z. 121f.).*

210
- Livias Eltern behaupten, dass Obdachlose gefährlich seien.
- Sie befürchten, dass viele von ihnen Krankheiten haben.

Hinweis: *Du findest die Lösungen in den Zeilen 74 und 76. Es sind aber auch andere Antworten als die oben genannten möglich. Du könntest zum Beispiel auch folgende Vorurteile, die im Text vorkommen, anführen: Obdachlose nehmen Drogen (Z. 79f.), sie sind ungepflegt (Z. 120f.) und kaputt (Z. 118).*

∗211 Livia versucht, ihre Eltern zu beruhigen.

Hinweis: *Überlege dir, was Livia mit ihrer Aussage bezweckt. Es sind auch andere Lösungen als die oben genannte denkbar. So könntest du darauf verweisen, dass Livia die Kritik ihrer Eltern entschärfen möchte, dass sie den Streit beenden bzw. sich gegenüber den Eltern rechtfertigen möchte, oder darauf, dass sie versucht, Tim zu verteidigen.*

212 Im Text wird erwähnt, dass sie verstehen und sehen wollte, wie Tim lebt.

Hinweis: *Die oben genannte Lösung findest du im Text in Zeile 85f. Es sind auch andere als die genannte Antwort möglich. Weitere Lösungshinweise findest du im Text zum Beispiel in den Zeilen 2f. Achte darauf, richtig aus dem Text zu zitieren.*

Sprachwissen und Sprachbewusstsein – Aufgaben zu Text 2

251 Meine Mutter ist verärgert.

Hinweis: *Lies den Satz aufmerksam durch und überlege, welcher Satzbestandteil nicht der Standardsprache entspricht. Diesen Begriff musst du durch ein Synonym ersetzen und den Satz entsprechend umformulieren.*

252 erstaunt beruhigt gerührt <u>entsetzt</u> zurückhaltend

Hinweis: *Lies das Zitat aufmerksam und überlege, was Livias Mutter mit ihrer Aussage genau meint. Überprüfe dann bei jedem einzelnen der genannten Begriffe, ob er in diesen Kontext passt und die Gefühle der Mutter gut wiedergibt. Über das Ausschlussverfahren wirst du schnell feststellen, dass der Begriff „entsetzt" in diesem Kontext am besten passt.*

∗253 a) Das Indefinitpronomen „man" verdeutlicht die unpersönliche Ausdrucksweise.

b) Die unpersönliche Ausdrucksweise wird dadurch deutlich, dass das Passiv verwendet und der Handlungsträger somit nicht genannt wird.

Hinweis: *a) Das „man" verweist nur ganz allgemein auf irgendeinen Täter, es gibt jedoch keine persönliche Zuweisung der Tat. b) Überlege dir, welche Verhaltensrichtung des Verbs vorliegt. Bei dem vorgegebenen Satz liegt ein Vorgangspassiv vor, d. h., das Subjekt ist nicht die handelnde Person. Dies sowie die fehlende Nennung eines Täters verdeutlicht die unpersönliche Ausdrucksweise.*

254

Substantiv/Nomen	Verb
Koalition	koalieren
Kolorierung	kolorieren

Hinweis: Bedenke, dass ähnlich klingende Wörter mitunter ganz unterschiedliche Bedeutungen haben. Achte bei der Ergänzung der stammverwandten Wörter darauf, das korrekte Verb bzw. Nomen einzufügen. Wenn du die genannten Begriffe nicht kennst oder dir nicht ganz sicher bist, kannst du im Wörterbuch nachschlagen.

*255

	Aussage des Satzes
a) Sie wollte <u>mir</u> alles erzählen!	Nur dem Vater wollte Livia alles erzählen.
b) Sie wollte mir <u>alles</u> erzählen!	Die ganze Geschichte wollte sie dem Vater erzählen.

Hinweis: Lies die beiden Sätze aufmerksam und überlege jeweils, welche Aussage des Satzes – je nach Betonung – im Vordergrund steht. Formuliere dann zwei Lösungssätze, die die Satzaussagen exakt wiedergeben und verdeutlichen. a) Die Betonung liegt auf dem Dativobjekt, also darauf, wem sie etwas erzählen wollte. b) Die Betonung liegt auf dem Akkusativobjekt, also darauf, was sie erzählen wollte.

256 Die Mutter fragt, ob sie das Licht wieder anmachen könne.

Hinweis: Bei der Umformung von direkter in die indirekte Rede ist zu beachten, dass der Konjunktiv I verwendet werden muss. Zudem musst du bei der Formulierung deines Antwortsatzes auf die Zeichensetzung achten: Der einleitende Satz wird durch Komma abgetrennt, die Anführungszeichen entfallen. Auch das Fragezeichen entfällt, der Satz ist nun ein Aussagesatz und kein Fragesatz mehr. Für die richtige Verwendung des Konjunktivs sowie die korrekte Zeichensetzung erhältst du jeweils einen Punkt, hast du nur eines dieser beiden richtig gemacht, bekommst du nur einen Punkt.

3 Mobilität

Lesekompetenz – Aufgaben zu den Grafiken „Mobilität"

301 ADAC Motorwelt, Heft 2, Februar 2013, S. 18

Hinweis: Die Quellenangabe findest du unterhalb der Grafiken, sie ist mit dem Hinweis „Quelle:" gekennzeichnet.

302

a) ☐	b) ☐	c) ☒	d) ☐
Großbritannien Libyen Saudi-Arabien	Großbritannien Norwegen Libyen	Russland Norwegen Großbritannien	Russland Libyen Norwegen

Hinweis: Die Antwort findest du im oberen Säulendiagramm. Die linke, schwarze Säule zeigt jeweils die Rohöllieferung nach Deutschland der einzelnen Länder im Jahr 1995 an. Suche die drei größten Werte heraus.

303 Russland und Nigeria

Hinweis: Vergleiche im Diagramm „Wo unser Rohöl herkommt" die schwarzen und die grauen Säulen, die die Rohöllieferungen der beiden Jahre 1995 und 2011 angeben, und prüfe, bei welchen Ländern die rechte Säule höher ist als die linke, also ein Zuwachs festzustellen ist. Aus der Fragestellung wird bereits deutlich, dass dies für mehr als ein Land zutreffen muss.

304 in Portugal und Griechenland

Hinweis: Du findest die Antwort im Balkendiagramm, das rechts unten abgebildet ist. Lies die Legende aufmerksam durch: Dargestellt sind die Pkw-Absatzverluste verschiedener Länder. Die beiden Länder, bei denen die Verluste am größten waren, sind die beiden zuletzt genannten, welche die größten Minuswerte aufweisen.

* 305 Über den Pkw-Absatz in Slowenien und Rumänien sagt die Statistik nichts aus.

Hinweis: Die Lösung findest du wiederum im Balkendiagramm rechts unten. Du solltest erkennen, dass die Statistik Aussagen über die Pkw-Absatzverluste in einzelnen Ländern trifft, jedoch keine Aussagen macht über die Pkw-Absätze. Du könntest deine Antwort auch folgendermaßen formu-

lieren: Die Absatzverluste in den beiden genannten Ländern sind laut Statistik fast identisch, über die Pkw-Absätze erfährt man jedoch nichts.

306 a) Mit „uns" ist Europa bzw. sind die Länder der EU gemeint.
b) Mit „wir" ist Deutschland gemeint.

Hinweis: *a) In dem angegebenen Diagramm links unten wird die Herstellung von Automobilen in verschiedenen Ländern, unter anderem in der EU und in China, in den Jahren 2001 bis 2011 abgebildet. Aus dem Liniendiagramm kann abgelesen werden, dass China sich anschickt, Europa bei der Automobilherstellung zu überholen. Die Aussage „Wer uns gerade überholt" ist folglich auf die EU bezogen. b) In dem Diagramm „Wohin wir exportieren" ist die Pkw-Produktion sowie der -Absatz der BRD dargestellt. Das „wir" bezieht sich also auf die Bundesrepublik Deutschland.*

307 a) Wenn die Autos nicht exportiert werden, dann verbleiben sie im Land und werden dort verkauft.
* b) Das Kreisdiagramm bezieht sich auf die rechte Säule, welche die Exporte darstellt.

Hinweis: *a) Aus der Statistik geht nicht hervor, was mit den Autos geschieht, die nicht exportiert werden. Dies musst du aus dem Kontext schlussfolgern. b) In der Statistik wird der Export von in Deutschland produzierten Autos dargestellt. In einem Säulendiagramm ist angegeben, wie viele Autos hier produziert werden (linke Säule) und wie viele davon exportiert werden (rechte Säule). Aus dem danebenstehenden Kreisdiagramm kann abgelesen werden, in welche Länder die Autos exportiert werden und welchen Anteil diese am Exportvolumen haben. Die Angaben im Kreisdiagramm beziehen sich also auf die „Exportsäule".*

308 821 000 Tonnen Rohöl

Hinweis: *Die Angabe, wie viele Tonnen Rohöl 2011 aus dem Iran importiert wurden, findest du im oberen Säulendiagramm. Achte darauf, dass du den Wert in Tonnen angeben sollst. Die Werte im Diagramm sind aber in Tsd. t angegeben. Richtig wäre auch die Angabe „821 Tausend Tonnen", nicht jedoch „821".*

4 Schreibkompetenz – Überarbeiten eines Textes

481	Die Firma „Gartenglück“ bietet( )einen Ausbildungsplatz zum Gärtner der Fachrichtung Landschaftsbau.	**Z** (Korrigieren Sie direkt im Text.)
482	Interessenten müssen mindestens ~~ein~~ Abschluss, z. B. den der Berufsbildungsreife, vorweisen können.	**G** (Kasus) einen
483	Außerdem wird eine gute ~~Körperliche~~ Belastbarkeit erwartet.	**R** körperliche
∗484	Auch technisches Verständnis und Teamfähigkeit ~~ist~~ von Vorteil.	**G** (Numerus) sind
485	Die Bewerbungsunterlagen sind ~~vollstendig~~ einzureichen.	**R** vollständig
486	Dazu gehören Kopien der letzten beiden Zeugnisse(,) der Praktikumsnachweise und ein tabellarischer Lebenslauf.	**Z** (Korrigieren Sie direkt im Text.)
∗487	Der Bewerbungszeitraum endet ~~bis zum~~ 15. Januar 2015.	**A** am
488	Unsere ~~Ansprechpartnerinen~~ für die Bewerbung sind Frau Strauch und Frau Baum.	**R** Ansprechpartnerinnen
∗489	Die Bewerbungsunterlagen ~~wären~~ an folgende Adresse zu richten:	**G** (Modus) sind
490	Firma „Gartenglück“ GmbH Frau Strauch/Frau Baum An der ~~wiese~~ 4 68345 Wäldlingen	**R** Wiese

Hinweis:

481) Da es sich bei diesem Satz um einen einfachen Hauptsatz handelt (Subjekt, Prädikat, Akkusativobjekt), gibt es keinerlei Grund, ein Komma zu setzen.

482) Hier wurde das Objekt falsch dekliniert. Der Nominativ lautet „ein Abschluss", hier ist aber ein Akkusativ gefordert, es muss also „einen Abschluss" heißen.

483) „körperlich" ist hier ein Attribut, welches das Nomen „Belastbarkeit" näher beschreibt. Adjektivisch verwendete Attribute werden kleingeschrieben.

484) Hier werden zwei Dinge aufgezählt, nämlich technisches Verständnis und Teamfähigkeit. Das Verb muss deshalb im Plural stehen.

485) Das Wort „vollständig" leitet sich von „Stand" ab und wird deshalb mit einem „ä" geschrieben. Wenn du dir bei der korrekten Schreibweise unsicher bist, kannst du auch im Wörterbuch nachschlagen.

486) Hierbei handelt es sich um eine Aufzählung, bei der nur die letzten beiden Wortgruppen durch eine Konjunktion, in diesem Fall durch „und", verbunden sind. Zwischen dem ersten und dem zweiten Teil der Aufzählung muss ein Komma gesetzt werden.

487) Die Verwendung der Formulierung „bis zum" ist im Zusammenhang mit dem Verb „enden" nicht korrekt. Sie bezieht sich auf eine Zeitspanne, der Bewerbungszeitraum endet aber an einem ganz bestimmten Datum. Es gibt auch andere Lösungsmöglichkeiten als die genannte, z. B.: Der Bewerbungszeitraum geht bis zum/läuft bis zum 15. Januar 2015.

488) Der Plural der weiblichen Form muss hier mit Doppel-n geschrieben werden, siehe auch Lehrerinnen, Kolleginnen, Richterinnen o. ä.

489) Der im Satz verwendete Konjunktiv ist in diesem Zusammenhang falsch. Es muss der Indikativ verwendet werden, weil hier nicht nur eine Möglichkeit genannt wird, sondern der mögliche Bewerber aufgefordert wird, seine Unterlagen an die angegebene Adresse zu senden. Du kannst den Satz aber auch komplett umformulieren: Die Bewerbungsunterlagen richten Sie an folgende Adresse.

490) Die Kleinschreibung des Straßennamens nach einem Artikel ist hier falsch.

5 Schreibkompetenz – Erstellen eines Schreibplans

Hinweis: *Du sollst einen Schreibplan erstellen für einen Artikel, der in der Schülerzeitung veröffentlicht werden soll. Um dir diese Aufgabe zu erleichtern, werden dir zunächst Teilaufgaben gestellt, die du der Reihe nach abarbeiten kannst. Die Lösungen trägst du in das Gliederungsraster ein.*
a) Vier Meinungsäußerungen zu diesem Thema sind dir bereits vorgegeben. Diese sollst du der These bzw. Gegenthese zuordnen. Dafür musst du die jeweiligen Äußerungen mit eigenen Worten formulieren und in die entsprechenden Zeilen in das Gliederungsraster eintragen. Jene Meinungsäußerungen, welche die These „Zoos leisten einen wichtigen Beitrag zur Arterhaltung" vertreten, gehören in die Zeilen 583 und 585. In die Zeilen 589 und 591 musst du jene Meinungsäußerungen eintragen, welche die Gegenthese „Tierhaltung im Zoo ist Tierquälerei" vertreten.
b) In einem zweiten Schritt sollst du zu jedem Argument ein Beispiel bzw. einen Beleg formulieren, um dieses zu verdeutlichen. Überlege, über welches Hintergrundwissen zu diesem Thema du verfügst, das du hier vielleicht einbringen kannst. Trage deine Beispiele in die Zeilen 584 und 586 bzw. 590 und 592 ein.
c) Formuliere nun sowohl für die These als auch für die Gegenthese jeweils ein eigenes Argument. Diese Argumente sollen wiederum durch Beispiele bzw. Belege verdeutlicht werden. Als weiteres Argument dafür, dass Zoos einen wichtigen Beitrag zur Arterhaltung leisten, könnte zum Beispiel die Möglichkeit angeführt werden, dass nachgezüchtete Tiere wieder ausgewildert werden können. Ein Argument, das die Gegenthese „Tierhaltung im Zoo ist Tierquälerei" untermauert, ist zum Beispiel die Tatsache, dass in einem Zoo jegliche natürliche Auslese fehlt. Deine eigenen Argumente sowie Beispiele gehören in die Zeilen 587 und 588 bzw. 593 und 594.
d) Deine Überlegungen bezüglich Schreibanlass und Hinführung zum Thema sowie deine Schlussgedanken kannst du stichpunktartig in den Zeilen 581 und 582 sowie 595 und 596 notieren.
e) Ziehe ein Fazit aus den vorangegangenen Erläuterungen und formuliere mehrere persönliche Vorschläge zum Umgang mit diesem Thema. Notiere deinen Appell und dein Fazit ebenfalls in den Zeilen 595 und 596.

	1. Einleitung	
581	Schreibanlass	• Vorstellen des Unterrichtsprojektes zur Tierhaltung in Tierparks und Zoos
582	Hinführung zum Thema	• kontroverse Diskussion in der Klasse • diese Diskussion soll schulweit fortgeführt werden

	2. Hauptteil	
	These	„Zoos leisten einen wichtigen Beitrag zur Arterhaltung“
583	1. Argument	Zoos können durch Zucht zur Arterhaltung bedrohter Tierarten beitragen.
584	Beleg/Beispiel	Die chinesische Regierung verleiht weltweit Pandas an Zoos. Die vom Aussterben bedrohte Tierart soll, so das Ziel, durch Zucht erhalten werden.
585	2. Argument	Zoos und Tiergärten können eine tierärztliche Versorgung der Tiere gewährleisten.
586	Beleg/Beispiel	Die Tiere sind in den Tiergärten optimal versorgt und erhalten regelmäßig artgerechtes Futter.
*587	3. Argument	In den Zoos nachgezüchtete Tiere können ausgewildert werden.
*588	Beleg/Beispiel	Die oben genannten Pandas oder Wölfe werden aus Nachzuchtprogrammen ausgewildert.
	Gegenthese	„Tierhaltung im Zoo ist Tierquälerei“
589	1. Argument	Die Bedingungen bei der Tierhaltung in Gefangenschaft entsprechen nicht dem natürlichen Lebensraum der Tiere. Die Haltung der Tiere ist deshalb oft nicht artgerecht.
590	Beleg/Beispiel	Die Tiere werden häufig in zu kleinen Käfigen gehalten und haben zu wenig Auslauf. Dies führt mitunter zu Verhaltensstörungen.
591	2. Argument	Die Haltung in Zoos oder Tiergärten bedeutet Stress für die Tiere.
592	Beleg/Beispiel	Die Besucher kommen den Tieren viel näher als in der Natur, das stört die Tiere in ihren Tagesabläufen.
*593	3. Argument	In Zoos und Tiergärten fehlt die natürliche Auslese.
*594	Beleg/Beispiel	Eisbär Knut wäre in freier Wildbahn gestorben, da die Mutter ihn verstoßen hat.

	3. Schluss	
595	persönliche Meinung	• Alles, was die Tiere von ihrem natürlichen Verhalten und Leben entfremdet, ist Tierquälerei. • Tierreservate und Nachzuchtprogramme sind eher geeignet, zur Arterhaltung beizutragen.
*596	Fazit/Appell	• Man sollte bei Zoos genauer hinsehen und die Tierhaltung dort kritisch hinterfragen. • Man muss darauf achten, als Besucher die Tiere nicht zu stören. • Aufruf zu schulweiter Diskussion

6 Schreibkompetenz – Umsetzung des Schreibplans: Verfassen eines Artikels für die Schülerzeitung

Hinweis: *Verfasse nun einen Artikel für die Schülerzeitung zum vorgegebenen Thema. Orientiere dich dabei an dem Schreibplan, den du in der vorherigen Aufgabe erstellt hast. Es sollte deutlich werden, aus welchem Anlass du den Artikel schreibst. Um das zu erreichen, kannst du zum Einstieg ein tatsächliches oder erfundenes Erlebnis anführen, das den Leser neugierig macht und deinen Schreibanlass veranschaulicht.*
Beim Ausformulieren des Artikels solltest du darauf achten, dass du deine Argumente und Gegenargumente in vollständigen Sätzen darlegst und diese durch passende Konjunktionen und Überleitungen sinnvoll verknüpfst. Versuche, Wortwiederholungen und unübersichtliche Satzkonstruktionen zu vermeiden.
Gestalte deinen Text übersichtlich und beginne inhaltliche Einheiten jeweils in einem neuen Abschnitt.
Ziel deines Artikels ist es, deine Argumentation und deine Einstellung zum Thema Schritt für Schritt und eindeutig zu veranschaulichen. Abschließen sollte der Text mit deinem Fazit und einem logischen Appell, die du aus dem zuvor Dargelegten folgerichtig ableitest.
Achte darüber hinaus darauf, dass die Sprache dem Schreibanlass entspricht. Da du deinen Artikel für eine Schülerzeitung verfasst, solltest du in einer für Jugendliche verständlichen Sprache schreiben und deine Wortwahl entsprechend anpassen. Sprachliche Regeln gilt es dabei einzuhalten.

Zoologische Gärten – Artenschutz oder Tierquälerei?

In der Reihe „Worüber wird in unserer Schule diskutiert" möchten wir euch ein Projekt zur Tierhaltung in Tierparks

Einleitung: Schreibanlass

und Zoologischen Gärten, das wir im Rahmen des Biologieunterrichts durchgeführt haben, vorstellen.

Hinführung zum Thema

Das Projektthema „Zoologische Gärten – Artenschutz oder Tierquälerei?“ wurde in unserer Klasse sehr kontrovers diskutiert. Nun wollen wir euch die verschiedenen Positionen vorstellen und hoffen, dass auch ihr an unserer Diskussion teilnehmt.

Hauptteil:

These

Ein Teil unserer Klasse war der Meinung, dass Zoos einen wichtigen Beitrag zur Arterhaltung leisten. Gestützt haben unsere Mitschüler ihren Standpunkt durch verschiedene

1. Argument

Argumente. So wiesen die Befürworter darauf hin, dass Zoos und Tierparks durch Zuchtprogramme zur Erhaltung bedrohter Tierarten beitragen können. In Zoos werden nämlich nicht nur Großkatzen gezüchtet, sondern auch Tiere in groß angelegten internationalen Zuchtprogrammen vor dem Aussterben bewahrt.

Beleg/Beispiel

China, das Heimatland der Pandabären, verleiht weltweit Tiere zur Nachzucht an Zoos. Nachgezüchtete Tiere werden zurück nach China verbracht. Das Ziel ist, die vom Aussterben bedrohte Tierart durch Nachzucht in Zoos sowie in Aufzuchtstationen in ausgewiesenen Reservaten zu erhalten.

2. Argument

Ein weiteres Argument, das in diesem Zusammenhang vorgebracht wurde, ist die Tatsache, dass in Zoos eine optimale Versorgung der Tiere gewährleistet wird.

Beleg/Beispiel

Sie werden ärztlich versorgt und erhalten regelmäßig artgerechtes Futter. Deshalb müssen Tiere, die nach der Geburt nicht von ihren Eltern versorgt werden, nicht mehr sterben. Berühmte Beispiele aus den Berliner Zoos sind die großen Erfolge in der Aufzucht von Menschenaffen sowie Eisbär Knut. Zudem beugen Impfungen schweren Erkrankungen vor und die schnelle Behandlung von Verletzungen verhindert den in freier Wildbahn sicheren Tod.

3. Argument

Die Zoos leisten aber nicht nur einen wichtigen Beitrag zur Zucht der Tiere, die in Gefangenschaft leben. Denn es gibt Zuchtprogramme, die das spätere Auswildern der Tiere zum Ziel haben. Um das Überleben der Tiere nach der Auswilderung in freier Wildbahn zu gewährleisten, wird häufig der natürliche Lebensraum unter Schutz gestellt und damit ein wertvoller Beitrag zur Erhaltung unserer Natur geleistet.

So werden zum Beispiel die bereits erwähnten Pandas aus den Nachzuchtprogrammen der Zoos zum Teil wieder ausgewildert. Zudem wurden in ihrem natürlichen Lebensraum Schutzgebiete ausgewiesen, um die Population zu bewahren. Der Wolf wurde auf diese Weise z. B. in unserer Region wieder heimisch und bildet inzwischen große Populationen. Dies zeigt, dass diese Programme wirkungsvoll und erfolgreich sein können. Beleg/Beispiel

Das sind viele Aspekte, die dafür sprechen, dass Zoos einen wertvollen Beitrag zur Arterhaltung leisten.

Trotzdem haben nicht wenige Schüler unserer Klasse den Standpunkt vertreten, dass die Tierhaltung im Zoo Tierquälerei sei. Sicher ist dieser Standpunkt vor dem Hintergrund der aktuellen Diskussionen über das Verbot von Tieren in Zirkussen oder dem Verbot von Pferdekutschen in der Stadt entstanden. So begründeten die Schüler ihre Ablehnung vor allem mit den Haltungsbedingungen in Zoos. **Gegenthese**

So können die Tiere dort häufig nicht artgerecht gehalten werden, weil die Bedingungen dem natürlichen Lebensraum, der nur in Ansätzen nachgebildet werden kann, nicht entsprechen. 1. Argument Viel zu oft werden die Tiere in zu kleinen Käfigen gehalten und haben zu wenig Auslauf. Dies kann zu Verhaltensauffälligkeiten führen. Beleg/Beispiel

Zudem bedeutet die Haltung in Zoos und Tierparks, nicht zuletzt durch die Nähe zu Menschen, zusätzlich Stress für die Tiere. 2. Argument Die Besucher lärmen, fotografieren, stören die Tiere in ihren Tagesabläufen, wollen die Tiere mitunter sogar anfassen, obwohl sie wissen, dass dies in freier Wildbahn lebensgefährlich wäre. Immer wieder hört man von Unfällen, weil Zoobesucher Absperrungen überwinden, die Tiere reizen und so sich selbst, aber auch die Tiere in Gefahr bringen. Erst kürzlich musste ein Gorilla getötet werden, um ein Menschenleben zu retten. Beleg/Beispiel

Die Schüler, die in der Tierhaltung in Zoos Tierquälerei sehen, kritisierten auch die oft praktizierte Methode, Tiere um jeden Preis aufzuziehen und dabei die natürliche Selektion zu verhindern. Das kostet Geld und birgt Gefahren. 3. Argument Prominentes Beispiel ist der Eisbär Knut, der von seiner Mutter nicht angenommen wurde. Der Tierpfleger Thomas Dörflein und seine Kollegen zogen den kleinen Beleg/Beispiel

Eisbären mit der Hand auf. Medienwirksam war Knut ein ständiger Besuchermagnet, doch zeigte seine spätere Entwicklung, dass er sich mit Artgenossen nicht verstand. Nur drei Jahre später ertrank er in seinem Gehege und eine gerichtsmedizinische Untersuchung ergab, dass er unter einem angeborenen Hirnschaden gelitten hatte.

Schluss: Persönliche Meinung

Ich persönlich sehe in den Zoos eine große Chance für die Forschung und für die Entwicklung von Artenschutzprogrammen. Da ich aber das Argument, dass Zoos den natürlichen Lebensraum nicht nachbilden können, als sehr schwerwiegend erachte, bin ich der Meinung, dass eher Tierreservate unterstützt werden sollten oder Programme, die das Auswildern von vom Aussterben bedrohter Tiere zum Ziel haben.

Fazit
Appell

Ihr seht, liebe Leserinnen und Leser, dass unsere Diskussion und Projektarbeit durchaus lohnenswert war. Wir haben erkannt, dass unser Hintergrundwissen zu diesem Thema dürftig gewesen ist und wir Zoos häufig als selbstverständlich angesehen haben, ohne ihre Existenz zu hinterfragen. Wie steht ihr zu diesem Problem? Schreibt uns eure Argumente, Ideen und Hinweise. Über unser Projekt haben wir gute Kontakte zum Berliner Zoo und Tierpark bekommen, wir leiten eure Gedanken gerne weiter! Und wenn euch mal wieder ein Wandertag in den Zoo führt, denkt daran, dass euer Verhalten die Tiere beeinflussen kann!

Mittlerer Schulabschluss/erweiterte Berufsbildungsreife
Berlin/Brandenburg – Deutsch 2017

1 Gemüse ohne Sonnenlicht

Marius Münstermann

In einer ehemaligen Fabrik in Kreuzberg wachsen Pflanzen unter LED-Leuchten. Die Firma Infarm betreibt erfolgreich Indoor Farming. Auch die Gastronomie entdeckt die Großstadtgärtner.

In einem Kreuzberger Innenhof gedeiht die Zukunft der urbanen[1] Lebensmittelversorgung. Davon jedenfalls sind drei junge Unternehmer überzeugt, die hier auf unkonventionelle[2] Weise Gemüse anbauen: ohne Erde und Sonnenlicht.

Das Vorhaben mag zunächst seltsam anmuten: Gemüse anbauen in der Großstadt. „Wir wollten unser eigenes Essen anbauen", sagt Guy Galonska. „Aber wir wollten nicht aufs Land ziehen, sondern in der Stadt leben." Gemeinsam mit seinem Bruder Erez Galonska und dessen Frau Osnat Michaeli gründete er deshalb das Unternehmen Infarm, kurz für: Indoor Farming.

Bei diesem System wachsen Pflanzen ohne Erde und Sonnenlicht. Die Pflanzen keimen in einem saugstarken Substrat aus Hanffasern, die Wurzeln hängen in Wasserbecken, die zu einem geschlossenen Kreislauf verbunden sind. So lassen sich im Vergleich zur herkömmlichen Landwirtschaft 90 Prozent Wasser einsparen.

In den abgeschirmten Räumen gibt es keine Schädlinge. „Wir benötigen keine Schädlingsbekämpfungsmittel, da unsere Pflanzen drinnen wachsen", erklärt Guy. Sein Blick schweift durch die ehemaligen Fabrikräume in der Glogauer Straße in Kreuzberg, die Infarm im Jahr 2013 bezog. „Die meisten Pilze und Insekten lauern in der Erde. Da wir keine Erde benutzen und in abgeschirmten Räumen arbeiten, hatten wir bisher auch keine Probleme mit Schädlingen." Im Innenhof fällt wenig Tageslicht durch die Fenster. Die Photosynthese der Pflanzen ermöglichen LED-Leuchten von Valota, einem Hightech-Hersteller aus Finnland. Das übrige Zubehör kann man in jedem Baumarkt kaufen.

Das größte Problem ist der hohe Stromverbrauch, auch wenn LEDs immer effizienter werden. Eine Lösung wäre, die Glasfassaden von Bürotürmen zu begrünen. Die Pflanzen verschatten das Gebäude und nutzen zugleich die ansonsten brachliegende Fläche zur Nahrungsmittelproduktion.

Firmen in Japan oder den USA treten mit Indoor Farming bereits in Konkurrenz zu konventionellen Farmern. „In Deutschland hingegen steckt die Forschung noch in den Kinderschuhen", sagt Matthias Arlt vom Max-Planck-Institut für Molekulare Pflanzenphysiologie. „Die Erträge in der Landwirtschaft sind hierzulande sehr hoch. Die Frage lautet, wie konkurrenzfähig sich das Indoor Farming entwickelt. Da wird in den kommenden Jahren einiges passieren.“ Bis 2050 werden schätzungsweise 80 Prozent der Weltbevölkerung in Städten leben. „In Megastädten hat Indoor Farming bereits heute enormes Potenzial“, sagt Arlt.

Doch der Geschmack sei getrübt, erklärt Arlt: „Der Geschmack von Gemüse vom Feld lässt sich unter künstlichen Bedingungen nicht nachahmen. Das sehen wir schon an den Tomaten aus den holländischen Gewächshäusern.“ Unter LED-Licht wachsen die Pflanzen indes doppelt so schnell wie auf dem Feld. Und das ist noch nicht alles: „Je nachdem, wie wir die Wellenlänge des Lichts einstellen, können wir sogar den Geschmack des Gemüses beeinflussen“, sagt Guy Galonska.

Die ersten Versuche für Infarm machten Guy und Erez Galonska im elterlichen Wohnzimmer in Tel Aviv. Die Brüder waren so begeistert, dass Guy sein Studium der Chinesischen Medizin abbrach, Erez und seine Frau gaben ihre Karriere als Filmemacher auf. Dass sie eigentlich fachfremd sind, sieht Guy als Vorteil: „Manche sagen, wir hätten kein biologisches oder technisches Know-how. Das mag am Anfang gestimmt haben. Dafür haben wir stets einen offenen Blick, über den Tellerrand der einzelnen Disziplinen hinaus.“ Wie tief Guy Galonska inzwischen in der Materie steckt, merkt jeder, der sich von ihm das futuristische Gewächshaus zeigen lässt. Er referiert dann beinahe atemlos. Nebenbei zupft er ein paar Blätter Kresse zum Probieren, wirft einen prüfenden Blick in die Wassertröge, mischt an der Bar eine frische Limo, begrüßt Freunde aus Israel. […]

Das Konzept von Infarm hat sich herumgesprochen. Per Crowdfunding[3] finanzierten sie den Aufbau ihres Start-ups, bald konnten sie einen Investor für ihr Vorhaben gewinnen. Nun steht der große Coup[4] bevor: Infarm beliefert bald das 25hours-Hotel im Charlottenburger Bikini-Haus, weitere Hotel- und Restaurantküchen sollen folgen. Auch Supermärkte seien an dem futuristischen Gemüse interessiert. Außerdem kann man das Gemüse seit Ende November 2014 online bestellen oder vor Ort kaufen.

Bis es so weit ist, verkosten die Unternehmer ihre Ernte jeden Samstag bei einem Brunch in ihrem Kreuzberger Gewächshaus, das sie als „eine Mischung aus Labor und Restaurant“ bezeichnen. Die Gäste sitzen im violetten Schein der LED-Leuchten an rustikalen Tischen, an denen Guy, Erez und Osnat Michaeli sonst über den pH-Wert des Wassers oder ihre Businesspläne diskutieren. Zehn Stunden verbringen sie jeden Tag zwischen den Gemüsekästen.

Infarm beschäftigt inzwischen acht Angestellte, vor allem in der Küche. Viele Zutaten stammen bereits aus dem eigenen Anbau. Der Rest kommt vom Markt – noch. Wenn es nach den Stadtgärtnern geht, sollen nämlich bald auch Reis oder Soja unterm LED-Licht wachsen. Forscher Matthias Arlt bleibt da skeptisch: „Der Anbau von Grundnahrungsmitteln in großer Menge wird wohl auch in Zukunft nur auf Feldern möglich sein.“

Die Kreuzberger Unternehmer jedenfalls wollen ihre Pflanzen übereinandergestapelt in Regalen anbauen. Vertical Farming nennt sich dieses Konzept, mit dem Infarm auf gerade einmal 25 Quadratmetern täglich 80 bis 100 Salatköpfe ernten will – das ganze Jahr über. Später sollen Maschinen die Ernte übernehmen. Ehrgeizige Pläne. Doch Guy Galonska ist überzeugt: „Indoor Farming ist die Zukunft der urbanen Lebensmittelversorgung.“

Quelle: www.tagesspiegel.de/wirtschaft/pflanzenanbau-in-der-grossstadt-gemuese-ohne-sonnenlicht/10985398.html (11. 12. 2014)

1 städtischen
2 nicht herkömmliche
3 Finanzierungsmodell, bei dem online Geld eingesammelt wird
4 besondere Aktion

Lesekompetenz – Aufgaben zu Text 1 „Gemüse ohne Sonnenlicht“

Punkte

101 Notieren Sie die folgenden Fakten zum Unternehmen. 2

a) Name des Unternehmens	☐
b) Standort	☐
c) Produkt	☐

102 Notieren Sie die zwei Gründe, warum die Firmengründer ihre Idee des Indoor Farming in einer Großstadt realisiert haben. 1

- ______________________
- ______________________

103 Notieren Sie, welchen Tätigkeiten die Firmeninhaber vor der Unternehmensgründung nachgingen. 1

Firmeninhaber	Tätigkeit
Guy Galonska	
Erez Galonska	
Osnat Michaeli Galonska	

104 Kreuzen Sie an, ob die folgenden Aussagen zum Indoor-Farming-System richtig oder falsch sind. 3

	richtig	falsch
a) Die Pflanzen erhalten das Wasser durch Beregnung.	☐	☐
b) Die Pflanzen benötigen Erde, aber kein Sonnenlicht.	☐	☐
c) Die Pflanzen gedeihen in abgeschirmten Räumen.	☐	☐
d) Das Gemüse wird von speziellen Maschinen geerntet.	☐	☐
e) Die Photosynthese wird durch LED-Licht ermöglicht.	☐	☐

105 Notieren Sie zwei Vorteile des Indoor Farming.

- ____________________ 1
- ____________________ 1

* 106 Ein Nachteil des Indoor Farming ist der fade Geschmack des Gemüses.
a) Notieren Sie, wie man den Geschmack positiv beeinflussen kann.
b) Notieren Sie einen weiteren Nachteil des Indoor Farming.

a) ____________________ 1

b) ____________________ 1

* 107 Kreuzen Sie an, was der Forscher Matthias Arlt prognostiziert. 1

a) Indoor Farming wird in Großstädten an Bedeutung gewinnen.	☐
b) Die Erträge der traditionellen Landwirtschaft werden in Deutschland niedrig bleiben.	☐
c) Die Weltbevölkerung wird bis 2050 um 80 % zunehmen.	☐
d) Die Konkurrenz zwischen den USA und Japan wird im Bereich Indoor Farming zunehmen.	☐

108 Notieren Sie einen Vorteil des Vertical Farming. 1

____

✱ 109 Notieren Sie die zwei Aktionen, mit denen die Firma ihre Produkte momentan bekannt macht.

- ____ 1
- ____ 1

110 Kreuzen Sie an, ob die folgenden Aussagen in Bezug auf die Zukunftspläne der Firma Infarm richtig oder falsch sind. 3

	richtig	falsch
a) Die Firma möchte ausschließlich Supermärkte beliefern.	☐	☐
b) Es sollen auch Reis und Soja angebaut werden.	☐	☐
c) Gastronomiebetriebe werden als Kunden ausgeschlossen.	☐	☐
d) Die Produkte sollen auch online verkauft werden.	☐	☐
e) Das Gemüse soll nur per Hand geerntet werden.	☐	☐

✱ 111 Statt der Indoor-Gärten sind auch andere städtische Anbauformen denkbar.
Notieren Sie
a) die im Text genannte alternative Anbauform.
b) einen Vorteil dieser Anbauform.

a) ____ 1

b) ____ 1

Lesekompetenz gesamt	**20**
Fundamentum	13
✱ Additum	7

Sprachwissen und Sprachbewusstsein – Aufgaben zu Text 1

Punkte

151 Unterstreichen Sie von den folgenden Wörtern die vier Komposita. 2

Tellerrand	saugstark	Geschmack	Zukunft
Stadtgärtner	Quadratmeter	begrüßen	

* 152 Die folgenden Sätze unterscheiden sich durch die Verben.

Die meisten Pilze und Insekten leben in der Erde.
Die meisten Pilze und Insekten lauern in der Erde.

Erklären Sie, inwiefern sich die Aussage des zweiten Satzes dadurch verändert. 1

____

____

153 Kreuzen Sie an, ob in den folgenden Sätzen gegenwärtiges, zukünftiges oder ein immer gültiges Geschehen zum Ausdruck gebracht wird. 2

Satz	gegenwärtig	zukünftig	immer gültig
a) Nebenbei zupft er ein paar Blätter Kresse.	☐	☐	☐
b) Beim Indoor-Farming-System wachsen Pflanzen ohne Erde und Sonnenlicht.	☐	☐	☐
c) Sein Blick schweift durch die ehemaligen Fabrikräume.	☐	☐	☐
d) Infarm beliefert bald das 25hours-Hotel in Charlottenburg.	☐	☐	☐

* 154 Erklären Sie, was mit der unterstrichenen Redewendung im folgenden Satz gemeint ist. 1

In Deutschland steckt die Forschung noch in den Kinderschuhen.

____

____

155 Ordnen Sie den Fremdwörtern die entsprechende deutsche Bezeichnung zu. 2

1. Geldgeber
2. Stellfläche
3. Nährboden
4. Gaststätte
5. Landwirt
6. Entwurf

Fremdwort	**deutsche Bezeichnung**
a) Konzept	
b) Investor	
c) Restaurant	
d) Substrat	

∗ 156 Formulieren Sie den folgenden Satz so um, dass er eine Gewissheit zum Ausdruck bringt. 1

Später sollen Maschinen die Ernte übernehmen.

____

____

∗ 157 Weisen Sie nach, dass im folgenden Satz das Satzglied „Die Gastronomie" das Subjekt ist. 1

Die Gastronomie entdeckt die Großstadtgärtner.

____

____

Sprachwissen und Sprachbewusstsein gesamt	**10**
Fundamentum	6
✱ Additum	4

2 Der Mann, der keinen Mord beging

Alexander Spoerl

Zugegeben: Ein Hammer hat nichts auf dem Dach zu suchen. Und niemand weiß, wie er dort hingekommen ist. Und selbst der Staatsanwalt hat es nie klären können. Es besteht kein Grund zur Beunruhigung, denn der Hammer liegt nicht mehr auf dem Dach, sondern wohlverwahrt bei den Akten.

Am zwölften Mai des Jahres fuhr ein besonders schwerer Lastzug durch die Straße, der den Boden beben und die Häuser zittern ließ. Der Hammer zitterte mit, verlor seinen Halt und rutschte das schräge Dach hinab, polterte in die Dachrinne, überschlug sich so, dass sein Stiel über den Abgrund hinausschwang. Aber noch hatte der Kopf ein Siebentel Übergewicht, und deshalb schwankte der Stiel nur ein wenig über die Dachrinne hinaus, und unten strömten ahnungslos die Menschen, überholten sich, begegneten einander, blieben vor den Schaufenstern stehen und gingen weiter.

Die Sonne versank gelb und groß hinter der Stadt. Die Menschen wurden eilig-beschwingt, und dann weniger. Vor den Schaufenstern rasselten die Gitter herunter und schnappten in die Schlösser. Schließlich war es dunkel. In die verlassenen Straßen fuhr eine Bö und ließ die elektrischen Lampen an den Drähten schaukeln. Auf die Dächer fielen laut die ersten Regentropfen, mehrten sich, begannen zu trommeln. Und der Wind tat das Seinige dazu und pfiff um Schornsteine und Giebel. Das Wasser strömte über die Dachziegel und schoss durch die Regenrinne, füllte sie bis zum Rande, schob den Hammer, an dessen Stiel der Wind zerrte, noch weiter nach außen und gab seinem Kopf Auftrieb und nahm ihm damit schließlich jenes Siebentel Übergewicht. Der Hammer kippte über die Kante und fiel, an den vielen Stockwerken vorbei und mit zunehmender Wucht, hinab auf die Straße.

Der Regen rauscht weiter über die Dächer, in die Straßen und auf den Asphalt und auf einen Herrn im Paletot[1], der quer über dem Bürgersteig liegt, und spült dessen spärliche Haare zu spitzen Strähnen. […]

Dann kommt ein Mensch, ohne Mantel, den Kragen seines Sakkos hochgeschlagen, und er drückt sich dicht an den Häusern entlang, als sei dort der Regen weniger nass. Weil er keinen Umweg machen will, steigt er einfach über den Herrn. Aber nach drei Schritten dreht er sich um: „He, Sie!“

In den Regen fährt wieder der Wind.

„Es regnet!“, ruft der Mann und kommt die drei Schritte zurück. „Sie sollten lieber nach Hause gehen!“

Der Herr bleibt, wo er ist.

„Hier“, sagt der Mann und kommt noch näher und stößt den Daliegenden mit der Fußspitze an, „hier holen Sie sich den Tod.“

Den am Boden kann nichts mehr erschüttern.

Und der Mann sieht undeutlich dessen bleiches, aber sehr friedliches Gesicht.

Beinahe beneidenswert! denkt er, denn er selbst ist nüchtern und friert. Und er fischt die zerbeulte Melone[2] vom Boden und drückt sie dem Herrn auf den Schädel, bis sie fest klemmt. Geht endlich, hat getan, was er konnte, und bleibt doch wieder stehen und kommt abermals zurück und packt den Herrn unter den Achseln und schleift ihn drei Häuser weiter in eine offene Tordurchfahrt – So.

„Hier können Sie auch nicht bleiben!" Aber er setzt den Herrn gegen die dunkle Wand. „Und ganz kalt sind Sie schon!" Und schlägt ihm den Paletotkragen hoch.

Der Wind pfeift um die Ecke, und der Mann friert noch mehr als draußen im Regen.

„Wo wohnen Sie?"

Sagt nichts.

„Haben Sie wenigstens Telefon?" – Der Mann muss selber nachsehen, knöpft den Paletot des Herrn auseinander, fühlt mit klammen Fingern in das Jackett, findet eine Brieftasche, öffnet sie und fasst in ein Bündel Banknoten. – „Wenn einer noch Geld hat, braucht er sich nicht zu besaufen!", sagt der Mann und bohrt in die Seitenfächer der Brieftasche und sucht nach dem Ausweis. Die Geldscheine bleiben an seinen nassen Fingern haften. „Unglücklicherweise", seufzt der Mann, „haben mich meine Eltern zu einem ehrlichen Menschen erzogen."

Unglücklicherweise! – Und der Mann fühlt, wie weh ihm der Hunger tut; aber vielleicht gewöhnt er sich eines Tages daran. „Das heißt, einen kleinen Finderlohn, so einen Bergungslohn, könnten Sie mir vielleicht geben. Sie kriegen es später zurück. Mir geht es sonst besser!" Und fühlt, wie er rot wird. „Einverstanden?"

Neben der Einfahrt plätschert ein geborstenes Regenrohr.

„Sie haben wirklich nichts dagegen?"

Offenbar nicht. Da wird es dem Mann unheimlich: „So besoffen können Sie doch nicht sein? Fehlt Ihnen was?" Und rüttelt den Herrn an den Schultern. Der sinkt vornüber. Der Mann versucht, ihn wieder aufzurichten, und der Herr sackt auf die Seite. „Nehmen Sie sich doch etwas zusammen!", schreit der Mann, weil er vielleicht schon weiß, dass der andere gar nichts mehr hört.

Über die Straße zischt ein Automobil. Und für zwei Sekunden ist es ganz hell im Torweg. – „Ja dann", sagt der Mann, und vor Entsetzen friert er nicht mehr, „ja dann – brauchst du das ja nicht mehr! Nein, nein", seine Stimme wird laut und heiser, „ich will dich nicht berauben. Aber Geld, das du nicht mehr ausgeben kannst, ist wertloses Papier." – Und ich, denkt der Mann, und kann in Wirklichkeit gar nicht mehr denken, und er denkt auch gar nicht. Sondern läuft.

Der Regen hat nachgelassen. […]

Der Mann hält an und sieht durch das Schaufenster Stehtische mit Marmorplatten auf gekacheltem Boden. Und an den Wänden warten in stiller Reihe Speiseautomaten mit verchromten Knöpfen. Zu denen hat der Mann Vertrauen und geht hinein. Und öffnet die Brieftasche, und die Automaten fragen nicht und sehen ihn nicht vorwurfsvoll an, aber sie wollen Hartgeld, und wechseln können sie nicht. Und da steht der Mann auf dem Fliesenboden, und hinter Glas liegen die belegten Brötchen, ganz unbeteiligt, und haben alle obenauf Petersilie und dadurch ein freundliches Aussehen.

„Worüber denken Sie nach?", fragt eine sanfte, dunkle Stimme durch den Raum. Über eine Wechselkasse schauen die Augen einer Frau. – „Ich habe es mir anders überlegt", sagt der Mann und tritt den Rückzug an.

„Sie sollten erst einmal etwas essen", sagt die Frau hinter der Kasse.

„Ja", sagt der Mann und geht zu ihr hin und zieht aus der Brieftasche einen Schein. „Reng" macht die Kasse. Die großen müden Augen der Frau sehen einen Augenblick zu ihm auf, dann legt sie zwei harte Geldrollen vor ihn hin und den Rest in Scheinen. – Die Scheine schiebt er in die Brieftasche, und die Rollen haben zwei Enden, dort kann man sie öffnen, die Münzen sehen und mit dem Finger hineinbohren, mehr kann man nicht. Da nimmt der Mann sein Taschenmesser und schneidet die Geldrollen auf wie Salami. Und nun fährt Leben in die Automaten; es klappert durch die Schlitze, die Schubläden schießen hervor, die Glasfenster klirren, und die Fächer rücken rasselnd eins weiter nach unten.

Und der Mann frisst, ohne Wahl in der Reihenfolge, böse über seinen eigenen Hunger. Und frisst sich noch weiter in Wut, als könne er dadurch sein Schicksal ändern. Auf einem Stehtisch türmen sich die Teller aus Pappe. Und dann ist Paul satt.

Richtet sich auf und sieht sich im Spiegel eines Pfeilers. Das also ist er. Wischt sich Regen und Schweiß vom Gesicht. Sein Anzug war einmal von einem Maßschneider, aber der Kragen hat sich gerollt, und das mittelste Knopfloch hat Fransen. Durch die anderen Tische kommt mit wiegenden Hüften die Frau auf ihn zu und bringt ihm die Brieftasche nach. „Schön ist die", sagt sie.

„Sozusagen gefunden", sagt Paul.

„Sozusagen", sagt auch die Frau. […]

Paul sieht sich wieder im Spiegel. Er hat einen Toten bestohlen. Jetzt, da er satt ist, sieht die Sache ganz anders aus. Er stopft die Brieftasche in die Jacke und wendet sich zur Tür.

„Moment", ruft die Frau und steht wieder vor ihm: „Was haben Sie vor?"

Paul schweigt. – Durch die Straßen fegen die Sirenen des Überfallkommandos[3].

„Machen Sie keine Dummheit", flüstert die Frau.

Doch, denkt Paul und geht. […]

Und als er zum Torweg kommt, ist es zu spät. Polizisten halten die Menschen zurück. Das Haus ist hell angestrahlt von dem Suchscheinwerfer des Überfallkommandos. Aus den Fenstern sehen ungekämmte Leute mit Mänteln über den Nachthemden.

„Sie sollen zurückbleiben!“, rufen die Polizisten, und Pauls Vordermann tritt ihm auf die Fußspitzen. – „Ich kann dazu etwas sagen“, ruft Paul.

Schön, dann soll er mal hierbleiben.

Im Torweg flammt Blitzlicht auf. Einer, der ganz vorn gestanden hat und nun nach Hause muss, bahnt sich einen Weg aus der Menge: „Die ganze Brieftasche hat er ihm abgenommen!“, sagt der und verschwindet.

Es raunt: Da müssen doch auch Fußspuren sein! – Warum holen die keinen Hund! – Paul ist es auch lieber ohne Hund, denn er möchte seine Aussage freiwillig machen.

Auf der anderen Seite der Straße hält ein Krankenwagen, die Hecktüren werden auseinandergeklappt und eine Bahre herausgezogen.

Vor dem Torweg suchen Kriminalbeamte den Boden ab. Nun hockt sich einer nieder, die anderen bilden eine Gruppe um ihn, und man hört nicht, was sie reden.

Aus dem Polizeiwagen wird eine Tasche geholt. Dann bewegt sich die Gruppe zum Torweg zurück: Der Vorderste trägt behutsam in einer zangengroßen Pinzette den Hammer.

In die Zuschauer gerät Bewegung:

Mit einem Hammer! –

Einfach so von hinten auf den Kopf! –

Peng! –

Eine Dame neben Paul greift sich in die blonden Haare.

So ein Schwein! –

Und Paul hört ein Wort, erst undeutlich, dann kommt es näher und ist nicht mehr misszuverstehen: Raubmord!

Auf einer Bahre wird der Tote im Paletot aus dem Torweg getragen, durch die Menschen hindurch. Ein junger Beamter eilt ihm nach und fischt vom Fußende die Melone. Sie hat ein zackiges Loch.

„Da wollte doch jemand eine Aussage machen. Vortreten bitte!“

Es tritt niemand vor.

Der ist auch gar nicht mehr da.

Aus: Alexander Spoerl: Der Mann, der keinen Mord beging. Piper & Co. Verlag, München 1951, S. 5 ff.

1 Herrenmantel
2 runder Hut
3 Mannschaftswagen der Polizei

Lesekompetenz – Aufgaben zu Text 2
„Der Mann, der keinen Mord beging“

Punkte

201 Notieren Sie aus den Zeilen 1 bis 4 zwei Wörter, die auf einen Kriminalfall hinweisen.

- ________________________________ 1
- ________________________________ 1

202 Notieren Sie, 1

a) den Tag des Vorfalls.

b) die Tageszeit des Vorfalls.

a) ________________________________

b) ________________________________

203 Ordnen Sie die drei folgenden Bezeichnungen den entsprechenden Figuren zu. 1

Herr
Mann
Paul

a) Hauptfigur	
b) Opfer	

204 Aus dem Text geht hervor, dass scheinbar der Herr in reichen und der Mann in sehr ärmlichen Verhältnissen lebt.

Notieren Sie dafür je einen Beleg aus dem Text.

	Beleg	Punkte
a) Herr		1
b) Mann		1

205 Beschriften Sie auf der Grundlage des Textes die folgende Abbildung eines Hammers. 1

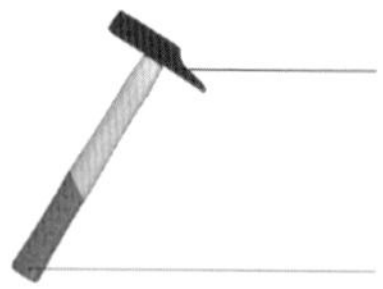

206 Notieren Sie, welche zwei Wetterphänomene den Fall des Hammers verursachen. 1

- ______________________________
- ______________________________

207 Nummerieren Sie die Zwischenüberschriften in der Reihenfolge des Geschehens. 1

	Nummer
a) Das Einstecken der Brieftasche	
b) Das Auffinden des Opfers	
c) Das Herabfallen des Hammers	
d) Der heimliche Rückzug	
e) Das gierige Schlingen	

208 Kreuzen Sie an, ob die folgenden Aussagen zum Auffinden des Opfers richtig oder falsch sind. 3

	richtig	falsch
a) Der Mann stolpert über den am Boden liegenden Herrn.	☐	☐
b) Der Mann möchte nicht unnötig nass werden.	☐	☐
c) Der Mann vermutet, dass der Herr betrunken ist.	☐	☐
d) Der Mann will den Herrn nach Hause bringen.	☐	☐
e) Der Mann beschimpft den Herrn.	☐	☐

209 Der Mann entwendet dem Herrn die Brieftasche.
Notieren Sie aus den Zeilen 70–75 den Grund für seine Entscheidung. 1

____

____

∗210 In den Zeilen 52–62 wird der Gewissenskonflikt des Mannes dargestellt. Erklären Sie, worin dieser Konflikt besteht. 1

____

____

∗211 Gleich nachdem der Mann satt ist, will er seinen Gewissenskonflikt lösen. Welche Entscheidung trifft er? 1

____

____

∗212 Am Ende des Textes heißt es: „Der ist auch gar nicht mehr da.“ Begründen Sie, warum sich der Mann davonstiehlt. 1

____

____

____

____

∗213 Die Gemütslage des Mannes verändert sich im Verlauf der Handlung. Ordnen Sie den Textstellen die entsprechende Empfindung des Mannes zu.

1. Wut
2. Gelassenheit
3. Scham
4. Fürsorge

Textstelle	Nummer	
a) „Und ganz kalt sind Sie schon!“ (Z. 46)		1
b) Er hat einen Toten bestohlen. (Z. 109)		1

∗214 Im Text wird Licht symbolisch verwendet.
Ordnen Sie den Beschreibungen des Lichts den entsprechenden Symbolgehalt zu.

1. Ankündigung des Unheils
2. Hoffnung auf einen Neuanfang
3. Aufdeckung der Tat
4. Zeichen für Erlösung

		Nummer	Punkte
a)	Schließlich war es dunkel. (Z. 15)		1
b)	Das Haus ist hell angestrahlt von dem Suchscheinwerfer des Überfallkommandos. (Z. 118/119)		1

Lesekompetenz gesamt	**20**
Fundamentum	13
✱ Additum	7

Sprachwissen und Sprachbewusstsein – Aufgaben zu Text 2

Punkte

✱251 Kreuzen Sie an, welches Wort das im folgenden Satz unterstrichene Wort sinngemäß ersetzen kann. 1

Neben der Einfahrt plätschert ein <u>geborstenes</u> Regenrohr.

a)	verbogenes	☐
b)	geplatztes	☐
c)	verschmutztes	☐
d)	gebürstetes	☐

252 Kreuzen Sie an, ob in den folgenden Sätzen jeweils eine Aussage, eine Aufforderung oder eine Möglichkeit verdeutlicht wird.

		Aussage	Aufforderung	Möglichkeit	
a)	Da sind doch auch Fußspuren.	☐	☐	☐	1
b)	Einen kleinen Finderlohn könnte er vielleicht bekommen.	☐	☐	☐	1
c)	Nehmen Sie sich doch etwas zusammen!	☐	☐	☐	1

253 Kreuzen Sie an, ob in den folgenden Sätzen ein bildsprachlicher oder ein nicht bildsprachlicher Ausdruck vorhanden ist. 1

	bildsprachlich	nicht bildsprachlich
Ein junger Beamter fischt den Hut vom Fußende.	☐	☐
Ein junger Beamter nimmt den Hut vom Fußende.	☐	☐
Ein junger Beamter greift den Hut vom Fußende.	☐	☐

254 Der folgende Satz ist eine Ellipse.

Und rüttelt den Herrn an den Schultern.

a) Notieren Sie den vollständigen Satz.
b) Bestimmen Sie das ergänzte Satzglied.

a) ______________________________ 1

____

b) ______________________________ 1

255 Ordnen Sie den folgenden Beispielen die entsprechenden sprachlichen Mittel zu.

1. Personifikation
2. Vergleich
3. Lautmalerei
4. Metapher

	Nummer	
a) Über die Straße zischt ein Automobil.		1
b) Die belegten Brötchen haben ein freundliches Aussehen.		1
c) Er schneidet die Geldrollen auf wie Salami.		1

✱256 Bei der folgenden Satzkonstruktion handelt es sich um eine Satzreihe.

Paul ist es auch lieber ohne Hund, denn er möchte seine Aussage freiwillig machen. (Z. 128/129)

a) Formulieren Sie den Satz in ein sinnentsprechendes Satzgefüge um.
b) Notieren Sie, worauf sich im ersten Hauptsatz „es“ bezieht.

a) ____

____ 1

b) ____

____ 1

✱ 257 Eine Klimax ist eine stufenweise Steigerung.
Entscheiden Sie, ob es sich bei der folgenden Aussage um eine Klimax handelt, und begründen Sie. 1

Auf die Dächer fielen laut die ersten Regentropfen, mehrten sich, begannen zu trommeln.

____

____

258 Formulieren Sie das unterstrichene Wort als Vergleich.

eine <u>zangengroße</u> Pinzette 1

____

✱ 259 Kreuzen Sie an, welcher der unten aufgeführten Satzbaupläne auf den folgenden Satz zutrifft. 1

Einer, der ganz vorn gestanden hat, bahnt sich den Weg aus der Menge.

a) HS_1, HS_1. NS,	☐
b) HS_1, NS_1, NS_2.	☐
c) HS_1, HS_2. NS,	☐

Sprachwissen und Sprachbewusstsein gesamt **15**

Fundamentum 10

✱ Additum 5

3 Weg damit!

Plastikmüll belastet die Umwelt. Die EU will daher ihre Mitgliedsstaaten dazu verpflichten, den Verbrauch dünner Tüten zu reduzieren. Hier wird gezeigt, wie hoch der ist, wie klein der wiederverwertete Anteil ist und welche Schäden der Rest anrichtet.

Hohe Produktion

Jedes Jahr stellt die Menschheit über drei Viertel ihres Gesamtgewichts in Kunststoff her.

Geschätztes Gewicht aller Menschen auf der Erde:
356 Mio. Tonnen

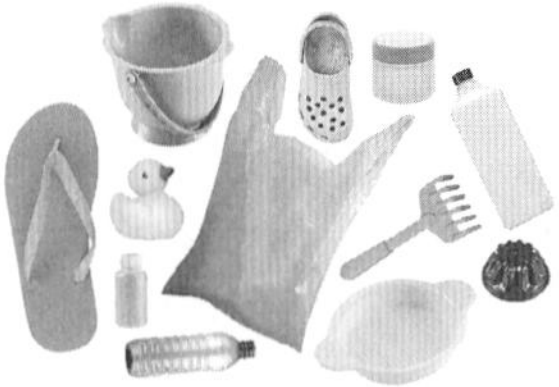

Kunststoffproduktion in einem Jahr:
288 Mio. Tonnen

Großer Verbrauch

46 Millionen Tonnen Plastik werden jährlich in Europa verbraucht, mehr als ein Zehntel davon für Tüten.

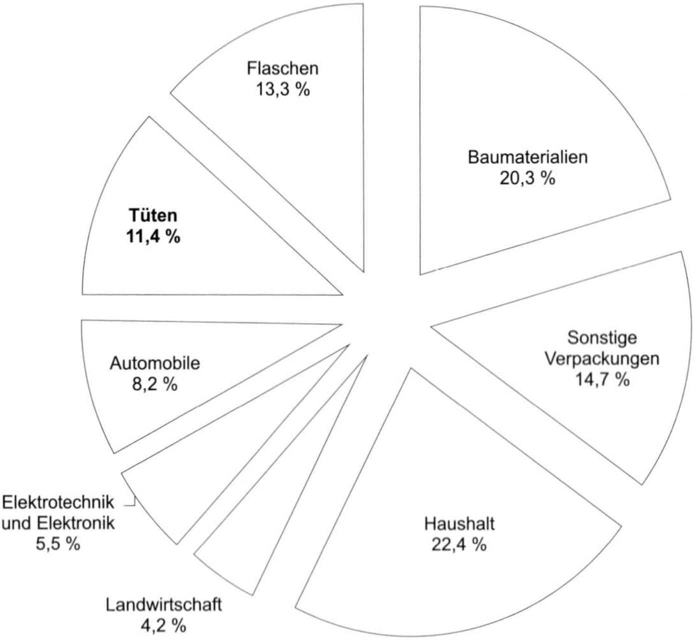

Die Tütenverschwender

175 dünne Tüten verbraucht ein Bürger jedes Jahr im EU-Durchschnitt. Wir Deutschen liegen immerhin deutlich darunter.

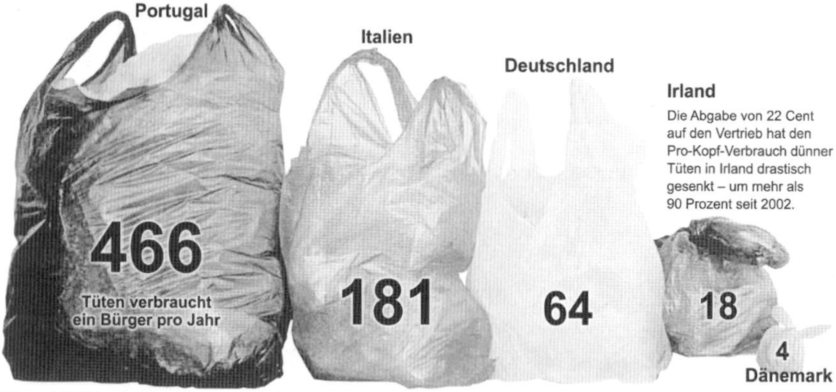

Wie auch in vielen östlichen EU-Staaten ist in Portugal der Konsum sehr hoch. Der Grund: Tüten liegen kostenlos an den Supermarktkassen aus, die Kunden tragen massenweise Einkäufe damit heim.

Seit 2011 wurden die herkömmlichen Plastiktüten in den Supermärkten durch deutlich teurere aus Bioplastik ersetzt. Der Verbrauch hat sich dadurch stark reduziert, das Material ist aber umstritten.

Die dicken Tüten im deutschen Lebensmittelhandel sind kostenpflichtig. Dünne aber gibt es weiterhin kostenlos, zum Beispiel in Apotheken und Drogerien und zum Einpacken von Obst und Gemüse.

Hier zahlen die Produzenten eine Steuer, die sich nach dem Gewicht der Tüten richtet. Das Ergebnis: Neben Finnland ist Dänemark beim Tütenverbrauch in der EU das sparsamste Land.

Viel Importware	**Wenig Recycling**	**Bedrohte Tiere**
Ein Tütenbann wäre relativ leicht durchzusetzen, weil er der europäischen Industrie kaum wehtut. **89 %** aller Tüten in der EU sind dünne Tüten **70 %** davon werden in die EU importiert	98,6 Milliarden Plastiktüten werden pro Jahr in der EU verbraucht. Recycelt wird nur ein kleiner Teil davon. **50 %** gehen auf die Mülldeponie **6 %** werden recycelt **8 %** gelangen als Müll in die Umwelt **36 %** werden verbrannt	Über 270 Tierarten überfressen sich an Plastik im Meer, ersticken daran oder verheddern sich darin. **86 %** der Seeschildkrötenarten **44 %** der Seevögelarten **43 %** der Meeressäugerarten

Was schwimmt im Meer?

Die Müllmenge im Meer lässt sich schwer fassen. Vermutlich treiben bereits viele Millionen Tonnen Abfall auf den Ozeanen. Studien weisen darauf hin, dass der größte Teil davon Kunststoff ist. Daran haben wiederum Verpackungen, insbesondere Tüten und Flaschen, einen hohen Anteil.

Datenquellen: EU-Kommission, Umweltbundesamt, NABU, J. G. B. Derraik: „The pollution of the marine environment by plastic debris: a review", plasticseurope.org, repubblica.it. Aus: Die Zeit Nr. 50, 05. Dezember 2013.

Lesekompetenz – Aufgaben zu den Grafiken „Weg damit!" Punkte

301 Unterstreichen Sie die drei Bereiche, über die die Grafiken informieren. 1

Verbrauch von Plastik	Produktionskosten von Plastiktüten
Umgang mit dünnen Plastiktüten	
Schäden durch Plastik	Wiederverwertung von Bioplastik

302 Die Informationen der Teilgrafik „Großer Verbrauch" wurden in ein Balkendiagramm übertragen. Ergänzen Sie die fehlenden Angaben a) bis c). 1

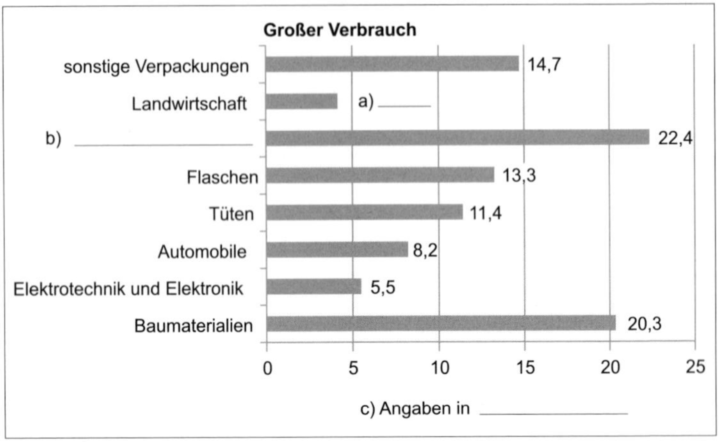

303 Kreuzen Sie an, ob die folgenden Aussagen richtig oder falsch sind. 2

	richtig	falsch
a) In Italien werden in den Supermärkten Bioplastiktüten durch herkömmliche Plastiktüten ersetzt.	☐	☐
b) 22,4 Prozent aller Tüten werden im Haushalt verbraucht.	☐	☐
c) Der Verbrauch an Tüten je Bürger liegt in Deutschland unter dem europäischen Durchschnitt.	☐	☐
d) Die EU möchte die Verwendung dünner Plastiktüten verbieten.	☐	☐

304 Notieren Sie

a) das europäische Land mit dem höchsten Plastiktütenverbrauch.
b) den Grund für diesen hohen Verbrauch.

a) Land: ______________________________ 1

b) Grund: ______________________________ 1

____

305 Notieren Sie zwei Maßnahmen in EU-Ländern, die den Verbrauch von herkömmlichen Plastiktüten reduzieren sollen.

- ______________________________ 1
- ______________________________ 1

* 306 Begründen Sie, warum die folgende Aussage falsch ist:

Jeder Bürger der EU verbraucht im Jahr 175 dünne Tüten. 1

____

____

* 307 Der Verbrauch von Plastiktüten muss reduziert werden.
Leiten Sie aus der Grafik einen Grund dafür ab. 1

____

____

Lesekompetenz gesamt	**10**
Fundamentum	8
* Additum	2

4	**Schreibkompetenz – Überarbeiten eines Textes**		

In den folgenden Hinweisen, wie man ein passendes Geschenk finden kann, sind einige Fehler enthalten.
Korrigieren Sie nur den jeweiligen Fehler.

- R Rechtschreibfehler
- Z Zeichensetzungsfehler
- G Grammatikfehler
- A Ausdrucksfehler

Nr.	Text	Fehler	Punkte
481	Es ist nicht leicht ein passendes Geschenk für einen Freund zu finden.	**Z** (Korrigieren Sie direkt im Text.)	1
482	Hier erhalten Sie einige Tips, die Ihnen die Suche erleichtern sollen.	**R** ______	1
483	In Gespräche mit dem Freund erfahren Sie etwas über dessen Geschmack.	**G** (Kasus) ______	1
∗484	Auch die Kenntnis seiner Interessen und Hobbys können Ihnen helfen, die richtige Entscheidung zu treffen.	**G** (Numerus) ______	1
485	Verschenken Sie zum Beispiel ein Abonement der zum Hobby passenden Fachzeitschrift.	**R** ______	1
486	Je nach Interessenlage können auch Konzert- oder Kinokarten ein willkommendes Geschenk sein.	**R** ______	1
487	Total in sind auch Gutscheine für Shopping-Center.	**A** (umgangssprachlich) ______	1

✱488	Geldgeschenke sollten Sie jedoch vermeiden, weil diese sehr beliebt sind.	**G** (Konjunktion) ______________	1
489	Sie wirken unpersönlich bequem und einfallslos.	**Z** (Korrigieren Sie direkt im Text.)	1
✱490	Lassen Sie sich also was Besonderes einfallen, wenn Sie Ihren Freund überraschen wollen.	**A** (umgangssprachlich) ______________	1

Schreibkompetenz gesamt	**10**
Fundamentum	7
✱ Additum	3

5 Schreibkompetenz – Erstellen eines Schreibplans

Bildschirm oder Papier – Wie liest man heute?

Die Schülervertreter Ihrer Schule schlagen vor, dass der gesamte Buchbestand Ihrer Schule auf E-Books umgestellt werden soll. Auf der Schulkonferenz werden diesbezüglich Bedenken geäußert.
Das nehmen Sie zum Anlass, das Problem in einem Artikel für die Schülerzeitung genauer zu erörtern.

Lesen Sie zunächst folgende Meinungsäußerungen.

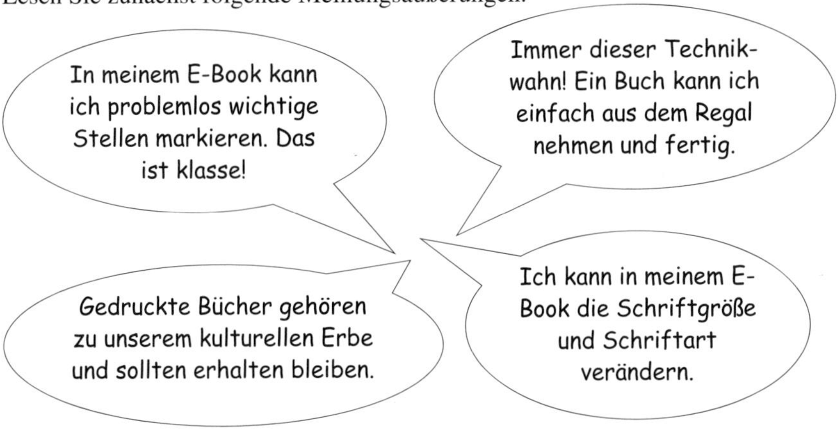

In meinem E-Book kann ich problemlos wichtige Stellen markieren. Das ist klasse!
Immer dieser Technikwahn! Ein Buch kann ich einfach aus dem Regal nehmen und fertig.
Gedruckte Bücher gehören zu unserem kulturellen Erbe und sollten erhalten bleiben.
Ich kann in meinem E-Book die Schriftgröße und Schriftart verändern.

Aufgabe:

Vervollständigen Sie den nachfolgenden Schreibplan in Form eines Gliederungsrasters. Gehen Sie dabei wie folgt vor:

a) Leiten Sie aus den vorgegebenen Meinungsäußerungen zwei Pro- und zwei Kontra-Argumente ab.

b) Stützen Sie die Argumente mit jeweils einem Beleg oder Beispiel. Sie müssen dabei auch auf Ihr Alltagswissen und eigene Erfahrungen zurückgreifen.

✱ c) Formulieren Sie noch ein weiteres Pro- und Kontra-Argument und stützen Sie jedes mit einem eigenen Beleg oder Beispiel.

d) Ergänzen Sie stichwortartig Ihre Überlegungen für Einleitung und Schluss des Artikels, wobei der Schluss Ihre persönliche Meinung widerspiegeln soll.

✱ e) Ziehen Sie ein Fazit und formulieren Sie <u>zwei</u> Empfehlungen für Ihre Schule.

Gliederungsraster:

	1. Einleitung		
581	Schreibanlass		1
582	Hinführung zum Thema		1
	2. Hauptteil		
	These	E-Books sind im Zeitalter digitaler Medien unverzichtbar.	
583	1. Argument	•	1
584	Beleg/Beispiel	•	1
585	2. Argument	•	1
586	Beleg/Beispiel	•	1

✱587	3. Argument	•	1
✱588	Beleg/Beispiel	•	1
	Gegenthese	Trotz der technischen Entwicklung wird das gedruckte Buch nicht aussterben.	
589	1. Argument	•	1
590	Beleg/Beispiel	•	1
591	2. Argument	•	1
592	Beleg/Beispiel	•	1
✱593	3. Argument	•	1
✱594	Beleg/Beispiel	•	1
	3. Schluss		
595	persönliche Meinung		1
✱596	Fazit/ zwei Empfehlungen	• •	2

Schreibkompetenz (Erstellen eines Schreibplans)	**17**
Fundamentum	11
✱ Additum	6

6 Schreibkompetenz – Umsetzung des Schreibplans: Verfassen eines Artikels für die Schülerzeitung

Aufgabe:

Verfassen Sie diesen Artikel.

Bildschirm oder Papier – Wie liest man heute?

	681	Einhalten der Gliederung	2
✱	682	Schreibfunktion	(Additum 4, Fundamentum 1) 5
✱	683	Sprachliche Darstellungsleistung	(Additum 2, Fundamentum 2) 4
	684	Sprachliche Korrektheit (Grammatik)	2
	685	Sprachliche Korrektheit (Rechtschreibung)	2
	686	Sprachliche Korrektheit (Zeichensetzung)	2
	687	Leserfreundliche Form (Übersichtlichkeit/Schriftbild)	1
		Schreibkompetenz (Verfassen eines Artikels)	**18**
		Fundamentum	12
		✱ Additum	6

Bei den Aufgaben, die mit einem Stern (✱) gekennzeichnet sind, handelt es sich um anspruchsvollere Aufgaben. Diese musst du in der Prüfung nur dann bearbeiten, wenn du den MSA erreichen willst. Für die eBBR genügt es, die Aufgaben ohne Stern zu lösen. Es gehen aber alle Punkte in die Bewertung mit ein. Daher solltest du auf jeden Fall versuchen, alle Aufgaben zu beantworten.

Lösungsvorschläge

1 Gemüse ohne Sonnenlicht *(Marius Münstermann)*

Lesekompetenz – Aufgaben zu Text 1 „Gemüse ohne Sonnenlicht“

101

a) Name des Unternehmens	Infarm
b) Standort	Kreuzberg/Glogauer Straße/Berlin
c) Produkt	Gemüse

Hinweis: *a) Die Antwort findest du gleich zu Beginn des Textes in Zeile 2. Beachte, dass nur die korrekte Schreibung des Firmennamens gewertet wird. Der Firmenname ist eine Abkürzung des Begriffs „Indoor Farming“ (Z. 11), aber nur die Abkürzung ist der korrekte Firmenname. b) Die ersten beiden Antwortmöglichkeiten findest du in den Zeilen 1 und 18. Auch Berlin wird als Standort richtig gewertet, aber dazu musst du wissen, dass Kreuzberg ein Berliner Stadtbezirk ist. c) Hier reicht die allgemeine Bezeichnung Lebensmittel nicht. Das angebotene Produkt wird in Zeile 7 genannt.*
Bewertung: 3 richtige Antworten = 2 Punkte, 2 richtige Antworten = 1 Punkt, bei nur einer richtigen Antwort gibt es keinen Punkt.

102
- Es ist der Wunsch der Firmengründer, ihr eigenes Essen anzubauen.
- Es ist der Wunsch der Firmengründer, in der Stadt zu leben.

Hinweis: *Die richtigen Antworten findest du in den Zeilen 8/9.*
Bewertung: Nur bei vollständiger Lösung erhältst du den Punkt.

103

Firmeninhaber	Tätigkeit
Guy Galonska	Student der Chinesischen Medizin
Erez Galonska	Filmemacher
Osnat Michaeli Galonska	Filmemacherin

Hinweis: *Suche die richtigen Antworten in den Zeilen 44–46.*
Bewertung: Die Punktvergabe erfolgt nur bei vollständiger Lösung.

104

		richtig	falsch
a)	Die Pflanzen erhalten das Wasser durch Beregnung.	☐	☒
b)	Die Pflanzen benötigen Erde, aber kein Sonnenlicht.	☐	☒
c)	Die Pflanzen gedeihen in abgeschirmten Räumen.	☒	☐
d)	Das Gemüse wird von speziellen Maschinen geerntet.	☐	☒
e)	Die Photosynthese wird durch LED-Licht ermöglicht.	☒	☐

Hinweis: *Die Antwort zu Aussage a) findest du in den Zeilen 13/14. Hier wird erklärt, dass die Wurzeln der Pflanzen in Wasserbecken hängen. Daraus kannst du schließen, dass eine Beregnung nicht nötig ist. Die Antwort zu Aussage b) steht in Zeile 6, die Antwort zu Aussage c) in Zeile 16. Bei Aussage d) musst du erkennen, dass zwar in Zukunft Maschinen die Ernte übernehmen sollen (vgl. Z. 76), dass dies aber im Augenblick noch nicht der Fall ist. Die Antwort zu Aussage e) findest du in den Zeilen 22/23.*
Bewertung: 5 Richtige = 3 Punkte, 4–3 Richtige = 2 Punkte, 2 Richtige = 1 Punkt, bei nur einer richtigen Antwort gibt es keinen Punkt.

105
- 90 % weniger Wasserverbrauch
- keine Schädlinge

Es sind auch diese Antworten möglich:
- Unabhängigkeit von natürlichem Sonnenlicht
- keine Schädlingsbekämpfungsmittel
- schnelles Wachstum
- kurze Vermarktungswege
- Platzersparnis
- ganzjährige Ernte

Hinweis: *Die Antworten findest du in den Zeilen 15/16 sowie in den Zeilen 6 (bzw. 22/23), 16/17, 39/40, 56–60, 75 und 76.*
Bewertung: Wenn du nur einen Vorteil nennst, bekommst du einen Punkt.

∗106 a) durch Veränderung der Wellenlänge des Lichtes

b) *Mögliche Antworten:*
- hoher Stromverbrauch
- der Bedarf an Grundnahrungsmitteln kann nicht gedeckt werden
- kein Anbau von Grundnahrungsmitteln in großer Menge möglich

Hinweis: Die Antwort zu Frage a) kannst du den Zeilen 41/42 entnehmen. Bei Aufgabe b) gibt es mehrere Lösungsmöglichkeiten, z. B. in den Zeilen 25 und 70–72.

∗ 107 a) Indoor Farming wird in Großstädten an Bedeutung gewinnen.

***Hinweis:** a) Die richtige Antwort kann man aus den Zeilen 35/36 ableiten. b) Bezüglich der Erträge in der traditionellen Landwirtschaft wird im Text in den Zeilen 32/33 genau das Gegenteil behauptet. c) Die Weltbevölkerung wird bis 2050 nicht um 80 % zunehmen, sondern 80 % der Weltbevölkerung werden bis dahin in Städten leben (vgl. Z. 34/35). d) Im Text wird nicht die Konkurrenz zwischen den USA und Japan im Bereich Indoor Farming beschrieben, sondern dass das Indoor Farming in diesen Ländern bereits eine Konkurrenz für die konventionelle Landwirtschaft darstellt (vgl. Z. 29/30).*

108 *Mögliche Antworten:*

- Platzersparnis
- höhere Erträge pro Quadratmeter u. Ä.

***Hinweis:** Das Konzept des Vertical Farming wird in den Zeilen 74–76 beschrieben; daraus kannst du die Antwortmöglichkeiten ableiten.*

∗ 109
- Führungen durch das Gewächshaus
- Samstagsbrunch

***Hinweis:** Hier musst du genau auf die Aufgabenstellung achten, denn es geht um momentane Aktionen der Firma. Alles, was zukünftig geplant ist, darfst du in der Lösung nicht nennen. So findest du nur in den Zeilen 49–51 und 61–63 die richtigen Antworten.*

110

	richtig	falsch
a) Die Firma möchte ausschließlich Supermärkte beliefern.	☐	☒
b) Es sollen auch Reis und Soja angebaut werden.	☒	☐
c) Gastronomiebetriebe werden als Kunden ausgeschlossen.	☐	☒
d) Die Produkte sollen auch online verkauft werden.	☒	☐
e) Das Gemüse soll nur per Hand geerntet werden.	☐	☒

***Hinweis:** In den Zeilen 58/59 kann man lesen, dass „**auch** Supermärkte […] an dem […] Gemüse interessiert“ sind. Das bedeutet für Aussage a),*

dass nicht nur Supermärkte die Kunden sind. b) Z. 69/70, c) Gastronomiebetriebe werden als Kunden nicht ausgeschlossen. Das erkennt man an der Information, dass zukünftig das 25hours-Hotel im Charlottenburger Bikinihaus beliefert werden wird und noch weitere Gastronomiebetriebe folgen sollen (vgl. Z. 56–58). d) Z. 59–60, e) Da der Einsatz von Erntemaschinen für die Zukunft geplant wird, schließt das die alleinige Ernte per Hand aus (vgl. Z. 76).
Bewertung: 5 Richtige = 3 Punkte, 4–3 Richtige = 2 Punkte, 2 Richtige = 1 Punkt, für nur eine richtige Antwort gibt es keinen Punkt.

∗111 a) Fassadenbegrünung/vertikaler Anbau u. Ä.
b) *Mögliche Antworten:*
- Gebäudeverschattung
- Nutzung von Freiflächen
- Platzersparnis
- Stromersparnis u. Ä.

Hinweis: *Hier besteht die Schwierigkeit darin zu erkennen, dass die in den Zeilen 26–28 dargestellte Alternative zum hohen Stromverbrauch des Indoor Farming gleichzeitig eine alternative Anbauform ist, die andere Ressourcen, wie z. B. ungenutzte Gebäudeaußenflächen und Sonneneinstrahlung, nutzt.*

Sprachwissen und Sprachbewusstsein – Aufgaben zu Text 1

151

Tellerrand	saugstark	Geschmack	Zukunft
Stadtgärtner	Quadratmeter	begrüßen	

Hinweis: *Komposita (Singular: Kompositum) sind Zusammensetzungen aus mindestens zwei Wörtern oder Wortstämmen. Dieser Definition entsprechen:*
- *Tellerrand: Zusammensetzung aus den Nomen „Teller" und „Rand"*
- *saugstark: Wortstamm des Verbes „saugen" zusammengesetzt mit dem Adjektiv „stark"*
- *Stadtgärtner: Zusammensetzung aus den Nomen „Stadt" und „Gärtner"*
- *Quadratmeter: Zusammensetzung aus den Nomen „Quadrat" und „Meter"*

Die Wörter „Ge-schmack", „be-grüßen" und „Zu-kunft" besitzen lediglich Vorsilben und erfüllen damit die Bedingungen eines Kompositums nicht.
Bewertung: 4 Richtige = 2 Punkte, 3–2 Richtige = 1 Punkt, 1–0 Richtige = 0 Punkte

∗ 152 Der zweite Satz enthält durch die Verbwahl eine Wertung, die deutlich macht, dass Pilze und Insekten als abwartend oder bedrohlich wahrgenommen werden. Im ersten Satz wird lediglich angegeben, wo Pilze und Insekten ihren Lebensraum haben.

Hinweis: *Um den Unterschied zwischen den beiden Sätzen deutlich zu machen, musst du herausfinden, was die Verben im Einzelnen bedeuten. Das Verb „leben" bedeutet am Leben sein, im Sinne von lebendig sein, fortbestehen; „lauern" bedeutet in feindlicher, hinterhältiger Absicht auf etwas warten. Denke daran, dass es nicht reicht, nur eines der beiden Verben zu erklären, um den Unterschied hervorzuheben.*

153

Satz	gegenwärtig	zukünftig	immer gültig
a) Nebenbei zupft er ein paar Blätter Kresse.	☒	☐	☐
b) Beim Indoor-Farming-System wachsen Pflanzen ohne Erde und Sonnenlicht.	☐	☐	☒
c) Sein Blick schweift durch die ehemaligen Fabrikräume.	☒	☐	☐
d) Infarm beliefert bald das 25hours-Hotel in Charlottenburg.	☐	☒	☐

Hinweis: *a) Das Zupfen von Kresse wird als „[n]ebenbei" (Z. 51) beschrieben und bezeichnet damit gegenwärtiges Geschehen. b) Dass die Pflanzen beim Indoor Farming ohne Erde und Sonnenlicht wachsen (vgl. Z. 6), ist eine immer gültige Tatsache. c) In Zeile 18 wird Guy Galonskas Verhalten beschrieben, während er etwas erklärt, d. h., es handelt sich um ein gegenwärtiges Geschehen. d) Hier weist das Adverb „bald" darauf hin, dass von einem zukünftigen Geschehen die Rede ist.*
Bewertung: 4 Richtige = 2 Punkte, 3–2 Richtige = 1 Punkt, 1–0 Richtige = 0 Punkte

∗ 154 Diese Redewendung sagt aus, dass etwas noch nicht ausgereift ist, erst am Anfang steht oder noch nicht sehr weit entwickelt ist.

Hinweis: *Hier musst du erkennen, dass das Wort „Kinderschuhe" ein Bild für einen am Anfang stehenden Entwicklungsprozess ist. Die Redewendung meint, dass etwas so ist wie ein Kind: Es hat seine Entwicklung noch nicht abgeschlossen, ist noch nicht „ausgereift".*

155

Fremdwort	deutsche Bezeichnung
a) Konzept	Entwurf
b) Investor	Geldgeber
c) Restaurant	Gaststätte
d) Substrat	Nährboden

Hinweis: *Es gibt zwei Möglichkeiten, die deutschen Bedeutungen der Fremdwörter herauszufinden: 1. Du schlägst die einzelnen Fremdwörter, nicht die deutschen Bedeutungen (!), im Wörterbuch nach, denn hier findet man auch die Erklärungen häufig gebrauchter Fremdwörter. 2. Versuche dir die Bedeutungen aus dem Textzusammenhang zu erarbeiten.*
Wenn du ein gutes Allgemeinwissen hast, gelingt dir die Zuordnung vielleicht ohne Hilfsmittel, aber du solltest dann trotzdem noch einmal anhand des Textes kontrollieren, ob deine Antworten stimmen. Die Begriffe Stellfläche (2) und Landwirt (5) können nicht zugeordnet werden.
Bewertung: 4 Richtige = 2 Punkte, 3–2 Richtige = 1 Punkt, 1–0 Richtige = 0 Punkte

* 156 Später werden Maschinen die Ernte übernehmen.
oder:
Später übernehmen Maschinen die Ernte.

Hinweis: *Hier musst du erkennen, dass in diesem Satz das Verb „sollen" einen Wunsch oder eine Absicht ausdrückt und du deshalb dieses Verb ersetzen musst. Für die richtige Lösung darfst du also das Verb nicht noch einmal verwenden und musst stattdessen eines wählen, das Gewissheit ausdrückt.*

* 157 „Die Gastronomie" stimmt in Person und Numerus mit dem finiten Verb überein (dritte Person Singular).
oder:
Wer oder was entdeckt die Großstadtgärtner? – Die Gastronomie.

Hinweis: *Du musst eine einfache Satzanalyse durchführen, um das Subjekt nachzuweisen:*

Die Gastronomie	*entdeckt*	*die Großstadtgärtner.*
Wer oder was entdeckt die Großstadtgärtner?	Was tut die Gastronomie?	Wen oder was entdeckt die Gastronomie?
Subjekt	*Prädikat*	*Akkusativobjekt*

2 Der Mann, der keinen Mord beging *(Alexander Spoerl)*

Lesekompetenz – Aufgaben zu Text 2 „Der Mann, der keinen Mord beging“

201
- Staatsanwalt
- Akten

auch richtig:
- (auf)klären

Hinweis: *In den ersten vier Zeilen deutet noch nicht wirklich viel auf den Kriminalfall hin. Das Tatwerkzeug wird zwar allgemein erwähnt, aber noch nicht als solches betitelt. „Hammer“ wäre als Antwort daher nicht richtig. Prüfe also jedes einzelne Wort in dem Absatz und überlege, ob es zu dem Vokabular gehört, das typisch für einen Kriminalfall ist.*

202 a) 12. Mai
b) am Abend/nach Sonnenuntergang/nachts

Hinweis: *a) Der Tag des Vorfalls wird in Zeile 5 erwähnt. b) Hinweise auf die Tageszeit erhältst du in den Zeilen 13, 15 und 119/120.*
Bewertung: Den Punkt erhältst du nur, wenn beide Angaben stimmen.

203

a) Hauptfigur	Paul, Mann
b) Opfer	Herr

Hinweis: *Hier besteht die Schwierigkeit darin, dass du zwei Figuren, aber drei Bezeichnungen hast und aus der Aufgabenstellung nicht klar hervorgeht, dass doppelte Zuordnungen möglich, ja sogar verlangt werden. Lies genau im Text nach, welche Figur wie bezeichnet wird: Der „Herr“ wird erstmalig in Zeile 26 erwähnt. Er ist derjenige, der „im Paletot […] quer über dem Bürgersteig liegt“. Die Bezeichnung „Herr“ bezieht sich folglich auf das Opfer. Die Hauptfigur wird zunächst als „ein Mensch, ohne Mantel […]“ (Z. 28) und dann von Zeile 33 bis Zeile 100 als „Mann“ bezeichnet. In Zeile 100 erhält sie eine zweite, bzw. neben „Mensch“ und „Mann“ eigentlich dritte Bezeichnung, nämlich „Paul“. Hier wird der bisher namenlose „Mann“ das erste Mal auch beim Namen genannt. Der „Herr“ bleibt den ganzen Text über der „Herr“.*
Bewertung: Du erhältst den Punkt nur, wenn alle drei Bezeichnungen richtig zugeordnet sind.

204

	Beleg
a) Herr	*Mögliche Antworten:* „[…] auf einen Herrn im Paletot […]“ (Z. 26) „[…] die […] Melone […]“ (Z. 41) „[…] eine Brieftasche […] ein Bündel Banknoten“ (Z. 54)
b) Mann	*Mögliche Antworten:* „[…] ein Mensch, ohne Mantel […]“ (Z. 28) „Und der Mann fühlt, wie weh ihm der Hunger tut […].“ (Z. 59) „Mir geht es sonst besser!“ (Z. 62) „Sein Anzug war einmal von einem Maßschneider, aber der Kragen hat sich gerollt, und das mittelste Knopfloch hat Fransen.“ (Z. 103–105)

***Hinweis:** Du erhältst auch einen Punkt, wenn du nur eine Teilaufgabe beantwortest.*

205
- Kopf
- Stiel

***Hinweis:** „Kopf“ (Z. 21), „Stiel“ (Z. 20)*
Bewertung: Den Punkt erhältst du nur, wenn beide Hammerteile richtig bezeichnet wurden.

206
- Regen
- Wind

***Hinweis:** Zuerst musst du dir klarmachen, was Wetterphänomene sind. Das heißt, es geht hier um verschiedene Ausprägungen des Wetters wie Sonne, Regen, Sturm, Hagel oder Schnee. Welche dieser Wettererscheinungen zum Herabstürzen des Hammers führten, wird in den Zeilen 17–22 beschrieben. Achtung! Erschütterungen durch Lastkraftwagen sind keine Wettererscheinungen und kommen deshalb als Antwort nicht infrage.*
Bewertung: Auch hier gibt es den Punkt nur, wenn zwei Wetterphänomene genannt wurden.

207

	Nummer
a) Das Einstecken der Brieftasche	3
b) Das Auffinden des Opfers	2
c) Das Herabfallen des Hammers	1
d) Der heimliche Rückzug	5
e) Das gierige Schlingen	4

Hinweis: *Für diese Aufgabe ist es hilfreich, beim Lesen Sinnabschnitte festzulegen. Natürlich kannst du aber auch nach einzelnen Hinweisen im Text suchen: a) Z. 71–75, b) Z. 28–31, c) Z. 22–24, d) Z. 149/150, e) Z. 98–101.*

208

	richtig	falsch
a) Der Mann stolpert über den am Boden liegenden Herrn.	☐	☒
b) Der Mann möchte nicht unnötig nass werden.	☒	☐
c) Der Mann vermutet, dass der Herr betrunken ist.	☒	☐
d) Der Mann will den Herrn nach Hause bringen.	☐	☒
e) Der Mann beschimpft den Herrn.	☐	☒

Hinweis: *a) Z. 30/31: Der Mann stolpert nicht über den Herrn, sondern „steigt […] über" ihn. b) Die gleiche Textstelle gibt Auskunft darüber, dass der Mann nicht unnötig nass werden will: Er steigt über den Mann, um sich nicht weiter von der Hauswand entfernen zu müssen. c) Z. 54/55, Z. 65/66, d) In den Zeilen 40–56 kannst du lesen, wie sich der Mann bemüht, dem Herrn zu helfen. Aber es ist nicht die Rede davon, dass er ihn nach Hause bringen möchte. e) Die Beurteilung dieser Aussage ist am schwierigsten, denn in Zeile 68 steht, dass der Mann den Herrn anschreit. Das Anschreien drückt aber lediglich die Lautstärke des Gesprochenen aus. Die Worte, die der Mann schreit, sind keine Beschimpfung.*
Bewertung: 5 Richtige = 3 Punkte, 4–3 Richtige = 2 Punkte, 2 Richtige = 1 Punkt. Für nur eine richtige Antwort erhältst du keinen Punkt.

209 Der Mann hat erkannt, dass der Herr nicht mehr lebt und deshalb kein Geld mehr brauchen wird.

Hinweis: In den Zeilen 73/74 wird klar, dass der Mann kein professioneller Dieb ist: „[…] ich will dich nicht berauben. Aber Geld, das du nicht mehr ausgeben kannst, ist wertloses Papier."

∗210 Der Mann ist eigentlich ein ehrlicher Mensch, aber er will etwas von dem Geld nehmen, um seinen Hunger zu stillen.

***Hinweis:** Du musst dir erst einmal klarmachen, was ein Gewissenskonflikt ist: Ein Gewissenskonflikt tritt dann auf, wenn jemand gegen seine Überzeugung handeln muss. Der Mann wurde von seinen Eltern zur Ehrlichkeit erzogen und sein Gewissen hindert ihn eigentlich daran, etwas Unehrliches zu tun. Er befindet sich jedoch in einer so verzweifelten Situation (er friert und hat unbändigen Hunger), dass er die Brieftasche trotz seiner Gewissensbisse an sich nimmt. Man merkt an seiner ganzen Haltung (auch später im Automatenrestaurant), dass es allein die Not ist, die ihn dazu treibt, gegen sein Gewissen zu handeln.*

∗211 Nachdem er satt ist, trifft er die Entscheidung, die Brieftasche zurückzubringen.

***Hinweis:** In den Zeilen 109–111 kannst du lesen, dass der Mann wieder mit seinem Gewissen zu kämpfen hat, nachdem er sich satt gegessen hat. Diesen Konflikt will er lösen, indem er dem Toten die Brieftasche zurückbringt. Die Kellnerin ahnt, was er vorhat, und warnt ihn davor, aber er ist fest entschlossen (vgl. Z. 116).*

∗212 Der Mann flüchtet, weil er erkennt, dass ihm ein Raubmord zur Last gelegt werden könnte und es nahezu unmöglich wäre, seine Unschuld zu beweisen.

***Hinweis:** Als der Mann zu der Stelle kommt, an der er den Herrn verlassen hat, ist schon die Polizei vor Ort und hat den Tod des Herrn festgestellt. Trotzdem möchte Paul seine Aussage machen und wird von einem Polizisten zum Warten aufgefordert. Doch das Fehlen der Brieftasche und die Verletzung des Herrn (der ja durch den herabfallenden Hammer erschlagen wurde) geben nun ein ganz anderes Bild ab. Alle sprechen von Raubmord, und Paul erkennt, dass er seine Unschuld schwerlich beweisen kann. Deshalb entfernt er sich. (vgl. Z. 121 bis zum Ende der Erzählung)*

∗213

Textstelle	Nummer
a) „Und ganz kalt sind Sie schon!“ (Z. 46)	4 *(Fürsorge)*
b) Er hat einen Toten bestohlen. (Z. 109)	3 *(Scham)*

Hinweis: *Sieh dir den Textzusammenhang genau an, in dem die Zitate stehen (nicht nur die Zitate an sich!). a) Die Feststellung, dass der Herr schon ganz kalt sei, drückt Besorgnis aus. Da dieses Wort nicht zur Auswahl steht, musst du entscheiden, welcher Ausdruck diesem entspricht, und das ist die Fürsorge. b) Mit der Aussage des zweiten Satzes hast du dich schon beschäftigt, sie beschreibt die Erkenntnis des Mannes, die seinen erneuten Gewissenskonflikt (siehe Aufgaben 211 und 212) auslöst. Wenn du dir überlegst, welches der zur Auswahl stehenden Wörter geeignet ist, um die Gefühle des Mannes in diesem Konflikt zum Ausdruck zu bringen, wird dir die Entscheidung, dass seine Gemütslage Scham ist, nicht schwerfallen.*

∗214

	Nummer
a) Schließlich war es dunkel. (Z. 15)	1 *(Ankündigung des Unheils)*
b) Das Haus ist hell angestrahlt von dem Suchscheinwerfer des Überfallkommandos. (Z. 118/119)	3 *(Aufdeckung der Tat)*

Hinweis: *Der Leser der Erzählung hat schon durch den Titel eine gewisse Erwartungshaltung und die anfängliche Beschreibung der ungewöhnlichen Bedingungen des Ereignisses (der Hammer auf dem Dach) erzeugt Spannung. Das Einbrechen der Nacht – die aufziehende Dunkelheit – führt diesen Spannungsbogen weiter. So passt lediglich der Symbolgehalt 1, die „Ankündigung des Unheils“, zu der Beschreibung des Lichts in Aussage a).*
Anders verhält es sich bei dem zweiten Zitat. Hier wird die Helligkeit künstlich und zudem durch die Scheinwerfer der Polizei erzeugt, die damit sprichwörtlich „Licht ins Dunkel“ bringt. Das kann man nur mit der „Aufdeckung der Tat“ in Verbindung bringen, denn hier geht es weder um „Hoffnung auf einen Neuanfang“, noch um ein „Zeichen für Erlösung“.

Sprachwissen und Sprachbewusstsein – Aufgaben zu Text 2

✱251 b) geplatztes

Hinweis: Wenn du ein Wort sinngemäß ersetzen sollst, musst du dir sowohl die Bedeutung des zu ersetzenden Wortes als auch die der zur Auswahl stehenden Wörter erschließen. Dabei kann dir das Wörterbuch helfen. Hier kannst du z. B. nachlesen, dass „geborsten" von dem Verb „bersten" kommt. Gehe dann die Auswahlmöglichkeiten durch und überlege, welche dem zu ersetzenden Wort entspricht: a) „verbogenes": nicht mehr in der ursprünglichen Form, b) „geplatztes": durch Druck zerstört, c) „verschmutztes": nicht zerstört, aber schmutzig, d) „gebürstetes": mit einer Bürste behandelt.

252

	Aussage	Aufforderung	Möglichkeit
a) Da sind doch auch Fußspuren.	☒	☐	☐
b) Einen kleinen Finderlohn könnte er vielleicht bekommen.	☐	☐	☒
c) Nehmen Sie sich doch etwas zusammen!	☐	☒	☐

Hinweis: Satz a) enthält eine einfache Aussage oder Feststellung; er endet mit einem Punkt. In Satz b) steht das Hilfsverb im Konjunktiv („könnte"), was auf einen Wunsch bzw. eine Möglichkeit verweist. In Satz c) findest du die typischen Merkmale einer Aufforderung: Imperativ (Befehlsform) des Verbs am Satzanfang und Ausrufezeichen am Satzende.

253

	bildsprachlich	nicht-bildsprachlich
Ein junger Beamter fischt den Hut vom Fußende.	☒	☐
Ein junger Beamter nimmt den Hut vom Fußende.	☐	☒
Ein junger Beamter greift den Hut vom Fußende.	☐	☒

Hinweis: Der Begriff „bildsprachlich" bedeutet, dass die Sätze Sprachbilder enthalten, also z. B. Metaphern, bei denen Wörter im übertragenen Sinne verwendet werden. Bei den Sätzen hier ändert sich nur das Verb, d. h., du musst jeweils überprüfen, ob das Verb wörtlich oder im übertragenen Sinne gemeint ist. Die Verben „nehmen" und „greifen" bezeichnen eine Tätigkeit, die die Hand mit Gegenständen ausführt. Das Verb „fischen" stammt aus einem anderen Vorstellungsbereich; es beschreibt das Einfangen von Fischen, z. B. mit einer Angel, und wird hier auf die Tätigkeit des Aufgreifens eines Gegenstandes übertragen. Es ist deshalb bildsprachlich gemeint.

254 a) *Mögliche Antworten:*
- Und **er** rüttelt den Herrn an den Schultern.
- Und **der Mann** rüttelt den Herrn an den Schultern.
- Und **Paul** rüttelt den Herrn an den Schultern.

b) Subjekt

Hinweis: *Die Ellipse ist ein Auslassungssatz. Du musst also erkennen, welches Wort bzw. welche Wortgruppe hier ausgelassen wurde, und dann erfragen, um welches Satzglied es sich dabei handelt. Du kannst allerdings auch umgekehrt verfahren, indem du zunächst die Satzglieder des vorhandenen Satzes bestimmst und so das fehlende Satzglied erschließt.*

	Wer?/ Was? **Subjekt**	**Was tut …?** **Prädikat**	**Wen?/ Was?** **Objekt**	**Wo?** **Lokalbestimmung**
Ellipse	*?*	*rüttelt*	*den Herrn*	*an den Schultern*
vollständiger Satz	*er/der Mann/ Paul*	*rüttelt*	*den Herrn*	*an den Schultern*

255

	Nummer
a) Über die Straße zischt ein Automobil.	3 *(Lautmalerei)*
b) Die belegten Brötchen haben ein freundliches Aussehen.	1 *(Personifikation)*
c) Er schneidet die Geldrollen auf wie Salami.	2 *(Vergleich)*

Hinweis: *Kläre für dich die Bedeutung der sprachlichen Mittel und entscheide dich dann:*
- *Personifikation: Verkörperung, Zuweisung menschlicher Eigenschaften*
- *Vergleich: Gegenüberstellung zweier Eigenschaften, Tätigkeiten etc. und Aufzeigen der Gemeinsamkeiten mithilfe eines Vergleichswortes (z. B. wie, als ob)*
- *Lautmalerei (auch: Onomatopoesie): Nachahmung von Klängen, Lauten*
- *Metapher: bildlicher Ausdruck mit übertragener Bedeutung*

a) Das zischende Automobil: Hier wird das Geräusch des vorbeifahrenden Autos nachgeahmt. b) Das „freundliche Aussehen" ist etwas typisch Menschliches, das auf die Brötchen übertragen wird. c) Hier wird die Geldrolle mit einer Salami verglichen; Hinweiszeichen ist auch das Vergleichswort „wie".

∗256 a) Paul ist es auch lieber ohne Hund, weil/da er seine Aussage freiwillig machen möchte.

Hinweis: *Um das Satzgefüge bilden zu können, musst du wissen, was eine Satzreihe von einem Satzgefüge unterscheidet: Satzreihe = Hauptsatz, Hauptsatz; Satzgefüge = Hauptsatz, Nebensatz. Hier musst du den zweiten Hauptsatz in einen Nebensatz umwandeln. Denke daran: Man unterscheidet Hauptsatz und Nebensatz an der Stellung der finiten (gebeugten) Verbform. Das gebeugte Verb im zweiten Hauptsatz ist „möchte". Du musst „möchte" also an das Ende des Satzes stellen und die Sätze mit einer Konjunktion verbinden. Da der zweite Hauptsatz eine Begründung enthält, muss die Konjunktion kausal sein (weil/da).*

b) Das „es" bezieht sich auf die Untersuchung des Falles durch die Polizei.
oder:
Das „es" bezieht sich auf die Suche nach dem Täter durch die Polizei.

Hinweis: *Bei dieser Aufgabe musst du bestimmen, worauf sich das „es" inhaltlich bezieht. Es geht nicht darum, seine grammatische Funktion zu benennen. Lies die Textpassage noch einmal genau. In den Zeilen 124–129 wird beschrieben, wie Paul erkennt, dass die Zuschauer ein Gewaltverbrechen vermuten und der Ruf nach polizeilichen Untersuchungsmethoden laut wird. Paul möchte nicht als Verbrecher überführt werden, der er ja nicht ist, sondern er möchte den wahren Zusammenhang freiwillig erklären. Dazu braucht er diese Methoden, z. B. einen Spurensuchhund, nicht. Man könnte den Satz auch so formulieren: Paul ist die Untersuchung des Falles/die Suche nach dem Täter auch lieber ohne Hund, denn er möchte seine Aussage freiwillig machen.*

∗257 Es handelt sich um eine Klimax, weil das Stärkerwerden des Regens über mehrere Stufen beschrieben wird.

Hinweis: *Der Satz enthält eine deutliche Steigerung: Der Regen beginnt erst mit wenigen Tropfen (= 1. Stufe), die sich dann „mehren" (= 2. Stufe) und schließlich „trommeln" (= 3. Stufe).*

258 eine Pinzette, die so groß ist wie eine Zange
oder:
groß wie eine Zange

Hinweis: *Ein Vergleich enthält immer eine vergleichende Konjunktion, z. B. „wie" oder „als" und wird häufig so gebildet: (gesteigertes) Adjektiv + Konjunktion + Nomen (z. B.: stark wie ein Löwe; kleiner als eine Maus). Um die Wortgruppe umzuformulieren, musst du dir klarmachen, was hier womit verglichen wird. Das Attribut „zangengroß" beschreibt die ungewöhnliche Größe der Pinzette, die erfahrungsgemäß kleiner ist. Wenn du diesen Zusammenhang erkannt hast, wird dir die Umformulierung nicht mehr schwerfallen.*

∗259 a) HS_1, NS, HS_1

Hinweis: *In dem vorgegebenen Satz wird ein einfacher Hauptsatz durch einen eingeschobenen Relativsatz ergänzt, der das Subjekt („Einer") näher bestimmt. Um den richtigen Satzbauplan zu finden, musst du den Satz in seinen Bestandteilen betrachten. Suche nach der Stellung der finiten (= gebeugten) Verben, denn im Hauptsatz steht das finite Verb an erster oder zweiter Stelle, im Nebensatz steht es am Schluss.*

- *Einer […]* ***bahnt*** *sich den Weg aus der Menge. (= HS; die gebeugte Verbform steht an zweiter Stelle.)*
- *der ganz vorn gestanden* ***hat*** *(= NS; die gebeugte Verbform steht am Ende.)*

3 Weg damit!

Lesekompetenz – Aufgaben zu den Grafiken „Weg damit!“

301

Verbrauch von Plastik (unterstrichen)	Produktionskosten von Plastiktüten
Umgang mit dünnen Plastiktüten (unterstrichen)	
Schäden durch Plastik (unterstrichen)	Wiederverwertung von Bioplastik

Hinweis: *Sieh dir die Grafiken gründlich an und achte genau auf die Aufgabenstellung: Du sollst die drei Bereiche unterstreichen, über die die Grafiken Auskunft geben. Du musst also entscheiden, welche beiden Wortgruppen (von den gegebenen fünf) nicht zutreffen.*

302 a) 4,2
b) Haushalt
c) *% oder* Prozent

Hinweis: *Sieh dir beide Diagramme gut an und achte auf die Unterschiede. Vorsicht: Bei Teilaufgabe a) musst du in deiner Antwort das Prozentzeichen weglassen, da in dem Balkendiagramm, anders als in dem Tortendiagramm, die Maßangabe nicht hinter den Werten steht. Sie wird nur einmal unterhalb des Diagramms angegeben.*

303

		richtig	falsch
a)	In Italien werden in den Supermärkten Bioplastiktüten durch herkömmliche Plastiktüten ersetzt.	☐	☒
b)	22,4 Prozent aller Tüten werden im Haushalt verbraucht.	☐	☒
c)	Der Verbrauch an Tüten je Bürger liegt in Deutschland unter dem europäischen Durchschnitt.	☒	☐
d)	Die EU möchte die Verwendung dünner Plastiktüten verbieten.	☐	☒

Hinweis: *a) Vgl. die Teilgrafik „Die Tütenverschwender“. Hier heißt es zwar, dass die Bioplastiktüten, die in Italien seit 2011 die herkömmlichen Plastiktüten ersetzen, stark umstritten sind. Die Konsequenz aber, wieder zu den herkömmlichen Tüten zu wechseln, ist dieser Darstellung nicht zu entnehmen. b) Das Tortendiagramm „Großer Verbrauch“ gibt allgemein Auskunft über den Verbrauch von Plastik und nicht nur von Plastiktüten. Deshalb ist Aussage b) nicht richtig. c) Diese Aussage kannst du mithilfe der Statistik*

„Die Tütenverschwender" überprüfen. Unter der Überschrift steht, dass von jedem Bürger der EU durchschnittlich 175 dünne Tüten verbraucht werden. Schon der nächste Satz bestätigt die Aussage: „Wir Deutschen liegen immerhin deutlich darunter [d. h. unter dem EU-Durchschnitt]." Auch die Angabe auf der dritten Tüte zeigt, dass die Deutschen mit 64 Tüten pro Jahr und Bürger unter dem EU-Durchschnitt liegen. d) Informationen zu den Plänen der EU findest du in dem Textabschnitt über den Grafiken ganz oben. Hier heißt es: „Die EU will daher ihre Mitgliedsstaaten dazu verpflichten, den Verbrauch dünner Tüten zu reduzieren." Von einem Verbot ist nicht die Rede.

304 a) Land: Portugal
b) Grund: Es sind kostenlose Tüten an den Supermarktkassen erhältlich.

***Hinweis:** Die Antworten findest du in der Statistik „Die Tütenverschwender".*

305 *Mögliche Antworten:*

- Verwendung von Bioplastiktüten
- Einführung kostenpflichtiger Tüten
- Erhebung von Steuern auf Plastiktüten
- Abgabe auf den Vertrieb von Plastiktüten

***Hinweis:** Du findest die richtigen Antworten in der Statistik „Die Tütenverschwender": Der Lebensmittelhandel in Deutschland gibt dicke Tüten nur kostenpflichtig ab. Italien hat Bioplastiktüten eingeführt. In Dänemark müssen die Tüten-Produzenten eine Steuer zahlen. In Irland steht eine Abgabe von 22 Cent auf den Vertrieb von Plastiktüten.*

✱306 Der Wert von 175 Tüten bezieht sich auf den EU-Durchschnitt, nicht auf jeden einzelnen EU-Bürger.

***Hinweis:** Der angegebene Wert beruht auf der Aussage zur Statistik „Die Tütenverschwender". Ein Durchschnittswert ist statistisch und gibt nur einen rechnerischen, keinen wahren Wert an. Auch die Darstellung des unterschiedlich hohen Tütenverbrauchs in den einzelnen Staaten zeigt, dass die Angabe ein Mittelwert ist, denn genau 175 Tüten pro Einwohner verbraucht kein Land der EU.*

✱307 *Mögliche Antworten:*

- Meeresverschmutzung
- Tiersterben
- Umweltverschmutzung

***Hinweis:** Du findest die Gründe in der Tabelle unterhalb der Grafik „Die Tütenverschwender" sowie in dem kurzen Textabschnitt darunter.*

4 Schreibkompetenz – Überarbeiten eines Textes

481	Es ist nicht leicht, ein passendes Geschenk für einen Freund zu finden.	**Z** (Korrigieren Sie direkt im Text.)
482	Hier erhalten Sie einige ~~Tips~~, die Ihnen die Suche erleichtern sollen.	**R** Tipps
483	In ~~Gespräche~~ mit dem Freund erfahren Sie etwas über dessen Geschmack.	**G** (Kasus) Gesprächen
✱484	Auch die Kenntnis seiner Interessen und Hobbys ~~können~~ Ihnen helfen, die richtige Entscheidung zu treffen.	**G** (Numerus) kann
485	Verschenken Sie zum Beispiel ein ~~Abonement~~ der zum Hobby passenden Fachzeitschrift.	**R** Abonnement
486	Je nach Interessenlage können auch Konzert- oder Kinokarten ein ~~will-kommendes~~ Geschenk sein.	**R** willkommenes
487	~~Total in~~ sind auch Gutscheine für Shopping-Center.	**A** (umgangssprachlich) Im Trend, Beliebt, Zeitgemäß, Gefragt u. Ä.
✱488	Geldgeschenke sollten Sie jedoch vermeiden, ~~weil~~ diese sehr beliebt sind.	**G** (Konjunktion) obwohl, obgleich, obschon
489	Sie wirken unpersönlich, bequem und einfallslos.	**Z** (Korrigieren Sie direkt im Text.)
✱490	Lassen Sie sich also ~~was~~ Besonderes einfallen, wenn Sie Ihren Freund überraschen wollen.	**A** (umgangssprachlich) etwas

Hinweis:

481) Zwischen Hauptsatz („Es ist nicht leicht“) und erweitertem Infinitiv/ Infinitivgruppe („ein passendes Geschenk für einen Freund zu finden“) muss hier ein Komma gesetzt werden, da ein hinweisendes Wort („Es“) im Hauptsatz den erweiterten Infinitiv ankündigt.

482) Orientiere dich am Wortstammprinzip. Suche nach einem Wort aus derselben Wortfamilie: Bei dem Verb „tippen“ kannst du den Doppelkonsonanten leicht erkennen, wenn du das Wort nach Silben trennst (tip-pen). Oder: Das „i“ in „Tipp“ wird kurz gesprochen; hörst du nach einem betonten, kurz gesprochenen Vokal nur einen Konsonanten, musst du ihn verdoppeln.

*483) Hier muss der Dativ gebildet werden: In Gespräche**n**.*

*484) Du musst erkennen, dass „die Kenntnis“ das Subjekt des Satzes ist und nicht „Interessen und Hobbys“. Das Subjekt und das finite Verb müssen in Person und Numerus übereinstimmen. Da „die Kenntnis“ im Singular steht, muss auch das finite Verb im Singular stehen: „Die Kenntnis […] **kann** Ihnen helfen.“*

485) In diesem Satz fällt besonders das Fremdwort auf. Schlage es im Wörterbuch nach, wenn dir die korrekte Schreibweise nicht bekannt ist.

*486) Nur das Partizip I (Partizip Präsens) endet auf „d“ (z. B. in gehen**d**, winken**d**). Hier handelt es sich aber um ein Adjektiv, das das Nomen „Geschenk“ näher bestimmt.*

487) Da die Sprachebene in den anderen Sätzen gehoben ist (siehe Anredepronomen), passt die umgangssprachliche Wertung „total in“ nicht und muss ersetzt werden.

488) Die Verwendung der Konjunktion „weil“ führt zu einer missverständlichen, unlogischen Satzaussage.

489) Hier fehlt das Komma in der Aufzählung (Trennung von aufgezählten Adjektiven, die nicht durch „und“ verbunden sind).

490) Die Verwendung der Abkürzung „was“ statt des standardsprachlichen „etwas“ hat sich zwar eingebürgert, ist aber umgangssprachlich und damit hier nicht angemessen (vgl. Hinweis 487).

5 Schreibkompetenz – Erstellen eines Schreibplans

Hinweis: *Um dir das Erstellen des Schreibplans zu erleichtern, werden dir mehrere Teilaufgaben vorgegeben. Halte dich bei der Bearbeitung an deren Reihenfolge und trage deine Lösungen in Stichworten oder kurzen Sätzen in das Gliederungsraster ein.*

a) Überlege, welche der vier Meinungsäußerungen der These bzw. der Gegenthese zugeordnet werden können. Formuliere die Äußerungen dann in allgemeine, unpersönliche Aussagen um und schreibe sie in das Gliederungsraster.

b) In einem zweiten Schritt sollst du mithilfe deines Hintergrundwissens zu jedem Argument ein Beispiel oder einen Beleg formulieren. Es kann hilfreich sein, auf einem extra Blatt erst einmal alle Ideen, die dir dazu spontan einfallen, zu sammeln (z. B. in Form eines Clusters). Im Anschluss wählst du dann die Punkte aus, die sich besonders gut eignen, um die Argumente zu stützen.

c) Um sowohl für die These als auch für die Gegenthese jeweils ein eigenes Argument zu finden, kannst du versuchen, dir die Arbeit sowohl mit einem gedruckten Buch als auch mit einem E-Book noch einmal bildlich vor Augen zu führen. Mache dir klar, welche Unterschiede es gibt und welche Vor- und Nachteile die eine wie die andere Form mit sich bringt. Frage dich z. B.: Welche Vor- und Nachteile haben sie für mich persönlich – welche möglicherweise für andere Personengruppen? Welche gesellschaftliche/wirtschaftliche/kulturelle Bedeutung kommt ihnen zu? Welche Vor- und Nachteile haben sie evtl. für die Umwelt? Auch hier bietet es sich an, deine Ideen zunächst auf einem extra Blatt zu sammeln und zu ordnen und sie erst dann in das Gliederungsraster einzutragen.

d) Für die Einleitung gibt es im Gliederungsraster zwei Unterpunkte: „Schreibanlass" und „Hinführung zum Thema". Nenne als Schreibanlass die Situation, die der Auslöser für die Diskussion war (hier: der Vorschlag der Schülervertreter, auf E-Books umzusteigen) und formuliere die Fragestellung. In der „Hinführung zum Thema" weist du z. B. darauf hin, dass es in deinem Artikel darum geht, die unterschiedlichen Positionen dazu vorzustellen. Notiere für den Schluss knapp deine persönliche Meinung.

e) Um zusätzliche Punkte zu erhalten, kannst du deinen Schlussteil noch um ein Fazit und zwei Empfehlungen erweitern. Das heißt, du sollst eine kurze, zusammenfassende Einschätzung der Sachlage abgeben und zwei Vorschläge dazu unterbreiten, wie die Schule in Zukunft mit dem Thema E-Books umgehen soll. Hier bietet es sich z. B. an, nach Kompromisslösungen zu suchen.

	1. Einleitung	
581	Schreibanlass	• Vorschlag der Schülervertreter, den Buchbestand der Schule auf E-Books umzustellen • Problemfrage: Bildschirm oder Papier – Wie liest man heute?
582	Hinführung zum Thema	• kontroverse Diskussion auf der Schulkonferenz begründet Artikel in der Schülerzeitung • Ziel des Artikels: Präsentation der wesentlichen Argumente
	2. Hauptteil	
	These	E-Books sind im Zeitalter digitaler Medien unverzichtbar.
583	1. Argument	Ein E-Book hat vielfältige Funktionen/ist bedienungsfreundlich.
584	Beleg/Beispiel	• Verknüpfung mit Nachschlagewerken zur Klärung unbekannter Begriffe • Markieren wichtiger Textstellen • Möglichkeit von Randbemerkungen
585	2. Argument	Leserfreundlichkeit
586	Beleg/Beispiel	• Veränderung von Schriftgröße und Schriftart • Einstellung der Bildschirmhelligkeit
∗587	3. Argument	Entlastung, Flexibilität
∗588	Beleg/Beispiel	• Transport eines E-Books leichter als der mehrerer (Lehr-)Bücher • Man braucht nicht für jedes Unterrichtsfach ein separates Buch. *Alternative Argumente:* • E-Books preiswerter als gedruckte Bücher *Beleg/Beispiel:* Der Erwerb ist häufig deutlich günstiger, denn es gibt oft Angebote der Schulbuchverlage. Viele Bücher, die älter als 150 Jahre alt sind, kann man kostenlos herunterladen. • E-Books umweltfreundlicher als gedruckte Bücher *Beleg/Beispiel:* Für die Produktion von E-Books müssen keine Bäume gefällt werden.

	Gegenthese	Trotz der technischen Entwicklung wird das gedruckte Buch nicht aussterben.
589	1. Argument	Bücher gehören zu unserem kulturellen Erbe
590	Beleg/Beispiel	• Erfindung des Buchdrucks = Meilenstein in der Entwicklung der Menschheit • Lesen im gedruckten Buch = Traditionspflege
591	2. Argument	Bücher sind unabhängig von der Technik/von technischen Geräten
592	Beleg/Beispiel	Lesen unabhängig von technischem Verständnis, Ladezustand des Akkus, Störanfälligkeit eines technischen Gerätes, Internetverbindung
∗593	3. Argument	Bücher sind umweltfreundlicher als E-Books
∗594	Beleg/Beispiel	Herstellung von Büchern aus nachwachsenden Rohstoffen (Holz); E-Book-Reader bestehen aus schwer recycelbaren Materialien. *Alternative Argumente:* • die Lebensdauer von E-Books ist technisch begrenzt *Beleg/Beispiel:* Bücher überstehen bei entsprechender Handhabung und Lagerung mehrere Jahrhunderte • Bücher bieten ein sinnliches Erlebnis *Beleg/Beispiel:* Haptik (das Fühlen) von Buchseiten, Geruch des Papiers etc.
	3. Schluss	
595	persönliche Meinung	Ablehnung des Vorschlags der Schülervertreter: kein sofortiger Bruch mit dem Herkömmlichen
∗596	Fazit zwei Empfehlungen	E-Book wird sich auf lange Sicht durchsetzen • Übergang zum E-Book sollte nur teilweise und Schritt für Schritt erfolgen • Anschaffung von E-Book-Readern durch die Schule: finanziellen Aufwand berücksichtigen; sie sollten mit anderen technischen Geräten (z. B. Smart Board) kompatibel sein

6 Schreibkompetenz – Umsetzung des Schreibplans: Verfassen eines Artikels für die Schülerzeitung

Hinweis: *Verfasse nun zu dem vorgegebenen Thema einen Artikel für die Schülerzeitung. Halte dich dabei unbedingt an den Schreibplan, denn das Einhalten der Gliederung fließt in die Bewertung deines Aufsatzes mit ein. Achte darauf, dass die Proportionen der einzelnen Textabschnitte passen, d. h., Einleitung und Schluss sollten kurz und prägnant formuliert werden und die einzelnen Argumente sollten ähnlich lang sein (es sollte z. B. nicht ein Argument eine halbe Seite umfassen und das andere nur drei Zeilen). Verfasse deine Argumente und Gegenargumente in vollständigen Sätzen und verknüpfe sie durch passende Konjunktionen und Überleitungen. Versuche, Wortwiederholungen und sehr lange Satzkonstruktionen zu vermeiden.*
Gestalte deinen Text übersichtlich und beginne inhaltliche Einheiten jeweils in einem neuen Abschnitt. Achte insbesondere auch auf die korrekte Verwendung von Grammatik, Rechtschreibung und Zeichensetzung.

Bildschirm oder Papier – Wie liest man heute?

Einleitung: Schreibanlass

Vielleicht habt ihr darüber noch nicht nachgedacht, aber dass die Frage „Bildschirm oder Papier – Wie liest man heute?“ berechtigt ist, zeigt der Antrag unserer Schülervertreter, den gesamten Buchbestand unserer Schule auf E-Books umzustellen. Auf der Schulkonferenz wurden diesbezüglich Bedenken geäußert. Es ist also höchste Zeit, dass auch ihr euch Gedanken zu diesem Thema macht. Damit eure Meinung auf sachlichen Grundlagen beruht, stelle ich euch hier die wesentlichen Argumente der Diskussion vor.

Hinführung zum Thema

Hauptteil: These

1. Argument: E-Books bedienungsfreundlich

Beleg/Beispiel

E-Books sind im Zeitalter digitaler Medien unverzichtbar. So ist ein E-Book bedienungsfreundlich und hat viele Funktionen. Die Verknüpfung mit Nachschlagewerken macht ein schnelles Klären unbekannter Begriffe möglich – es gibt also kein langwieriges Suchen in Wörterbüchern mehr! Das erhöht das Lesetempo und damit sicher auch die Freude am Lesen. Zudem kann man in einem E-Book problemlos wichtige Textpassagen markieren und sogar Randbemerkungen speichern. Das kannst du bei einem herkömmlichen Schulbuch oder einem aus der Bibliothek entliehenen Buch nicht machen, ohne Ärger zu bekommen. Gerade aufgrund dieser Funktionen kann man bei einem E-Book von einem personalisierten Buch sprechen.

Ein E-Book ist außerdem sehr leserfreundlich im Gebrauch. Beispielsweise kann man die Bildschirmhelligkeit der jeweiligen Lesesituation anpassen und die Schriftgröße individuell einstellen. Das erleichtert nicht nur Schülern, die auf eine Sehhilfe angewiesen sind, das Lesen, sondern kann es für alle einfacher machen, lange Textpassagen zu bewältigen oder sehr klein Gedrucktes (z. B. in Tabellen oder Diagrammen) zu entziffern.

2. Argument: Leserfreundlichkeit

Beleg/Beispiel

Nicht zuletzt sind Entlastung und Flexibilität ein sehr wichtiges Argument für die Anschaffung von E-Books. Überlege einmal, wie schwer deine Schultasche ist, wenn du z. B. die Lehrbücher für sieben unterschiedliche Unterrichtsstunden mitschleppen musst. Wäre denn da ein einziger E-Book-Reader, in dem alle deine Lehrbücher gespeichert sind, nicht viel einfacher zu transportieren? Auch wärst du viel flexibler, denn du hättest immer alle Bücher parat, und das lästige Vergessen von Büchern würde wegfallen. E-Books schonen also nicht nur deinen Rücken, sie erleichtern dir auch die Organisation des Schulalltags.

3. Argument: Entlastung, Flexibilität

Beleg/Beispiel

Das sind nur einige der Vorteile, die uns das E-Book bietet. Auf der Schulkonferenz wurden jedoch auch Gegenstimmen laut, die behaupten: „Trotz der technischen Entwicklung wird das gedruckte Buch nicht aussterben.“ Bücher gehören zu unserem kulturellen Erbe. Sie sollten erhalten bleiben. Damit wollen die Gegner der Einführung von E-Books sagen, dass wir das Lesen in herkömmlichen Büchern auch als einen Teil unseres Geschichtsbewusstseins betrachten müssen. Die Erfindung des Buchdrucks war einer der Meilensteine in der Entwicklung der Menschheit, denn sie ermöglichte einer breiten Leserschicht den Zugang zu erschwinglichen Büchern und damit zur Bildung. So wurde letztendlich der Weg aus dem Mittelalter hinein in die Neuzeit eröffnet. Es ist daher wichtig, dass wir Schüler Romane, Dramen, Gedichte und pragmatische Texte der Vergangenheit auch im gedruckten Buch, also in ihrer ursprünglichen Form, lesen, um diese Literatur bzw. diese informierenden Texte in ihrer Zeit verstehen zu können. Und wenn wir unbekannte Begriffe in entsprechenden Nachschlagewerken suchen müssen, schult das unsere Fähigkeit, Informationen ohne technische Hilfsmittel zu finden. Diese Fähigkeit ginge langsam verloren, wenn wir nur noch mit

Gegenthese

1. Argument: Bücher als kulturelles Erbe

Beleg/Beispiel

E-Books arbeiten würden, weil Google u. Ä. es uns zu leicht machen.

Ein Argument gegen E-Books ist darüber hinaus die Abhängigkeit von der Technik. Um E-Books lesen zu können, müssen mehrere Faktoren stimmen: Zum einen muss ich über das technische Verständnis verfügen, richtig mit einem E-Book-Reader umzugehen. Das heißt, ich muss seine Funktionen kennen und bedienen können, um nicht nur lesen, sondern auch die anderen Möglichkeiten, wie Nachschlagen, Markieren und Schreiben im Medium, nutzen zu können. Zudem muss der technische Zustand des Readers in Ordnung und der Ladezustand des Akkus ausreichend sein, damit man problemlos lesen kann. Das sind Faktoren, die unabhängig von der eigenen Motivation und den eigenen Fähigkeiten ein Leseerlebnis im E-Book behindern können. Der Zugriff auf Online-Nachschlagewerke ist außerdem nur mit einer stabilen Internetverbindung möglich, die noch nicht immer in allen Teilen unseres Landes gegeben ist, Kosten verursachen kann und damit wiederum einige Nutzer ausschließt.

2. Argument: Abhängigkeit von der Technik

Beleg/Beispiel

Ein weiterer Aspekt, der gegen E-Books spricht, ist der Umweltschutz. Zwar werden auch bei der Produktion herkömmlicher Bücher Ressourcen verbraucht, doch sind diese nachwachsend und die Entsorgung belastet unsere Umwelt nicht so sehr, da Papier rückstandslos verrottet. Anders ist es bei den E-Book-Readern, Tablets u. Ä., ohne die man ein E-Book nicht lesen kann. Hier handelt es sich um abbauresistente Kunststoffe, die sowohl bei der Produktion als auch später bei der Entsorgung eine starke Belastung für die Umwelt bedeuten.

3. Argument: Bücher sind umweltfreundlicher

Persönlich bin ich der Meinung, dass es hier keine Entscheidung geben darf, die sofort mit dem Herkömmlichen bricht. So denke ich, dass unsere Schulbibliothek durchaus noch ihre Bücher behalten sollte, auch wenn in der Zukunft sicher mehr in E-Books als in gedruckten Büchern gelesen werden wird.

Schluss: persönliche Meinung

Ich bin allerdings überzeugt, dass der Antrag unserer Schülervertreter früher oder später positiv entschieden wird, denn wir können uns nun einmal nicht gegen die Entwicklung der Technik stellen. Ich möchte an dieser Stelle aber vorschlagen, nicht sofort den gesamten Buchbestand auf

Fazit

zwei Empfehlungen

E-Books umzustellen, sondern erst einmal versuchsweise mit einem Teilbereich zu beginnen. Auch möchte ich auf Folgendes aufmerksam machen: Um ein Lesen von E-Books möglich zu machen, muss jeder Schüler über ein geeignetes technisches Gerät wie z. B. einen E-Book-Reader verfügen. Das ist ein großer finanzieller Aufwand für die Schule, denn nicht jeder Schüler kann das Geld für eine solche Anschaffung aufbringen. Auch sollten die im Reader geladenen Lesestoffe mit den anderen technischen Möglichkeiten (z. B. Smart-Board) unserer Schule kompatibel sein. Nur so wäre eine effektive Nutzung dieser technischen Neuerungen möglich.

Auf jeden Fall lohnt es sich, darüber nachzudenken, wie das Lesen in der Zukunft aussehen wird. Wie denkt ihr darüber? Über eine rege Diskussion würden wir uns sehr freuen. Also schickt uns eure Standpunkte, jede Meinung ist gefragt.

Aufruf / Aufforderung der Autoren der Schülerzeitung, die Frage zu diskutieren

Bewertungstabelle:

Note	1	2	3	4	5	6
eBBR Punkte	≥84	83–72	71–59	58–45	44–23	22–0
MSA Punkte	120–112	111–100	99–88	87–72	71–36	35–0

1 Her mit dem Stress

Eva-Maria Träger

Im Grunde ist das mit dem Stress ein einziges großes Missverständnis. Er habe sich schlicht vertan, gestand Hans Selye, der Forscher, der den Begriff prägte, 1977 in seinen Memoiren[1]. In der Physik beschreibt das englische Wort „stress“ die Kraft, die auf ein Objekt wirkt. „Strain“ hingegen steht für die daraus resultierende Verformung dieses Körpers, für seine Reaktionen auf eine Belastung – genau das, was Selye analog beim Menschen zu benennen suchte. […]

Als im Januar die Bundesanstalt für Arbeitsschutz und Arbeitsmedizin den „Stressreport 2012“ veröffentlichte, […] schien dieser doch zu bestätigen, was viele Menschen längst zu wissen glaubten: Das Arbeitspensum in der modernen Welt überfordert immer mehr Menschen, macht sie krank. Mehr als die Hälfte der fast 18 000 Befragten gab darin etwa an, verschiedenartige Arbeiten gleichzeitig betreuen zu müssen und unter „starkem Termin- und Leistungsdruck“ zu leiden. […]

Das Klageniveau dürfte höchst unterschiedlich sein. „Keiner kann von außen bestimmen, was für den Einzelnen Stress ist“, sagt Gerald Hüther, Professor für Neurobiologie an der Klinik für Psychiatrie und Psychotherapie in Göttingen. „Entscheidend ist die subjektive Bewertung. Ob etwas als Stressor[2] eingestuft wird, hängt von den Erfahrungen ab, die der Mensch gesammelt hat“, sagt der Hirnforscher. Was für den einen aufgrund seiner Erlebnisse handhab- und überwindbar ist, was er einordnen und mit Sinn versehen kann, kann einem anderen gänzlich überfordernd erscheinen und infolgedessen zu Stressreaktionen führen. Doch so anders die Anlässe auch sein mögen: Die Reaktionen, die dann im Körper ausgelöst werden, sind die gleichen, wie sie schon unsere ältesten Urahnen erlebt haben.

Im Gehirn wird eine Reaktionskette ausgelöst, sagt Hüther. Das Nervensystem signalisiert dem Nebennierenmark, Adrenalin auszuschütten, Blutdruck, Puls, Hautwiderstand und Muskelaktivität steigen, die Darmtätigkeit ist gehemmt. Der Körper ist in Alarmbereitschaft. Mit „fight or flight“ Kampf oder Flucht, hat Walter Cannon, der zweite große Pionier der Stressforschung neben Selye, diese Reaktionen 1915 beschrieben – es geht um eine subjektive Bewertung von Gefahr. Frauen scheinen dabei allerdings weniger heftig zu reagieren als Männer und neigen zur Bewältigung offenbar auch eher zur Bildung von sozialen Netzwerken, wie neuere Studien der amerikanischen Psychologin Shelley Taylor nahelegen.

„Tend and befriend“, Hüten und Befreunden, statt „fight or flight“, wohl evolutionär bedingt: Mit Nachwuchs kämpft und flüchtet es sich einfach schwerer.

Etwa zehn Minuten nach der Adrenalinausschüttung folgt dann Cortisol, das den Körper vor den ungünstigen Folgen einer zu langen Hochaktivierung durch Adrenalin schützen soll und gleichzeitig für eine erhöhte, länger anhaltende Wachsamkeit auf einem niedrigeren Niveau sorgt. [...]

Stress bedeutet damit zunächst einmal nicht mehr, als dass der Körper in der Folge einer wahrgenommenen Belastung besonders leistungsbereit ist – eine Mobilisierung, die nicht nur bei einer Bedrohung der körperlichen Unversehrtheit nützlich ist. „Ohne Stress würden wir uns gar nicht weiterentwickeln“, sagt Gerald Hüther. Belastung stärkt, Belastung stählt. Wer keine Rückschläge erleidet, keine Krisen meistert, kann nicht über sich hinauswachsen und Vertrauen in die eigenen Fähigkeiten entwickeln. Kurz: Wer keinen Stress erlebt, hält nichts aus.

Auch Helen Heinemann, Gründerin des privaten „Instituts für Burnout-Prävention“ in Hamburg, kann Stress viel abgewinnen: „Da bin ich superwach, superkonzentriert und kann alles, das unwichtig ist, fallenlassen“, sagt sie, ein „Wohlgefühl“ sei das, zunächst. Schwierig wird es, wenn sie die aufgebaute Spannung nicht zeitnah abbauen kann, sagt die Pädagogin mit psychotherapeutischer Ausbildung. Wegrennen, schreien, sich auf einen Baum retten: Im Büro geht all das nicht. Wir erleben zwar körperlich das Gleiche wie unsere Vorfahren in der afrikanischen Savanne, doch unsere Bewältigungsstrategien müssen zwangsläufig andere sein – wohldosierte Pausen zum Beispiel. [...]

Beim Stressreport 2012 etwa hat mehr als ein Viertel der Befragten angegeben, häufiger Pausen ausfallen zu lassen, obwohl diese nachweislich die Leistungsfähigkeit steigern. Für Heinemann auch ein Problem der vorherrschenden Arbeitskultur. Pausen und Leistung vertragen sich für die Deutschen nicht. [...]

Es ist die Dosis, die das Gift macht, auch beim Stress, entscheidend sind Dauer und Intensität. So wirkt ein gewisses Maß an körperlicher Erregung beispielsweise positiv auf die Gedächtnisleistung. Ein hoher Stresslevel dagegen führt zum Gegenteil – wenn auch einige Studien nahelegen, dass Reize, die gedanklich mit der Gefahr verknüpft sind, dann besser behalten werden. Extreme Stresssituationen aber können sogar zu einem Verlust der Erinnerung führen, zu einer psychogenen Amnesie. Und Dauerstress, darin sind sich die Forscher einig, wirkt schädlich auf den gesamten Organismus.

Der amerikanische Neuroendokrinologe[3] Bruce McEwen sieht das Gehirn als „zentrales Organ der Stressreaktion“, das sich der Daueraktivierung durch eine Veränderung der neuronalen und neurochemischen Strukturen anpasst. Das wiederum erhöht das Risiko von depressiven Verstimmungen, erhöhtem Blutdruck, verminderter Leistungsfähigkeit und anderen mit anhaltendem Stress verbundenen Langzeitfolgen – Gesundheitsschäden für den Einzelnen und die Gesellschaft, die sich vermeiden lassen.

Dass so viele Gestresste sich trotz wiederholten Klagens schwertun, ihr Leben zu ändern, ist auch ein Resultat des Strebens nach Anerkennung. Man will jemand sein, sich etwas leisten können. Und vieles an ihrer Arbeit mache den Leuten, die zu ihr kommen, auch Spaß, sagt Heinemann. Sie sind im „Flow", so der Begriff. [...] Wer eine Tätigkeit erledigt, die er als in idealem Maße fordernd erlebt, empfindet eine tiefe, alles andere ausblendende Freude – ein Hochgefühl, das nicht selten dazu führt, dass das eigene Leben nur noch auf dieser einen Säule, dem Job, ruht. [...]

Von einem „Machbarkeitswahn" spricht Heinemann, von dem Gefühl: Jeder ist seines Glückes Schmied, trägt damit aber auch die Bürde des Scheiterns allein. Wer alles werden, alles erreichen kann, das aber dennoch nicht schafft, ist selbst schuld. Dabei stecken oftmals ungünstige Bedingungen dahinter, womöglich ein falscher, weil nicht passender Job.

Für Gerald Hüther ist Vertrauen deshalb eines der wichtigsten Mittel gegen Stress, auf dreierlei Ebenen: Vertrauen in eigene Kompetenzen, gestärkt durch das Überwinden von schwierigen Situationen. Vertrauen in das große Ganze, positive Erwartungen an das Leben und Vertrauen in andere, in Familie, Freunde, Vertraute – „psychosoziale Unterstützung", wie Psychologen es nennen. Wenn dieser „dreibeinige Hocker", wie Hüther sagt, stabil steht, „kann man da auch mit einem 50-Kilo-Sack hochsteigen". Wenn die Beine dagegen dürr sind, der Hocker klapprig, reichen schon fünf Kilo, um einzubrechen. [...]

Als „Stresspuffer" funktioniert eine Gruppe allerdings nur, wenn man sich ihr zugehörig fühlt, durch gemeinsame Ziele etwa oder durch Ähnlichkeiten in Alter, Einstellungen, Vorlieben. Nur dann werden die Unterstützungsangebote der anderen als wohlwollend empfunden und nicht als Vorwurf interpretiert, man sei nicht in der Lage, das Problem allein zu lösen.

Für Stressforscher McEwen gehört soziale Unterstützung zu den eigentlich „einfachen und offensichtlichen" Maßnahmen, mit denen man den schädlichen Langzeitfolgen von Dauerstress entgegentreten kann. Viel Schlaf, guten Schlaf zählt er auch dazu, gesunde Ernährung, sportliche Betätigung, eine positive Lebenseinstellung. [...]

Aus: Der Tagesspiegel, 20. 04. 2013, https://www.tagesspiegel.de/wissen/stressforschung-warum-wir-den-druck-brauchen/8094122.html

1 Lebenserinnerungen
2 Auslöser für Stress
3 Wissenschaftler, der die Wechselwirkung des Hormonhaushaltes mit dem Nervensystem untersucht

Sachtext „Her mit dem Stress“ – Aufgaben zum Textverständnis

Punkte

101 Notieren Sie, wofür die Begriffe „stress“ und „strain“ in der Physik stehen. 1

englischer Begriff	physikalische Bedeutung
a) stress	
b) strain	

∗ 102 Notieren Sie, inwiefern der Begriff „stress“ von Hans Selye falsch verwendet wurde. 1

____

____

∗ 103 Wovon hängt es nach Gerald Hüther ab, ob ein Mensch eine Situation als „stressig“ empfindet? 1

____

____

∗ 104 Nummerieren Sie die Abfolge der Reaktionen des Menschen auf Stress. 1

	Nummer
a) Wahrnehmung eines Stressfaktors	
b) Ausschüttung von Adrenalin	
c) Botschaft an das Nebennierenmark	
d) Ausschüttung von Cortisol	

105 Was bewirken die Hormone Adrenalin und Cortisol im Körper?

Hormone	Wirkung	Punkte
a) Adrenalin		1
b) Cortisol		1

106 Kreuzen Sie an, ob die folgenden Stressoren im Text genannt werden. 2

	ja	nein
a) Leistungsdruck	☐	☐
b) Nikotin	☐	☐
c) Mobbing	☐	☐
d) Termindruck	☐	☐
e) Arbeitspensum	☐	☐

107 Notieren Sie
a) zwei positive Auswirkungen von Stress.
b) zwei negative Auswirkungen von Stress.

	Auswirkungen	
a) positiv	•	
	•	1
b) negativ	•	
	•	1

108 Frauen und Männer bewältigen Stress unterschiedlich.

Notieren Sie, wie
a) Männer häufig Stress bewältigen.
b) Frauen häufig Stress bewältigen.

a) ____________________ 1

b) ____________________ 1

109 Notieren Sie die drei Ebenen des Vertrauens, die durch den „dreibeinigen Hocker" symbolisiert werden. 3

- ____________________
- ____________________
- ____________________

∗ 110 Wenn sich Menschen im „Flow“ befinden, erleben sie ihre Tätigkeit als fordernd und erfüllend. Erklären Sie, weshalb dieser „Flow“ auch zu negativem Stress führen kann. 1

___

___

___

∗ 111 Der Titel des Textes heißt „Her mit dem Stress“.

a) Erläutern Sie die Bedeutung des Titels im Textzusammenhang.

b) Notieren Sie, welcher Aspekt des Textes im Titel nicht berücksichtigt wird.

a) ___ 1

___

b) ___ 1

___

Textverständnis gesamt **18**
(Fundamentum 12, ∗ Additum 6)

Sprachwissen und Sprachbewusstheit – Aufgaben zu Text 1

Punkte

151 Was bedeutet das Wort „Arbeitspensum“? 1

a) die Verlängerung der Arbeitszeit	☐
b) die Schwierigkeit der Arbeit	☐
c) der Umfang der zu erledigenden Arbeit	☐
d) die Bezahlung für die geleistete Arbeit	☐

152 Was bedeutet die folgende Redewendung? 1

Jeder ist seines Glückes Schmied.

___

___

___

153 Aus welchem Grund wird im folgenden Satz der Konjunktiv verwendet? 1

Er habe sich schlicht vertan, gestand Hans Selye.

a)	zur Darstellung einer Möglichkeit	☐
b)	zur Darstellung einer irrealen Situation	☐
c)	zur Darstellung einer Behauptung	☐
d)	zur Darstellung einer indirekten Rede	☐

✱ 154 Notieren Sie zwei Stilmittel, die in dem folgenden Satz verwendet werden. 1

Belastung stärkt, Belastung stählt.

- ______________________________
- ______________________________

✱ 155 Vervollständigen Sie den folgenden Satz so, dass er keine Ellipse enthält. 1

Sie sind im „Flow", so der Begriff.

____

____

✱ 156 Bestimmen Sie in den folgenden Sätzen, was die unterstrichene Konjunktion jeweils ausdrückt. Nummerieren Sie entsprechend.

1. Einräumung
2. Bedingung
3. zeitliches Verhältnis

		Nummer	
a)	<u>Wenn</u> man gemeinsame Ziele hat, fühlt man sich einer Gruppe zugehörig.		1
b)	<u>Als</u> der „Stressreport 2012" veröffentlicht wurde, erfuhr niemand etwas wirklich Neues.		1
c)	Viele lassen häufiger Pausen ausfallen, <u>obwohl</u> diese nachweislich die Leistungsfähigkeit steigern.		1

157 Unterstreichen Sie jeweils das nominalisierte Wort. 1

a)	das Resultat des Strebens
b)	das Beschriften des Behälters

Sprachwissen und Sprachbewusstheit gesamt **9**

(Fundamentum 4, ✱ Additum 5)

2 Und auch so bitterkalt

Lara Schützsack

Lucindas Stimme ist weich und tief, so tief, dass man sie fühlen kann. Sie spielt auf ihrer Stimme wie auf einem Instrument, streicht langsam jede ihrer Saiten, bis man Bauchschmerzen bekommt vor Sehnsucht nach dem, wovon sie erzählt. Am schönsten aber sind Lucindas Augen: schmale grüne Augen mit gelben Splittern darin. Augen, die man nicht mehr vergisst. Ich glaube, irgendwo auf dieser Welt denkt immer jemand an die Augen meiner Schwester. Lucinda ist so ein Mädchen, nach dem sich die Menschen auf der Straße umdrehen. Nicht, weil sie einfach nur schön ist, sondern weil man spürt, dass etwas mit ihr passieren wird. Etwas, das nicht jedem passiert. Man spürt es an der Art, wie sie sich bewegt, an dem Luftzug, der einen streift, wenn sie an einem vorübergeht. Man erkennt es an dem leichten Schatten, der über ihrem Gesicht liegt, und an dem Licht, das unablässig in ihren Augen flackert.

Als sie aufhört zu erzählen, bleiben wir hier auf der alten Brücke noch lange liegen, lauschen den Geräuschen der Nacht. Ich nehme Lucindas Hand und lege sie an meine Wange. Die Hand ist kühl und riecht nach Metall. In der Ferne hört man Hunde heulen. „Hörst du das?“, fragt Lucinda, „in der Nacht klingt der Sommer anders. Als könne er einen verschlucken, und dann wäre man weg.“

Der Lenker wackelt gefährlich. Lucinda und ich fahren auf ihrem klapprigen Fahrrad, auf einer dunklen Landstraße. Weit und breit ist kein Auto zu sehen, deswegen fahren wir auf der Mitte der Fahrbahn. Lucinda fährt großzügige Schlangenlinien. Ich sitze auf dem Gepäckträger und habe die Arme um ihre Hüfte geschlungen. Ihr langes schwarzes Haar weht mir ins Gesicht. Wir singen „Über den Wolken“. Singen kann man das eigentlich nicht nennen, wir schreien eher. Ich bin der Background-Chor. Lucinda singt: „Über den Wolken“, und ich stimme ein: „Eyeyeyey!“ Lucinda lehnt sich tief in die Kurven, und manchmal schreie ich leise auf. Aber nicht vor Angst, sondern weil etwas in meinem Bauch vor lauter Aufregung auf und ab hüpft und rauswill. Wir steuern direkt auf das blaue Licht der Aral-Tankstelle zu, als hinter uns plötzlich und mit hoher Geschwindigkeit ein Auto auftaucht. Wir bemerken es erst so spät, dass wir keine Zeit mehr haben, an die Seite zu fahren. Der Wagen weicht nur knapp aus, beinahe hätte er uns angefahren. Der Fahrer hupt wütend. „Über den Wolken“, brüllt Lucinda. Der Wagen bremst ab, kommt neben uns fast zum Stehen, rollt dann in unserem Tempo weiter. Das Fenster wird heruntergekurbelt. Ich kneife die Augen zu. Das habe ich schon als kleines Kind gemacht, die Augen fest zugekniffen, wenn es Ärger zu geben drohte. Damals dachte ich, dass ich dann unsichtbar bin. Obwohl ich inzwischen weiß, dass das ein Irrtum war, kneife ich auch jetzt die Augen zu.

„Mädchen, ihr fahrt ohne Licht mitten auf der Landstraße! Seid ihr eigentlich irre?“ Die Stimme des Fahrers überschlägt sich vor Wut. Lucinda tritt fester in die Pedale:

„Natürlich sind wir irre. Was glaubst du?“

„Das ist lebensmüde!“, brüllt er.

„Allerdings“, flötet meine Schwester.

„Ihr seid doch total bekloppt!“

Der Mann beschleunigt geräuschvoll und rast davon. Wir lachen. Ich drücke meinen Kopf an Lucindas Rücken und schlinge meine Arme noch fester um ihren schmalen Körper. „Über den Wolken …

„Eyeyeyey …“

Hinter dem Ortsschild biegt sie in einer halsbrecherischen Kurve zur Tankstelle ab. Wir halten direkt vor dem Fenster des Tankstellenshops. Lucinda schlägt mit der Faust gegen die Scheibe. Dahinter an der Kasse sitzt Bernd, ein Junge aus unserer Nachbarschaft. Bei dem Knall zuckt er zusammen, dann aber, als er Lucinda sieht, hellt sein Blick sich auf. Bernd ist schon achtzehn, aber klein, unscheinbar und pickelig. Die Mädchen aus unserer Straße lachen über ihn: Sie nennen ihn Kratergesicht, und es ist ihnen egal, dass er es hört. Lucinda behauptet, dass er gerade deswegen interessanter ist als die anderen, weil er so aussieht.

„Verstehe ich nicht“, sage ich.

Und sie sagt: „Wirst du noch. Irgendwann.“

Lucinda steigt ab, drückt mir das Fahrrad in die Hand. „Du wartest draußen!“ Dann betritt sie den grell erleuchteten Tankstellenshop, nicht ohne vorher ihren Zopf zu öffnen und einen Blick auf ihre Spiegelung im Fenster zu werfen. Ihr Schritt ist beschwingt. Ich beobachte sie durch die Glasscheibe.

Wenn Lucinda einen Ort betritt, gerät alles in Bewegung. Es gibt keine Gesetze mehr. Ihre Anwesenheit stellt alles in Frage. Sie wirft einen prüfenden Blick auf Bernd, und als sie zu ihrer Zufriedenheit sieht, dass er nicht anders kann, als ihr mit den Augen zu folgen, steuert sie direkt auf die Eistruhe zu, fischt eine bunte Verpackung heraus, zeigt sie mir durchs Fenster.

Twister, mein Lieblingseis. Ich nicke. Wie in Zeitlupe bewegt sich meine Schwester, als sie von der Tiefkühltruhe hinüber zur Kasse läuft. Langsam schiebt sie Bernd das Eis und eine Packung Kaugummi über den Ladentisch. Er greift, ohne aufzusehen, nach dem Twister. Sie hält das Eis eine Sekunde zu lange fest, so dass seine Finger ihre Hand berühren. Er schaut hoch und als er ihren Blick auffängt, wird er rot und schaut schnell wieder zur Kasse. Dann zieht er die Sachen mit zitternder Hand über den Scanner. Lucinda lächelt, als sie sich umdreht und ohne zu bezahlen die Tankstelle verlässt.

„Komm!“ Sie drückt mir das Eis in die Hand, greift nach dem Rad, steigt auf. Ich springe hinten auf den Gepäckträger. In Schlangenlinien fahren wir an, kichern.

„Guckt er?“

Einmal noch drehe ich mich um, von rechts nach links schwankend, aus dem Lichtkegel der Tankstelle hinaus in die Dunkelheit rollend.

„Ja, er guckt!"

Bernd sitzt vor seiner Kasse und sieht uns hinterher. Seine Schicht hat gerade erst begonnen. Und ich glaube, sie kommt ihm in diesem Moment unendlich lang vor. Er tut mir leid, denn genauso kommen mir die Nächte ohne Lucinda vor: unendlich lang.

„Kann ich heute bei dir schlafen?", frage ich.

„Was?", schreit Lucinda, die sich Wind und Haare um die Ohren rauschen lässt.

„Was hast du gesagt?"

„Bei dir schlafen, darf ich heute bei dir schlafen?", rufe ich.

Lucindas Bett ist kein Bett. Es ist eine Höhle. Es ist ein Boot. Ein Höhlenboot, das uns durch die Nacht bringt, bepackt mit Tüchern, Postern, Büchern und vielen Geheimnissen – Steine, die sie von überall her hat und denen in der Dunkelheit magische Kräfte zufallen, Geschichten, die so unheimlich sind, dass ich mir ab der Hälfte die Ohren zuhalten muss. Meine Schwester trotzt allen Bitten, allem Flehen meiner Eltern, sie möge doch ihr Bett aufräumen. Im Gegenteil: Die Schätze, die das Bett birgt, nehmen mit der Zeit mehr und mehr Raum ein, irgendwo dazwischen meine Schwester. Zugedeckt von Büchern, Notizen und bunten Tüchern. In seltenen Nächten erlaubt Lucinda mir, bei ihr zu schlafen. Diese Nächte sind besondere Nächte, durchdrungen von unserem Flüstern, Lucindas weicher Stimme und meinen hundert Fragen. Meine Schwester beantwortet sie alle. Es gibt keine Wahrheit, die für alle Menschen gleich ist, sagt Lucinda, und deswegen gibt es auch keine Frage, die man nicht beantworten kann. Es gibt unendlich viele Wahrheiten. Nur das, was wir fühlen, kann für uns auch wahr sein. Jeder kann jede Frage beantworten, wenn er genügend Farben im Kopf hat.

Im Gegensatz zu mir schläft Lucinda, nachdem sie die Augen geschlossen hat, sofort ein. Seit ich mich erinnern kann, verfolgen mich zwei Sorgen: die Angst vor der Dunkelheit und die davor, dass meine Schwester mich alleine lässt. Also versuche ich, sie wach zu halten. Ich stelle ihr Fragen. „Was glaubst du, wie morgen das Wetter wird? Glaubst du, Mama und Papa küssen sich oft, wenn wir es nicht sehen? Gibt es Hunde auf den anderen Planeten?" Wenn Lucindas Antworten immer leiser und langsamer kommen, weiß ich, dass sie bald einschlafen wird. „Gute Nacht!", sage ich. „Gute Nacht", sagt Lucinda. Dann ist es still. Ich will nicht alleine wach sein. „Schlaf gut", sage ich. „Schlaf gut", kommt es von weit her. „Träum was Schönes!", fällt mir noch ein.

Keine Antwort. Ich habe Angst, dass meine Schwester für immer schlafen wird. Was ist, wenn sie morgen einfach nicht mehr aufwacht? „Und wach morgen gut auf!", flüstere ich beschwörend in die Stille hinein. Dann fällt mir nichts mehr ein. Ich bin alleine. Lange liege ich so wach, bevor ich einschlafen kann.

Aus: Lara Schützsack: Und auch so bitterkalt. Fischer Verlag, Frankfurt am Main, 2014, S. 11 ff.

Literarischer Text „Und auch so bitterkalt" – Aufgaben zum Textverständnis

Punkte

201 Ergänzen Sie die folgende Tabelle zum Handlungsgeschehen. 2

a) Jahreszeit	
b) Tageszeit	
c) zwei Handlungsorte	
d) zwei handelnde Figuren	

202 Notieren Sie,
a) welche Figur in der Ich-Form erzählt.
b) an welcher Textstelle das Geschlecht der Erzählerfigur deutlich wird.

a) ______________________________ 1

* b) ______________________________ 1

203 Ergänzen Sie den folgenden Steckbrief zu Lucinda. 2

a) Augen	
b) Haar	
c) Körperbau	
d) Stimme	

* 204 Notieren Sie zu den folgenden Aussagen über Lucinda jeweils einen Textbeleg aus den Zeilen 58–74.

Aussagen über Lucinda	Textbeleg	Punkte
a) Sie ist bestimmend.		1
b) Sie ist manipulativ.		1

205 Die Figuren Lucinda und Bernd sind gegensätzlich angelegt. Stellen Sie diese Gegensätze in der folgenden Tabelle dar.

	Lucinda		Bernd	
a) Aussehen		⟷		1
✱ b) Wirkung auf andere Menschen		⟷		1

✱206 Lucinda bezahlt in der Tankstelle nicht.
Notieren Sie einen möglichen Grund dafür. 1

____

207 Auf der Landstraße wäre es fast zu einem Verkehrsunfall gekommen.
Notieren Sie
a) zwei Umstände, die dafür verantwortlich sind.
b) jeweils eine emotionale Reaktion der einzelnen Figuren.

a) • ______________________________ 1
• ______________________________

b) • Autofahrer: ______________________________ 1
• Lucinda: ______________________________
• Erzählerfigur: ______________________________

✱208 Die Erzählerfigur darf gelegentlich gemeinsam mit Lucinda in deren Bett schlafen.
Notieren Sie,
a) warum dies besondere Nächte für die Erzählerfigur sind.
b) warum sie sich davor fürchtet, dass ihre Schwester einschläft.

a) ______________________________ 1

b) ______________________________ 1

✱209 Lucinda behauptet:

> Jeder kann jede Frage beantworten, wenn er genügend Farben im Kopf hat. (Zeile 104 f.)

Erläutern Sie, was damit gemeint sein könnte. 1

____

____

____

Textverständnis gesamt **16**
(Fundamentum 8, ✱ Additum 8)

Sprachwissen und Sprachbewusstheit – Aufgaben zu Text 2 Punkte

251 Das Wort „bitter“ hat in den folgenden Sätzen eine unterschiedliche Bedeutung. Ersetzen Sie das Wort „bitter“ jeweils durch ein passendes Synonym.

Satz	Synonym für „bitter“	Punkte
a) Draußen ist es bitterkalt.		1
b) Den Salat mag ich nicht, weil er bitter schmeckt.		1
c) Sie machte eine bittere Erfahrung.		1

252 Welchen Unterschied verdeutlichen die Verben des Redebegleitsatzes in den folgenden Beispielen? 1

„Das ist lebensmüde!“, brüllt der Fahrer.
„Allerdings“, flötet meine Schwester.

____

____

____

____

253 Kreuzen Sie an, welcher Satz der Bedeutung des folgenden Satzes entspricht. 1

Meine Schwester möge doch ihr Bett aufräumen.

a) Meine Schwester mag es, ihr Bett aufzuräumen.	☐
b) Meine Schwester möchte, dass ihr Bett aufgeräumt wird.	☐
c) Meine Schwester will ihr Bett aufräumen.	☐
d) Meine Schwester soll ihr Bett aufräumen.	☐

254 Kreuzen Sie an, ob in den folgenden Sätzen jeweils eine Gleichzeitigkeit oder eine Aufeinanderfolge von Handlungen deutlich wird.

		Gleichzeitigkeit	Aufeinanderfolge	
	a) Sie steuert auf die Tiefkühltruhe zu, fischt eine Verpackung heraus und zeigt sie mir.	☐	☐	1
*	b) Lucinda betritt einen Ort und alles gerät in Bewegung.	☐	☐	1

*255 Notieren Sie zwei Stilmittel, die in dem folgenden Beispiel enthalten sind: 1

Lucindas Bett ist kein Bett. Es ist eine Höhle. Es ist ein Boot. Es ist ein Höhlenboot.

- ______________________________
- ______________________________

256 Adjektive können unterschiedlich gebildet werden.
a) Vervollständigen Sie den Tabellenkopf.
b) Ergänzen Sie die Tabelle, indem Sie aus den vorgegebenen Adjektiven jeweils ein passendes auswählen.

bitterkalt unscheinbar haushoch

	Zusammensetzung aus Adjektiv + Adjektiv		**Ableitung**	
* a)				1
b)		blitzschnell		1

257 Formen Sie den folgenden Satz in Standardsprache um. 1

Ihr seid doch bekloppt.

____

Sprachwissen und Sprachbewusstheit gesamt **11**
(Fundamentum 8, * Additum 3)

3 Der Siegeszug der Fernbusse

Fernbusse werden noch günstiger

Sie fahren auf immer mehr Linien, und die Preise sinken weiter.

Die Fernbusunternehmen gehören zu den Überraschungssiegern des Jahres 2014. Vor allem bei der Bahn hatte man lange unterschätzt, wie stark die Busfirmen zulegen würden. Der scharfe Wettbewerb fordert auch Opfer: Die ersten wie City2City haben sich zurückgezogen, „Dein Bus“ ist insolvent, auch der ADAC will aussteigen. Wer auf diesem Markt bestehen will, muss flexibel sein – und einen langen Atem haben.

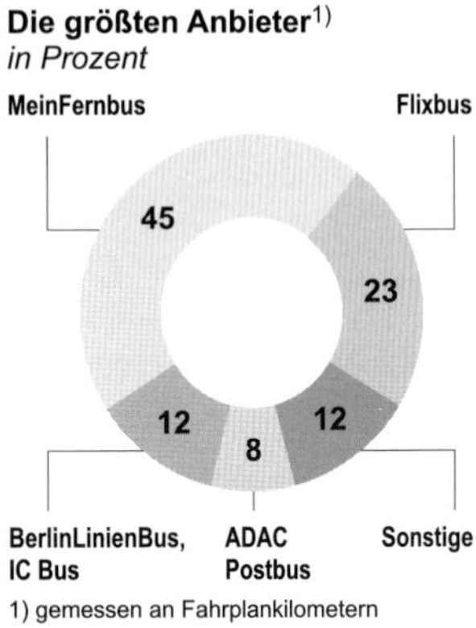

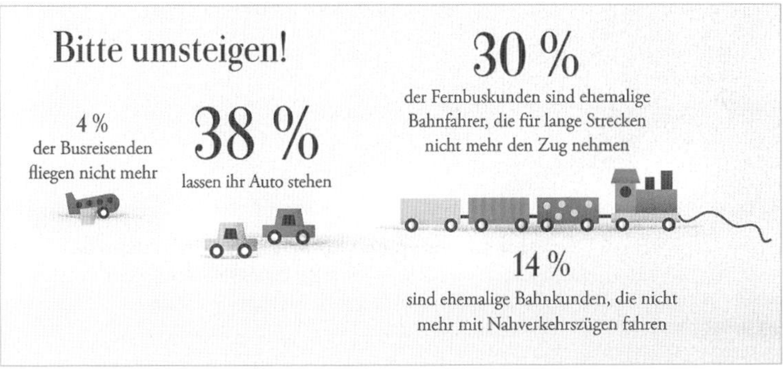

Bitte umsteigen!
4 %
der Busreisenden fliegen nicht mehr
38 %
lassen ihr Auto stehen
30 %
der Fernbuskunden sind ehemalige Bahnfahrer, die für lange Strecken nicht mehr den Zug nehmen
14 %
sind ehemalige Bahnkunden, die nicht mehr mit Nahverkehrszügen fahren

Fernbusse sind billiger, aber langsamer
Beispielbuchungen über das Portal FromAtoB.de mit Sparpreisen und bei zeitlicher Flexibilität[2)]

Strecke von – nach	Fernbus Preis in Euro	Std.	Bahn Preis in Euro	Std.
Frankfurt Hamburg	15	7:20	29	3:40
Frankfurt Köln	6	2:25	29	1:03
Frankfurt Stuttgart	8	3:20	19	1:19
Köln München	18	7:35	29	4:30
Hamburg Berlin	8	3:10	29	1:42
Berlin Düsseldorf	17	5:50	67	4:36

2) Buchung am 12.12; Reise am 15.12. Ein Erwachsener. Ohne Bahncard. Bahnverbindungen ohne Umsteigen.

Grober Vergleich
Energieverbrauch, Kohlendioxidausstoß, Fahrtkosten und Zeitaufwand für die Strecke München – Berlin
(für eine Person)

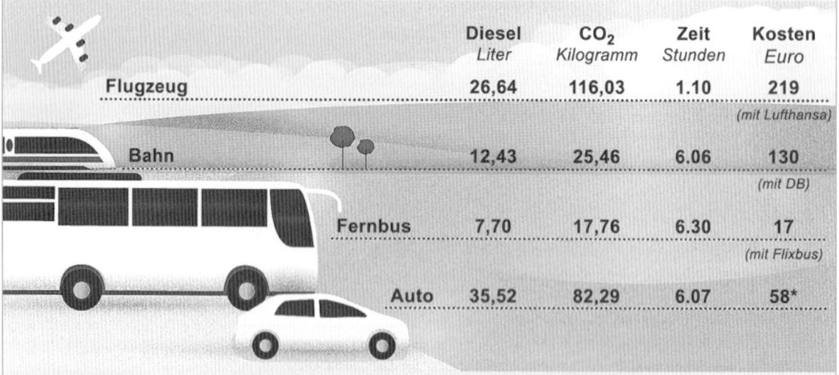

	Diesel *Liter*	CO_2 *Kilogramm*	Zeit *Stunden*	Kosten *Euro*
Flugzeug	26,64	116,03	1.10	219 *(mit Lufthansa)*
Bahn	12,43	25,46	6.06	130 *(mit DB)*
Fernbus	7,70	17,76	6.30	17 *(mit Flixbus)*
Auto	35,52	82,29	6.07	58*

Zugrunde gelegt wurden folgende durchschnittliche Auslastungen mit Fahrgästen:
60% beim Bus, 50% bei der Bahn, 76% beim Flugzeug und anderthalb Personen pro Auto.

** Durchschnittsverbrauch von 7 Litern pro 100 km, 584 Kilometer, Literpreis 1,42 €*

Quelle: „Die Fahrpreise fallen weiter", „Die größten Anbieter", „Fernbusse sind billiger, aber langsamer". In: Frankfurter Allgemeine Sonntagszeitung Nr. 50, 14.12.2014; FromAtoB.de; Iges Institut; Destatis. F.A.Z.-Grafiken / Piron;
„Bitte umsteigen!", „Grober Vergleich". In: Die Zeit Nr. 51, 11.12.2014, S. 38.
https://www.zeit.de/2014/51/fernbus-deutschland-unternehmen-verbindungen-nutzer,
Bild Flixbus: picture alliance/dpa

Diskontinuierliche Texte „Der Siegeszug der Fernbusse“– Aufgaben zum Textverständnis

Punkte

301 Was sagt die Überschrift „Der Siegeszug der Fernbusse“ aus? 1

a) Fernbusse werden von immer mehr Fahrgästen genutzt.	☐
b) Fernbusse legen die größten Entfernungen zurück.	☐
c) Fernbusse haben das Auto als Hauptverkehrsmittel besiegt.	☐
d) Fernbusse siegen in Bezug auf Schnelligkeit.	☐

302 Kreuzen Sie an, worüber die Grafiken informieren. 2

Sie informieren über …	richtig	falsch
a) die Fahrpreise von Fernbussen.	☐	☐
b) das Streckennetz der Bahn.	☐	☐
c) verschiedene Reisemöglichkeiten.	☐	☐
d) die steigende Zahl an Fernbusunternehmen.	☐	☐
e) den Kohlendioxidausstoß verschiedener Verkehrsmittel.	☐	☐

303 Empfehlen Sie einem Reisenden ein Verkehrsmittel für eine Reise von München nach Berlin, wenn er 1

a) schnell am Zielort sein möchte.
b) möglichst umweltschonend reisen möchte.

a) ______________________________

b) ______________________________

304 Um die Preis-Leistungs-Angebote vergleichen zu können, wurden Beispielbuchungen vorgenommen. 1

Notieren Sie
a) das Buchungsportal.
b) den Buchungstag.
c) das Reisedatum.

a) ______________________________

b) ______________________________

c) ______________________________

✱ 305 Fernbusunternehmen verzeichnen einen starken Zuwachs an Neukunden. Leiten Sie aus den Grafiken zwei mögliche Gründe dafür ab.

- ______________________________ 1
- ______________________________ 1

✱ 306 Begründen Sie, warum der ADAC aus dem Fernbusgeschäft aussteigen möchte. 1

____

____

____

307 Kreuzen Sie an, auf welches Verkehrsmittel die folgenden Aussagen zutreffen.

Aussage	**Flugzeug**	**Fernbus**	**Auto**	
a) Die Fahrpreise sind im Durchschnitt am niedrigsten.	☐	☐	☐	1
b) Die Reise verursacht den höchsten CO_2-Ausstoß pro Fahrgast.	☐	☐	☐	1
c) Das Verkehrsmittel benötigt den meisten Kraftstoff pro Fahrgast.	☐	☐	☐	1

Textverständnis gesamt **11**
(Fundamentum 8, ✱ Additum 3)

4 Richtig schreiben

401 Welche Strategie wenden Sie an, um das Wort **klapprig** an der markierten Stelle richtig zu schreiben?
Kreuzen Sie jeweils die zutreffende Rechtschreibstrategie an.

a) pp oder p?			1
kla**pp**rig	1. Ich bilde den Plural.	☐	
	2. Ich erkenne ein typisches Adjektivsuffix.	☐	
	3. Ich suche ein Wort aus der Wortfamilie und trenne es.	☐	

b) g oder ch?			1
klappri**g**	1. Ich verlängere das Wort.	☐	
	2. Ich setze vor das Wort einen Artikel.	☐	
	3. Ich zerlege das Wort in seine Silben.	☐	

402 Begründen Sie die Schreibung des s-Lautes in den folgenden Wörtern mit einer Rechtschreibregel **oder** einer Rechtschreibstrategie. 1

	Rechtschreibregel oder Rechtschreibstrategie
a) Ma**ß**	
b) auslö**s**en	

403 Ergänzen Sie die Tabelle, indem Sie der Schreibung des unterstrichenen Wortes die jeweilige Regel zuordnen.

Regel:
1. Nomen werden großgeschrieben.
2. Nominalisierte Verben werden großgeschrieben.
3. Adjektive werden kleingeschrieben.
4. Ableitungen von geografischen Namen auf -er werden großgeschrieben.

	Nummer der Regel	
a) Diese Nächte sind durchdrungen von unserem FLÜSTERN.		1
b) Ein AMERIKANISCHER Forscher sieht das Gehirn als zentrales Organ der Stressreaktion.		1

404 Notieren Sie den Wortbestandteil (Suffix), der jeweils über die Groß- oder Kleinschreibung entscheidet.

	Wortbestandteil	
Beispiel: Krankheiten	heit	
a) unscheinbar		1
b) häufiger		1
c) Erfahrungen		1

405 Kreuzen Sie an, ob die unterstrichenen Wörter getrennt geschrieben oder zusammengeschrieben werden.

	getrennt	zusammen	
a) Vielen Gestressten wird es schwer fallen / schwerfallen, ihr Leben zu ändern.	☐	☐	1
b) Wir wollen noch auf der Brücke liegen bleiben / liegenbleiben.	☐	☐	1

Richtig schreiben gesamt **10**

5 Überarbeiten eines Textes

Die folgenden Tipps für die Suche nach einem passenden Ausbildungsplatz enthalten einige Fehler.
Korrigieren Sie nur den jeweiligen Fehler.

R Rechtschreibfehler
Z Zeichensetzungsfehler
G Grammatikfehler
A Ausdrucksfehler

			Punkte
501	Der Traumberuf ist gefunden aber der Ausbildungsplatz fehlt noch.	**Z** (Korrigieren Sie direkt im Text.)	1
502	Hier finden Sie ein Paar Tipps, die zu Beginn der Suche eine gute Orientierung bieten.	**R** ______________	1
✱503	Betriebe planen oft weit im Voraus und schreiben Ihre Stellen schon Monate vorher aus.	**R** ______________	1
504	Ausbildungsbörsen im Internet bieten ein großes Angebot an Ausbildungsplätze.	**G** (Kasus) ______________	1
✱505	Wer eine passende Stelle gefunden hat, kriegt gleich die wichtigsten Informationen zum Betrieb.	**A** (Umgangssprache) ______________	1
506	Die Bundesagentur für Arbeit bietet Ausbildungssuchenden ein kostenlosen Vermittlungsservice an.	**G** (Kasus) ______________	1
507	In einem individuellen Gespräch geben die Service-Berater weiter die Kontaktdaten von Betrieben.	**G** (Satzbau) ______________	1
✱508	Berufsmessen sind eine der besten Möglichkeiten sich einen Überblick über Ausbildungsbetriebe in der Region zu verschaffen.	**Z** (Korrigieren Sie direkt im Text.)	1
509	Man kann die Personalverantwortlichen der Betriebe anquatschen und sogar gleich seine Bewerbungsunterlagen abgeben.	**A** (Umgangssprache) ______________	1
510	Jugendliche solten auch immer Augen und Ohren offen halten, ob jemand im eigenen Umfeld einen Azubi sucht.	**R** ______________	1

Überarbeiten eines Textes gesamt **10**
(Fundamentum 7, ✱ Additum 3)

6 Erstellen eines Schreibplans

Soll auf Feuerwerk verzichtet werden?

In Ihrem Wohnumfeld gibt es Bestrebungen, auf Feuerwerke zu verzichten. Da dieser Vorschlag in der Öffentlichkeit kontrovers diskutiert wird, soll dazu eine Abstimmung in einer Bürgerversammlung stattfinden. Setzen Sie sich intensiv mit dem Vorschlag auseinander. Verfassen Sie dazu eine Erörterung.

Lesen Sie zunächst folgende Meinungsäußerungen:

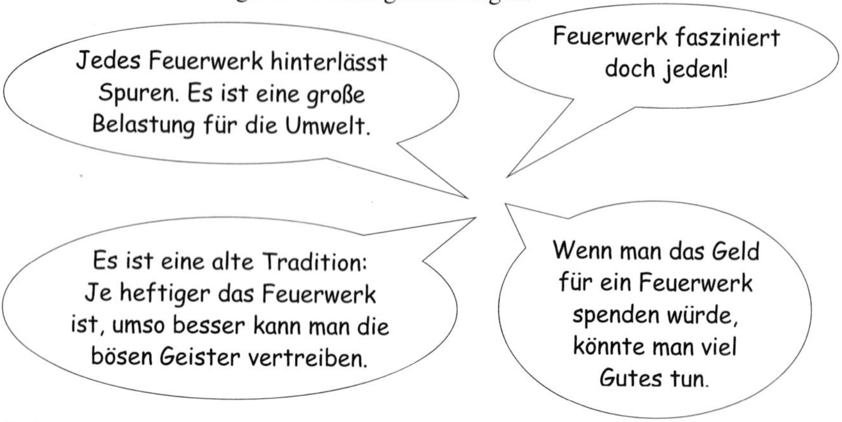

Jedes Feuerwerk hinterlässt Spuren. Es ist eine große Belastung für die Umwelt.
Feuerwerk fasziniert doch jeden!
Es ist eine alte Tradition: Je heftiger das Feuerwerk ist, umso besser kann man die bösen Geister vertreiben.
Wenn man das Geld für ein Feuerwerk spenden würde, könnte man viel Gutes tun.

Aufgabe:

Vervollständigen Sie den nachfolgenden Schreibplan in Form eines Gliederungsrasters. Gehen Sie dabei wie folgt vor:

a) Entscheiden Sie, welche der beiden vorgegebenen Positionen Sie als These und Gegenthese verwenden wollen. Streichen Sie die jeweils für Ihren Schreibplan nicht zutreffende These und Gegenthese durch.

b) Leiten Sie aus den vorgegebenen Meinungsäußerungen zwei Pro- und zwei Kontra-Argumente ab.

c) Stützen Sie die Argumente mit jeweils einem Beleg oder Beispiel. Sie müssen dabei auch auf Ihr Alltagswissen und eigene Erfahrungen zurückgreifen.

∗d) Formulieren Sie noch ein weiteres Pro- und Kontra-Argument und stützen Sie jedes mit einem eigenen Beleg oder Beispiel.

e) Ergänzen Sie stichwortartig Ihre Überlegungen für Einleitung und Schluss des Artikels, wobei der Schluss Ihre persönliche Meinung widerspiegeln soll.

∗f) Ziehen Sie ein Fazit und formulieren Sie dementsprechend eine Empfehlung.

Gliederungsraster:

	1. Einleitung		
601	Schreibanlass/ aktueller Anlass		1
602	Hinführung zum Thema		1
	2. Hauptteil		
	These	Feuerwerke sollten verboten werden. / Ein Feuerwerk ist ein besonderes Erlebnis.	
603	1. Argument	•	1
604	Beleg/Beispiel	•	1
605	2. Argument	•	1
606	Beleg/Beispiel	•	1
∗607	3. Argument	•	1
∗608	Beleg/Beispiel	•	1

	Gegenthese	Feuerwerke sollten verboten werden. / Ein Feuerwerk ist ein besonderes Erlebnis.	
609	1. Argument	•	1
610	Beleg/Beispiel	•	1
611	2. Argument	•	1
612	Beleg/Beispiel	•	1
✻613	3. Argument	•	1
✻614	Beleg/Beispiel	•	1
	3. Schluss		
615	persönliche Meinung		1
✻616	Fazit		1
✻617	eine Empfehlung		1

Erstellen eines Schreibplans gesamt **17**
(Fundamentum 11, ✻ Additum 6)

7 Umsetzung des Schreibplans: Verfassen einer Erörterung

Aufgabe:

Verfassen Sie die Erörterung auf der Grundlage Ihres Schreibplans.

Soll auf Feuerwerk verzichtet werden?

701	Einhalten der Gliederung	(Additum 1, Fundamentum 1) 2
702	Schreibfunktion	(Additum 3, Fundamentum 2) 5
703	Sprachliche Darstellungsleistung	(Additum 2, Fundamentum 2) 4
704	Sprachliche Korrektheit (Grammatik)	2
705	Sprachliche Korrektheit (Rechtschreibung)	2
706	Sprachliche Korrektheit (Zeichensetzung)	2
707	Leserfreundliche Form (Übersichtlichkeit/Schriftbild)	1
	Verfassen einer Erörterung gesamt (Fundamentum 12, ✱ Additum 6)	**18**

Lösungsvorschläge

1 Her mit dem Stress *(Eva-Maria Träger)*

Sachtext „Her mit dem Stress" – Aufgaben zum Textverständnis

101

englischer Begriff	physikalische Bedeutung
a) stress	Kraft, die auf ein Objekt wirkt
b) strain	Verformung eines Körpers durch Krafteinwirkung

Hinweis: *Du findest die Lösungen in den folgenden Zeilen: a) Z. 3 f., b) Z. 4 f.*

* 102 *Mögliche Antworten:*

- Er hat den Begriff „stress" mit dem Begriff „strain" verwechselt.
- Er hat mit dem Begriff „stress" eine Reaktion auf eine Belastung bezeichnet, anstatt dafür den Begriff „strain" zu verwenden.

Hinweis: *Die richtige Antwort findest du in den Zeilen 4–6.*

* 103 *Mögliche Antworten:*

- von der subjektiven Bewertung
- von seinen Erfahrungen
- von seinen Erlebnissen

Hinweis: *Die Aussagen von Gerald Hüther findest du in den Zeilen 17–21.*

* 104

	Nummer
a) Wahrnehmung eines Stressfaktors	1
b) Ausschüttung von Adrenalin	3
c) Botschaft an das Nebennierenmark	2
d) Ausschüttung von Cortisol	4

Hinweis: *Folgende Zeilen enthalten die passenden Lösungen: Z. 25 f. sowie Z. 36.*

105

Hormone	Wirkung
a) Adrenalin	*Mögliche Antworten:* • Körper wird in Alarmbereitschaft versetzt • Hochaktivierung des Körpers • *auch:* Blutdruck, Puls, Hautwiderstand und Muskelaktivität sind erhöht, Darmtätigkeit wird gehemmt
b) Cortisol	*Mögliche Antworten:* • Körper ist vor den Folgen erhöhter, länger anhaltender Hochaktivierung geschützt • länger anhaltende Wachsamkeit auf niedrigem Niveau

Hinweis: *Du findest die Antworten hier: a) Z. 26–28, 37f., b) Z. 36–39.*

106

	ja	nein
a) Leistungsdruck	☒	☐
b) Nikotin	☐	☒
c) Mobbing	☐	☒
d) Termindruck	☒	☐
e) Arbeitspensum	☒	☐

Hinweis: *Die Lösungen lassen sich diesen Zeilen entnehmen: a) und d) Z. 12, e) Z. 9f.*

107

	Auswirkungen
a) positiv	*Mögliche Antworten:* • Erhöhung der Gedächtnisleistung • Mobilisierung des Körpers (superwach, superkonzentriert, besonders leistungsbereit) • Meistern von Krisen • Hinauswachsen über sich selbst • Stärkung des Selbstvertrauens • Einstellen eines Wohlgefühls
b) negativ	*Mögliche Antworten:* • depressive Verstimmung • erhöhter Blutdruck • verminderte Leistungsfähigkeit

	• Absenken der Gedächtnisleistung bis hin zu Verlust der Erinnerung (psychogene Amnesie) • Schädigung des gesamten Organismus • Entstehung von Krankheiten • Gefahr von Burnout

Hinweis: *Du findest die möglichen Antworten in den folgenden Zeilen: a) Z. 61 f., 40–50, b) Z. 70–74, 64–67.*

108 a) „fight or flight“: Kampf oder Flucht
b) „tend and befriend“: Hüten und Befreunden, soziale Netzwerke bilden

Hinweis: *Du findest die passenden Lösungen in den Zeilen 28–35.*

109
- Vertrauen in eigene Kompetenzen
- Vertrauen in das große Ganze
  auch: positive Erwartungen an das Leben u. Ä.
- Vertrauen in andere Menschen

Hinweis: *Die drei Ebenen des Vertrauens werden in den Zeilen 88–95 benannt. Du kannst die drei Ebenen in beliebiger Reihenfolge anführen.*

*110 Wenn nur noch die Arbeit im Mittelpunkt steht und man den dabei auftretenden Stress gar nicht als Stress wahrnimmt, kann man ihn nicht vermeiden oder abbauen. So entsteht dann negativer Stress.

Hinweis: *Was man unter „Flow“ versteht, kannst du in den Zeilen 77–82 nachlesen und daraus deine Antwort ableiten. Es werden auch alle Lösungen anerkannt, die mit anderen Worten gleiche/ähnliche Inhalte ausdrücken.*

*111 a) Die Aufforderung „Her mit dem Stress“ im Titel erweckt den Eindruck, dass Stress etwas ist, das unbedingt erwünscht ist, und dass man die negative Einstellung zum Stress ändern sollte. Der Titel lässt erwarten, dass im Text nur positive Folgen des Stresses betrachtet werden.
b) Im Text werden auch die negativen und schädlichen Auswirkungen des Stresses beschrieben. Hierauf geht der Titel nicht ein.

Hinweis: *a) Der Operator „erläutern“ verweist darauf, dass du mit eigenen Worten knapp deutlich machen sollst, was mit dem Titel gemeint ist. Du solltest den Imperativ (Befehlsform) erkennen und darauf eingehen, dass der Titel vermuten lässt, der Text räume mit dem Vorurteil auf, Stress habe ausschließlich negative Auswirkungen auf den Menschen. b) Hier musst du erläutern, dass der Titel nur auf die positiven Seiten des Stresses anspielt. Da der Text aber auch negative Folgen beschreibt, ist der Titel unvollständig.*

Sprachwissen und Sprachbewusstheit – Aufgaben zu Text 1

151 c) der Umfang der zu erledigenden Arbeit

Hinweis: *Schlage das Wort „Pensum" im Wörterbuch nach, wenn dir seine Bedeutung nicht bekannt ist. Hier findet sich z. B. die Erklärung „zugeteilte Arbeit", d. h., es ist die Menge/der Umfang an Arbeit gemeint, die jemand zu erledigen hat (Antwort c). Antwort a bedeutet die Zeit für und nicht die Menge der Arbeit; Antwort b bezieht sich auf den Anspruch, den eine Arbeit an den Arbeitenden stellt; Antwort d bezeichnet die Entlohnung für eine bestimmte Arbeit in einer bestimmten Arbeitszeit.*

152 Jeder Mensch ist für sein Leben und das, was daraus wird, selbst verantwortlich. *(Und alle ähnlichen Antworten)*

Hinweis: *Hier musst du vor allem überlegen, was ein Schmied ist und was er tut. Ein Schmied ist ein Handwerker, der durch seine Arbeit Metall verformt/verändert. Das Glück wird hier metaphorisch mit diesem Metall gleichgesetzt. Wenn also jemand sein Glück, sein Schicksal schmiedet, dann formt er es selbst, er nimmt es selbst in die Hand, ohne auf die Hilfe anderer zu hoffen oder darauf angewiesen zu sein.*

153 d) zur Darstellung einer indirekten Rede

Hinweis: *Hier wird die Rede eines Dritten (Hans Selye) wiedergegeben, deshalb muss der Konjunktiv benutzt werden. Er zeigt an, dass der Autor nicht selbst für den Inhalt der Aussage verantwortlich ist.*

✱ 154 *Mögliche Antworten:*

- Parallelismus
- Alliteration
- Assonanz
- Anapher
- Metapher
- Wiederholung

Hinweis: Parallelismus: *Wiederholung gleicher syntaktischer Fügungen (syntaktisch = den Satzbau betreffend, d. h., aufeinanderfolgende Sätze oder Satzteile haben den gleichen Satzbau).* ***Anapher:*** *Wiederholung eines oder mehrerer Wörter am Satzanfang.* ***Alliteration:*** *Wiederholung des Anfangslautes von Wörtern.* ***Metapher:*** *Bedeutungsübertragung; sprachliche Verknüpfung zweier Vorstellungsbereiche, die gewöhnlich unverbunden sind (hier: stählen, von Stahl, wird in Verbindung gebracht mit menschlichem Befinden).* ***Assonanz:*** *Gleichklang der Vokale (hier: „ä") in benachbarten Wörtern.*
Bewertung: Zwei dieser Begriffe müssen für den Punkt genannt werden.

✱ 155 Sie sind im „Flow“, so heißt/nennt sich/lautet der Begriff.

Hinweis: Ellipse: *unvollständiger Satz; Auslassung eines Satzteils/Satzglieds, das leicht zu ergänzen ist; hier: Weglassen des Prädikats im zweiten Hauptsatz.*

✱ 156

	Nummer
a) Wenn man gemeinsame Ziele hat, fühlt man sich einer Gruppe zugehörig.	2
b) Als der „Stressreport 2012“ veröffentlicht wurde, erfuhr niemand etwas wirklich Neues.	3
c) Viele lassen häufiger Pausen ausfallen, obwohl diese nachweislich die Leistungsfähigkeit steigern.	1

Hinweis: *a) Die Konjunktion „**wenn**“ drückt hier eine Bedingung aus: Die Zusammengehörigkeit in der Gruppe existiert nur unter der Bedingung der gemeinsamen Ziele. b) Die Konjunktion „**als**“ markiert ein zeitliches Verhältnis: Die Erkenntnis, dass niemand wirklich etwas Neues erfuhr, ist zeitlich an das Erscheinen des Stressreportes gebunden. c) Mit der Konjunktion „**obwohl**“ wird eine Einräumung/ein Zugeständnis zum Ausdruck gebracht. Durch die Konjunktion entsteht der Zusammenhang, dass die Menschen wider besseren Wissens Pausen ausfallen lassen.*

157

a)	das Resultat des Strebens
b)	das Beschriften des Behälters

Hinweis: Nominalisierung: *Wörter anderer Wortarten (hier: die Verben „streben“ und „beschriften“) werden in ein Nomen umgewandelt. Dabei erhalten die nominalisierten Wörter die Eigenschaften eines Nomens (Artikelfähigkeit, Deklinierbarkeit und Attribuierbarkeit) und werden großgeschrieben.*

2 Und auch so bitterkalt *(Lara Schützsack)*

Literarischer Text „Und auch so bitterkalt" – Aufgaben zum Textverständnis

201

a) Jahreszeit	Sommer
b) Tageszeit	Nacht
c) zwei Handlungsorte	z. B. Brücke, Landstraße, Tankstelle, Zuhause (Bett)
d) zwei handelnde Figuren	z. B. Ich-Erzähler/-Erzählerin, Lucinda, Autofahrer, Bernd (Tankstellen-mitarbeiter)

Hinweis: *Du findest die Antworten in den folgenden Zeilen: a) Z. 16 f., b) Z. 14, 16, 92, c) Brücke: Z. 13, Landstraße: Z. 19, 37, Tankstelle: Z. 28, 48 f., 59 u. a., Bett: Z. 91, 96, d) Ich: Z. 5, 14, 23 u. a., Lucinda: Z. 1–12, 42 u. a., Autofahrer: Z. 31, 38, 44 u. a., Bernd: Z. 50, 52, 69 u. a.*

202 a) Lucindas Schwester

* b) „Mädchen, ihr fahrt ohne Licht mitten auf der Landstraße!" (Z. 37)

Hinweis: *Es wird schon ab Zeile 6 klar, dass die beschriebene Lucinda und der Erzähler/die Erzählerin Geschwister sind. Wenn du nun aber bestimmen sollst, ob es sich bei Lucindas Geschwisterteil um einen Bruder oder um eine Schwester handelt, so ist das nicht so eindeutig, wie die in Antwort b genannte Textstelle vermuten lässt. Jeder Leser hat sicher andere Vorstellungen, denn erst in seiner Fantasie erwachen die Figuren zum Leben. Bist du nun also der Meinung, dass Lucinda eine Schwester hat und diese die Geschichte erzählt, so findest du nur in Zeile 37 einen Beweis dafür. Denn der Autofahrer sagt: „**Mädchen, ihr** fahrt ohne Licht mitten auf der Landstraße!" Das „ihr" deutet darauf hin, dass „Mädchen" hier im Plural steht und der Autofahrer damit zwei Mädchen meint.*

Sagt dir deine Fantasie aber, dass Lucinda einen Bruder hat, so könnte der gleiche Textbeleg auch für diese Einschätzung genutzt werden. Denn wenn der Autofahrer das Mädchen, das das Fahrrad fährt, anspricht, also „Mädchen" hier im Singular meint, und er dann das „ihr fahrt ohne Licht […]" auf beide Geschwister bezieht, dann könnte auch ein Bruder als Erzähler fungieren. Das müsstest du dann aber entsprechend begründen.

Wahrscheinlicher ist allerdings, dass es eine Schwester ist, denn dafür spricht das zeitweise Schlafen in einem Bett, was unter (Teenager-)Mädchen durchaus üblich ist, sicher aber seltener zwischen Bruder und Schwester praktiziert wird.

203

a) Augen	schmal, grün, mit gelben Splittern (Licht flackert in ihren Augen)
b) Haar	lang, schwarz, Zopf
c) Körperbau	schmal
d) Stimme	weich, tief *eventuell auch:* sehnsuchtsvoll

Hinweis: *Du findest die richtigen Antworten in den folgenden Zeilen: a) Z. 4f., 11f., b) Z. 22, 59f., c) Z. 46, d) Z. 1.*

∗204

Aussagen über Lucinda	**Textbeleg**
a) Sie ist bestimmend.	*Mögliche Antworten:* „Du wartest draußen!“ (Z. 58) *auch:* „[…] drückt mir das Fahrrad in die Hand.“ (Z. 58)
b) Sie ist manipulativ.	*Mögliche Antworten:* „[…] nicht ohne vorher ihren Zopf zu öffnen und einen Blick auf ihre Spiegelung im Fenster zu werfen.“ (Z. 59 f.) „Sie wirft einen prüfenden Blick auf Bernd […]“ (Z. 63 f.) „Sie hält das Eis eine Sekunde zu lange fest […]“ (Z. 70 f.) *auch:* „Lucinda lächelt, als sie sich umdreht […]“ (Z. 73)

Hinweis: bestimmend: *Partizip Präsens des Verbs „bestimmen“. Etwas bestimmen meint, anderen mit Selbstbewusstsein und offen vorschreiben, was sie tun sollen. Du kannst also alle Textstellen nennen, die beschreiben, wie Lucinda anderen sagt, wie sie handeln sollen.*
manipulativ *(steuernd): Steigerung zu „bestimmend“, da hier eine versteckte Beeinflussung bzw. Steuerung anderer im Vordergrund steht. Der andere soll zu einem bestimmten Verhalten oder bestimmten Handlungen gebracht werden, ohne dass er sich der Motive für sein Handeln vollkommen bewusst ist. Hier kannst du alle Textpassagen zitieren, die zeigen, dass Lucinda mit ihrem Verhalten eine Wirkung erzielt, die sie vorausgesehen hat, der andere (z. B. Bernd) aber nicht.*

Tipp: *Während du zum Verb „bestimmen“ keine Erklärung im Wörterbuch findest, wird das Verb „manipulieren“ erklärt. Das Adjektiv lässt sich dann leicht ableiten.*

205

		Lucinda		Bernd
	a) Aussehen	schön u. Ä.	⟷	hässlich, pickelig u. Ä.
*	b) Wirkung auf andere Menschen	souverän, selbstsicher, gewandt, besonders, anziehend, provokant, außergewöhnlich, faszinierend u. Ä.	⟷	unsicher, schüchtern, unscheinbar, lächerlich, hilflos, abstoßend u. Ä.

Hinweis: *Du musst dir klarmachen, inwiefern sich Lucinda und Bernd in Aussehen und Wirkung unterscheiden. Diese Punkte musst du mit je einem treffenden Adjektiv beschreiben und in der Tabelle gegenüberstellen. In den folgenden Zeilen findest du Informationen zu Lucindas und Bernds Aussehen und Wirkung: Lucinda: Z. 1–12, Bernd: Z. 52–54, 69–72.*

* 206 *Eine der folgenden Antworten reicht aus, um einen Punkt zu erreichen:*

- Lucinda nutzt Bernds Unterlegenheit aus.
- Lucinda nutzt Bernds Verliebtheit aus.
- Lucinda will sich ausprobieren.
- Lucinda will ihre Grenzen ausloten.

Hinweis: *Der Text gibt keine konkrete Antwort auf die Frage, warum Lucinda in der Tankstelle nicht bezahlt. Deshalb musst du versuchen, einen möglichen Grund aus dem Text abzuleiten. Hierbei hilft dir besonders, wenn du dir deine Ergebnisse zu Lucindas manipulativem Verhalten (vgl. Aufgabe 204) sowie die Gegensätzlichkeit zwischen Bernd und Lucinda (vgl. Aufgabe 205) ins Gedächtnis rufst.*

207 a) *Mögliche Antworten:*

- Fahren ohne Licht
- Fahren in Schlangenlinien
- Fahren mitten auf der Fahrbahn
- Unaufmerksamkeit
- hohe Geschwindigkeit des Autos
- Sitzen auf dem Gepäckträger
- nicht verkehrstüchtiges Fahrrad

b) *Mögliche Antworten:*
  - Autofahrer: reagiert wütend / ungehalten / vorwurfsvoll u. Ä.
  - Lucinda: reagiert provozierend / amüsiert / belustigt / frech / gelassen u. Ä.
  - Erzählerfigur: reagiert ängstlich u. Ä.

Hinweis: *Du musst bei Aufgabe a zwei Antworten finden. Hierzu gibt der Text in den Zeilen 18–22, 25, 28 f. Auskunft. b) Autofahrer: Z. 31, 38, 41, 43, Lucinda: Z. 31, 40, 42, Erzählerfigur: Z. 33–36.*

∗208 a) *Mögliche Antworten:*
  - Lucinda kann alle Fragen beantworten.
  - Die Gespräche mit der Schwester werden von der Erzählerfigur geliebt.
  - Das Bett Lucindas ist ein besonderer Ort („Höhlenboot“).
  - Die gemeinsamen Nächte kommen selten vor und sind deshalb besonders.
  - In diesen Nächten entsteht eine besondere Nähe zu Lucinda.
  - u. Ä.

b) *Mögliche Antworten:*
  - Furcht vor der Dunkelheit
  - Furcht, allein zu sein
  - Angst davor, dass Lucinda nicht mehr aufwacht
  - u. Ä.

Hinweis: *Du findest die Antworten in den folgenden Zeilen: a) Z. 91–95, 98–101, b) Z. 107 f., 113 f., 116 f.*

∗209 Lucinda ist der Ansicht, dass es keine absolute Wahrheit gibt. Das heißt, dass es nicht nur eine richtige Antwort auf eine Frage gibt. Ob man eine Frage beantworten kann, hängt für Lucinda nicht davon ab, was man weiß, sondern davon, ob man genug Fantasie (= Farben im Kopf) und Ideen hat, um (für sich) eine Antwort zu finden.

Hinweis: *Hier musst du dir erst einmal klarmachen, was mit den „Farben im Kopf“ (Z. 105) gemeint ist. Die „Farben im Kopf“ stehen für Fantasie und Kreativität. Im Text in Zeile 103 f. wird von „unendlich viele[n] Wahrheiten“ gesprochen. Damit wird ausgedrückt, dass es keine absolute Wahrheit gibt, sondern dass jeder seine Wahrheit „fühlen“ kann, dass also das, „[…] was wir fühlen, […] für uns auch wahr sein“ (Z. 104) kann. Wenn man genug Fantasie hat, kann man dieser individuellen, gefühlten Wahrheit auch Ausdruck verleihen und auf jede Frage eine individuelle Antwort finden.*

Sprachwissen und Sprachbewusstheit – Aufgaben zu Text 2

251

Satz	Synonym für „bitter“
a) Draußen ist es bitterkalt.	extrem / sehr / äußerst u. Ä.
b) Den Salat mag ich nicht, weil er bitter schmeckt.	unangenehm / herb u. Ä.
c) Sie machte eine bittere Erfahrung.	schmerzliche / traurige / unerfreuliche u. Ä.

Hinweis: *Um hier die richtigen Synonyme (= bedeutungsgleiche/-ähnliche Wörter) zu finden, musst du dir die inhaltliche Bedeutung des jeweiligen Satzes klarmachen. So ist Satz a leicht zu verändern, du musst dir nur vorstellen, wie sich bittere Kälte anfühlt. b) Wenn etwas „bitter schmeckt“, dann gibt es dafür streng genommen kein Ersatzwort. Überlege, was du empfindest, wenn du etwas isst, das unerwartet „bitter“ schmeckt; dann fällt dir sicher das Adjektiv „unangenehm“ ein. (Eventuell auch „eklig“ oder „schlecht“, diese Synonyme wären ebenfalls möglich.) c) Hier wird das Adjektiv auch wieder in Verbindung mit eher schlechten Gefühlen verwendet. So ist die „bittere Erfahrung“ in erster Linie negativ, und alle Synonyme, die das ausdrücken, werden akzeptiert.*

252 Die hier benutzten Verben machen deutlich, dass die beiden Sprecher auf eine unterschiedliche Art sprechen. Während der Fahrer sich laut äußert, ist die Sprechweise der Schwester eher leise und melodisch, was das Verb „flöten“ metaphorisch ausdrückt.

Hinweis: *Bei dieser Aufgabe musst du erkennen, dass die beiden Sprecher ihre Stimme unterschiedlich einsetzen und damit unterschiedliche Emotionen zum Ausdruck bringen. Während der Autofahrer – wütend und erschrocken über das plötzliche Auftauchen der beiden Jugendlichen auf einem Fahrrad – „brüllt“, seine Stimme also laut erhebt, setzt Lucinda ihre Stimme eher dazu ein, um zu beschwichtigen, und vielleicht auch, um sich ein wenig lustig zu machen über die Brüllerei des Autofahrers. Das Verb „flöten“ stellt somit nicht nur die Lautstärke dar, in der Lucinda spricht, sondern gleichzeitig auch die Art und Weise, wie sie auf die Worte des Autofahrers reagiert, indem sie ihre Stimme wie ein Instrument klingen lässt. Dieses Verb wird vor allem immer dann benutzt, wenn jemand einschmeichelnd eine für ihn schwierige Situation bewältigen möchte.*

253 d) Meine Schwester soll ihr Bett aufräumen.

Hinweis: *Solltest du dir nicht sicher sein, welche Antwort, die richtige ist, kannst du dir den Ausgangssatz verdeutlichen, indem du dir den Zusammenhang mit dem Textinhalt vergegenwärtigst. Es geht hier um Lucindas Bett, in dem sich Tücher, Poster, Bücher, Steine und viele andere Geheimnisse befinden. Die Eltern möchten, dass Lucinda diese Schätze entfernt, sie soll ihr Bett aufräumen (vgl. Z. 95 f.). Wenn du diese Textstelle gefunden hast, sollte dir die richtige Antwort nicht schwerfallen.*

254

		Gleichzeitigkeit	Aufeinanderfolge
	a) Sie steuert auf die Tiefkühltruhe zu, fischt eine Verpackung heraus und zeigt sie mir.	☐	☒
✱	b) Lucinda betritt einen Ort und alles gerät in Bewegung.	☐	☒

Hinweis: *Kläre zuerst, was diese beiden Begriffe bedeuten:*
Gleichzeitigkeit: *Zur gleichen Zeit finden verschiedene Handlungen statt.*
Aufeinanderfolge: *Die Handlungen finden nacheinander statt.*
Nun musst du nur noch erkennen, welche Handlungen in den Sätzen benannt werden: a) Zur Tiefkühltruhe laufen, dann eine Packung Eis herausnehmen und diese anschließend zeigen. Alle Handlungen finden nacheinander statt, sie folgen aufeinander. b) Einen Ort betreten (dabei von anderen wahrgenommen werden), woraufhin alles in Bewegung kommt. Auch hier handelt es sich um eine Aufeinanderfolge, da die Aktionen nacheinander stattfinden.

✱ 255 *Mögliche Antworten:*

- Metapher
- Anapher
- Parallelismus
- Parataxe
- Neologismus

Hinweis: *Zwei der hier aufgeführten Stilmittel musst du nennen.* ***Metapher:*** *Verbildlichung; Verbindung unterschiedlicher Bildbereiche ohne Vergleichswort: Das Bett ist eine Höhle/ein Boot/ein Höhlenboot.* ***Anapher:*** *zwei oder mehr aufeinanderfolgende Sätze beginnen mit dem gleichen Wort/ mit mehreren gleichen Wörtern, z. B.: „Es ist […]. Es ist […]. Es ist […].“* ***Parallelismus:*** *Wiederholung gleicher syntaktischer Fügungen (d. h., gleich gebaute Sätze oder Satzteile folgen aufeinander), z. B.: „Es ist eine Höhle. Es ist ein Boot.“* ***Parataxe:*** *Nebenordnung, Aneinanderreihung von Hauptsätzen;* ***Neologismus:*** *Wortneuschöpfung („Höhlenboot“).*

256 ✱ a)

	Zusammensetzung aus Adjektiv + Adjektiv	Zusammensetzung aus Nomen + Adjektiv	Ableitung
b)	bitterkalt	blitzschnell	unscheinbar

Hinweis: *Mache dir zunächst den Unterschied zwischen „Zusammensetzung" und „Ableitung" klar:* ***Zusammensetzung:*** *Ein Wort wird aus zwei Wörtern gebildet, die auch für sich alleine stehen können.* ***Ableitung:*** *Ein Wort wird gebildet, indem es mit einem Wortbestandteil verbunden wird, das kein selbstständiges Wort ist, z. B. mit einer Vor- oder Nachsilbe. a) Um den Tabellenkopf zu ergänzen, zerlege das Wort „blitzschnell" in seine Bestandteile und bestimme die Wortarten (Blitz + schnell = Nomen und Adjektiv). Der korrekte Tabelleneintrag muss folglich „Zusammensetzung aus Nomen + Adjektiv" lauten. b) Zerlege nun auch die übrigen Adjektive: bitterkalt = bitter + kalt = Adjektiv + Adjektiv; haushoch = (das) Haus + hoch = Nomen und Adjektiv; unscheinbar = un + scheinbar: „un-" ist kein selbstständiges Wort, sondern eine Vorsilbe, daher handelt es sich hier um eine Ableitung.*

257 Ihr seid doch nicht bei Verstand.
Ihr seid doch nicht bei Sinnen.
Ihr seid doch dumm.
Ihr handelt unüberlegt.

Hinweis: *Hier solltest du einerseits erkennen, dass der Satz in* ***Umgangssprache*** *formuliert wurde. Andererseits musst du wissen, was* ***Standardsprache*** *(= die regelgerechte Sprache, Hochsprache, also das Gegenteil von Umgangssprache) ist. Wenn dir die Bedeutung des Wortes „bekloppt" nicht geläufig ist, kannst du es im Wörterbuch nachschlagen. Hier findest du u. a. den Eintrag „dumm". Du kannst das Wort aber auch direkt aus dem Textzusammenhang erschließen: Der Autofahrer macht den beiden auf dem Fahrrad ihr gefährliches Verkehrsverhalten zum Vorwurf und zweifelt an ihrem Verstand („Seid ihr […] irre?", Z. 37 f.). Mit den umgangssprachlichen Worten „Ihr seid doch bekloppt" macht er seine Haltung abschließend noch einmal deutlich. Wenn dir die möglichen Übertragungen („nicht bei Verstand sein" oder das etwas altmodischer klingende „nicht bei Sinnen sein") nicht einfallen, kannst du den Satz auch völlig umformulieren, solange du das, was der Autofahrer denkt, zum Ausdruck bringst, z. B.: Ihr handelt unüberlegt.*

3 Der Siegeszug der Fernbusse

Diskontinuierliche Texte „Der Siegeszug der Fernbusse" – Aufgaben zum Textverständnis

301 a) Fernbusse werden von immer mehr Fahrgästen genutzt.

Hinweis: *a) Der Grafik „Bitte umsteigen!" lässt sich entnehmen, dass immer mehr Menschen Fernbussen gegenüber anderen Verkehrsmitteln den Vorzug geben. Das heißt, dass Fernbusse von immer mehr Fahrgästen genutzt werden; Antwort a ist also richtig. b) Dass Fernbusse (von allen zur Verfügung stehenden Verkehrsmitteln) nicht die größten Entfernungen zurücklegen, kannst du nur indirekt aus den Grafiken erschließen: Die Fernbusse machen vor allem dem Auto und der Bahn Konkurrenz (vgl. die Grafik „Bitte umsteigen!"), nicht dem Flugzeug, das nach wie vor das Verkehrsmittel ist, das die größten Entfernungen zurücklegt. c) Die Grafik „Bitte umsteigen!" gibt auch Auskunft darüber, dass Fernbusse das Auto nicht als Hauptverkehrsmittel abgelöst haben: Nur 38 % der Fahrgäste lassen ihr Auto zugunsten der Fernbusse stehen. d) „Fernbusse sind billiger, aber langsamer" – schon die Überschrift dieser Grafik zeigt, dass Antwort d nicht zutrifft.*

302 Sie informieren über …

		richtig	falsch
a)	die Fahrpreise von Fernbussen.	☒	☐
b)	das Streckennetz der Bahn.	☐	☒
c)	verschiedene Reisemöglichkeiten.	☒	☐
d)	die steigende Zahl an Fernbusunternehmen.	☐	☒
e)	den Kohlendioxidausstoß verschiedener Verkehrsmittel.	☒	☐

Hinweis: Richtige Aussagen: *a) Informationen zu den Fahrpreisen findest du in den Grafiken „Die Fahrpreise fallen weiter" sowie „Fernbusse sind billiger, aber langsamer". c) Die eher allgemeine Aussage, dass über verschiedene Reisemöglichkeiten informiert wird, erfüllt sowohl die Grafik „Bitte umsteigen!" als auch die Grafik „Grober Vergleich". Darüber hinaus stellt die Grafik „Fernbusse sind billiger, aber langsamer" zwei Reisemöglichkeiten vor. e) Über den Kohlendioxidausstoß der verschiedenen Verkehrsmittel informiert die Grafik „Grober Vergleich" (2. Spalte: CO_2).* ***Falsche Aussagen:*** *b) Das komplette Streckennetz der Bahn wird in keiner Grafik beschrieben, es werden nur beispielhaft einige wenige Verbindungen (vgl.*

„Fernbusse sind billiger, aber langsamer", „Grober Vergleich") für Vergleichszwecke benannt. d) Die Grafik „Die größten Anbieter" informiert zwar über mehrere Fernbusanbieter, gibt aber keine Auskunft über deren steigende Zahl, deshalb ist die Aussage falsch.

303 a) Flugzeug
b) Fernbus

✎ ***Hinweis:** Mithilfe der Signalwörter „Reise von München nach Berlin" in der Aufgabenstellung erkennst du, dass die Antwort in der Grafik „Grober Vergleich" zu finden ist, denn diese bezieht ihre Vergleichsdaten auf die Strecke Berlin-München. Nun musst du nur noch die Angaben vergleichen. So kommst du für Aufgabe a zu dem Ergebnis, dass das Flugzeug das schnellste Verkehrsmittel ist (Spalte Zeit: 1 Stunde 10 Minuten). Besonders umweltschonend reist man, wenn das Verkehrsmittel möglichst wenig Kraftstoff verbraucht und auch wenig Kohlendioxid ausstößt (vgl. Spalte 1 und 2). So ist also bei Aufgabe b der Fernbus die richtige Antwort.*

304 a) FromAtoB.de
b) 12. 12. (2014)
c) 15. 12. (2014)

✎ ***Hinweis:** Auch bei dieser Aufgabe solltest du auf die Signalwörter in der Aufgabenstellung achten. Das Wort „Beispielbuchungen" findest du unter der Überschrift „Fernbusse sind billiger, aber langsamer". Hier wird auch das Buchungsportal angegeben, das nicht mit der Datenquelle der Grafik (Iges Institut; Destatis) oder der Veröffentlichungsquelle (F.A.Z.) verwechselt werden darf. Buchungs- und Reisetag findest du in der Zeile unter der Grafik.*

∗305 *Mögliche Antworten (zwei erforderlich):*
- preiswert
- umweltbewusst/umweltschonend
- Immer mehr Linien werden bedient.

✎ ***Hinweis:** Bei dieser Aufgabe geht es nicht darum, Werte aus den Grafiken herauszulesen, sondern Schlussfolgerungen daraus zu ziehen. Schaue dir alle Grafiken an und überlege, inwiefern die Fernbusse hier positiv abschneiden: „Die Fahrpreise fallen weiter": Fernbusse sind preiswert; „Die größten Anbieter": viele Anbieter, immer mehr Linien, die bedient werden; „Fernbusse sind billiger, aber langsamer": Fernbusse sind preiswerter als die Bahn; „Grober Vergleich": Fernbusse sind umweltbewusst und umweltschonend* *aufgrund des geringeren Diesel- und Kohlendioxidverbrauchs; sie sind preiswert. Nur aus der Grafik „Bitte umsteigen!“ lassen sich keine Gründe ableiten: Es wird nur die Tatsache festgestellt, dass die Verkehrsmittel gewechselt werden, nicht warum.*

✱306 *Mögliche Antworten:*

- Der ADAC kann nicht flexibel genug reagieren.
- Der ADAC kann der Konkurrenz/dem Wettbewerbsdruck nicht standhalten.

eventuell auch:

- Der ADAC hat die geringsten Fahrplankilometer.

Hinweis: *Die Lösung dieser Aufgabe findest du diesmal im Begleittext, der die verschärften Wettbewerbsbedingungen erwähnt (vgl. Z. 7 ff.). Davon ausgehend musst du nun selbstständig Schlussfolgerungen formulieren. Eine Hilfe bietet dir die Grafik „Die größten Anbieter“: Hier kannst du erkennen, dass der ADAC mit nur 8 % den geringsten Marktanteil besetzt. Daraus kannst du schlussfolgern, dass der ADAC unter den großen Fernbusanbietern die wenigsten Fahrplankilometer abdeckt.*

307

Aussage	**Flugzeug**	**Fernbus**	**Auto**
a) Die Fahrpreise sind im Durchschnitt am niedrigsten.	☐	☒	☐
b) Die Reise verursacht den höchsten CO_2-Ausstoß pro Fahrgast.	☒	☐	☐
c) Das Verkehrsmittel benötigt den meisten Kraftstoff pro Fahrgast.	☐	☐	☒

Hinweis: *Du findest die richtigen Antworten in der Grafik „Grober Vergleich“. Vergleiche a) die Fahrpreise der drei angegebenen Transportmittel in der Spalte „Kosten“, b) die Werte zum CO_2-Ausstoß in der Spalte „CO_2“, c) den Kraftstoffverbrauch in der Spalte „Diesel“.*

401 a) Strategie 3: Ich suche ein Wort aus der Wortfamilie und trenne es.
b) Strategie 1: Ich verlängere das Wort.

Hinweis: *a) Die erste Strategie, Bildung der Mehrzahl (= Plural), ist ungeeignet, weil es bei der Entscheidung nicht um die Endung des Wortes geht und es sich bei dem Wort „klapprig" nicht um ein Nomen handelt. Bei der zweiten Strategie musst du eventuell klären, was ein Adjektivsuffix ist. Dazu kannst du das Wörterbuch nutzen (Adjektiv = Eigenschaftswort; Suffix = Nachsilbe). Aber auch diese Strategie funktioniert nur, um eine Endung zu überprüfen. So bleibt nur die dritte Strategie, ein Wort aus der Wortfamilie zu finden und dieses zu trennen. Nimmst du zum Beispiel das Verb „**klappern**" und trennst es (klap-pern), dann erkennst du, dass der Wortstamm mit **pp** geschrieben wird. b) Hier nun geht es um die Endung des Wortes. Nur durch das Verlängern, z. B. mit einer Deklinationsendung (das klapprige Fahrrad), kann man hören, dass hier -ig statt -ich geschrieben werden muss.*

402

	Rechtschreibregel oder Rechtschreibstrategie
a) **Maß**	Nach einem langen Vokal schreibt man den stimmlosen s-Laut als ß, wenn bei Verlängerung des Wortes (Plural) der Vokal lang und der s-Laut stimmlos bleiben.
b) auslö**s**en	stimmhaftes -s- (nach langem Vokal) oder Schreibung nach dem Stammprinzip

Hinweis: *Wenn du dir bei der Lösung der Aufgabe unsicher bist, sieh im Regelteil deines Wörterbuches nach. a) Die Regel, die das Wort „Maß" erklärt, findest du z. B. im Duden unter K 159 (§25) „ss und ß". b) Wenn du dir die Regel zur Schreibung des stimmlosen s-Lautes mithilfe des Wörterbuches klargemacht hast, wird es dir nicht schwerfallen, daraus auch die Regel für die richtige Schreibung des s-Lautes in dem Wort „auslösen" abzuleiten. Hier reicht es, darauf hinzuweisen, dass bei diesem Wort deutlich das stimmhafte s zu hören ist. Als richtige Antwort wird auch gewertet, wenn du das Schreiben nach dem Stammprinzip erwähnst, d. h., dass du dir die richtige Schreibweise erschließen kannst, wenn dir die Schreibweise eines anderen Wortes mit dem gleichen Wortstamm bekannt ist (z. B. Lösung).*

403

		Nummer der Regel
a)	Diese Nächte sind durchdrungen von unserem FLÜSTERN.	2
b)	Ein AMERIKANISCHER Forscher sieht das Gehirn als zentrales Organ der Stressreaktion.	3

Hinweis: *a) Bei dem ersten Wort handelt es sich um ein Verb (flüstern). Dass dieses hier nominalisiert wurde, also als Nomen verwendet wird, erkennst du an dem Possessivpronomen „unserem", das ihm vorangestellt ist.*
b) Bei dem zweiten Wort besteht die Herausforderung darin zu erkennen, dass es sich zwar um die Ableitung von einem geografischen Namen handelt (Amerika), die Endung aber -isch(er) lautet und nicht nur -er. Solche Wörter, die von geografischen Namen abgeleitet sind und auf -isch enden, sind Adjektive und man schreibt sie klein (außer es handelt sich um Eigennamen, wie z. B. „Mecklenburgische Seenplatte"). Die Endung -er ist hier folglich eine Adjektivendung, die den maskulinen Genus des Forschers bezeichnet. Wie bei Aufgabe 402 kannst du auch in diesem Fall den Regelteil des Wörterbuches zurate ziehen, wenn du dir unsicher bist.

404

		Wortbestandteil
a)	unscheinbar	-bar
b)	häufiger	-ig
c)	Erfahrungen	-ung

Hinweis: *Das Suffix ist der an den Wortstamm angehängte Wortbestandteil, die „Nachsilbe". Zerlege die Wörter in ihre Bestandteile und achte darauf, ob dir typische Nomenendungen (z. B. -ung, -heit, -keit, -ion) oder Adjektivendungen (z. B. -lich, -bar, -ig) auffallen. Bei Aufgabe a kannst du die Adjektivendung direkt ablesen (-bar). Bei Aufgabe b musst du die Komparativendung des Wortes weglassen (häufiger – häufig), um die typische Adjektivendung „-ig" zu erkennen. Bei Aufgabe c handelt es sich um ein Nomen (Großschreibung). Du musst den Singular bilden (Erfahrungen – Erfahrung), damit die Endung (-ung) klar ersichtlich ist.*

405

	getrennt	zusammen
a) Vielen Gestressten wird es schwer fallen / schwerfallen, ihr Leben zu ändern.	☐	☒
b) Wir wollen noch auf der Brücke liegen bleiben / liegenbleiben.	☒	☐

***Hinweis:** Auch bei dieser Aufgabe kann dir das Wörterbuch mit seinem Regelteil helfen. Aufgabe a: Wenn die Zusammensetzung von Adjektiv und Verb eine eigene, übertragene Bedeutung ergibt, so schreibt man zusammen. Hier ist z. B. nicht gemeint, dass jmd./etwas schwer (zu Boden) fällt, sondern dass etwas mit großer Anstrengung verbunden ist. Ähnliches gilt für Aufgabe b: Die Zusammensetzung eines Verbes mit „bleiben" als zweitem Bestandteil wird getrennt geschrieben; nur bei übertragener Bedeutung (z. B.: in der Schule sitzenbleiben) ist auch Zusammenschreibung erlaubt. Da in Aufgabe b aber keine übertragene Bedeutung vorliegt, kommt nur Getrenntschreibung infrage.*

5 Überarbeiten eines Textes

501	Der Traumberuf ist gefunden, aber der Ausbildungsplatz fehlt noch.	**Z** (Korrigieren Sie direkt im Text.)
502	Hier finden Sie ein ~~Paar~~ Tipps, die zu Beginn der Suche eine gute Orientierung bieten.	**R** *paar*
∗503	Betriebe planen oft weit im Voraus und schreiben ~~Ihre~~ Stellen schon Monate vorher aus.	**R** *ihre*
504	Ausbildungsbörsen im Internet bieten ein großes Angebot an ~~Ausbildungsplätze~~.	**G** (Kasus) *Ausbildungsplätzen*
∗505	Wer eine passende Stelle gefunden hat, ~~kriegt~~ gleich die wichtigsten Informationen zum Betrieb.	**A** (Umgangssprache) *bekommt, erhält*
506	Die Bundesagentur für Arbeit bietet Ausbildungssuchenden ~~ein~~ kostenlosen Vermittlungsservice an.	**G** (Kasus) *einen*
507	In einem individuellen Gespräch geben die Service-Berater ~~weiter die Kontaktdaten von Betrieben~~.	**G** (Satzbau) *… die Kontaktdaten von Betrieben weiter.*
∗508	Berufsmessen sind eine der besten Möglichkeiten, sich einen Überblick über Ausbildungsbetriebe in der Region zu verschaffen.	**Z** (Korrigieren Sie direkt im Text.)
509	Man kann die Personalverantwortlichen der Betriebe ~~anquatschen~~ und sogar gleich seine Bewerbungsunterlagen abgeben.	**A** (Umgangssprache) *ansprechen, kontaktieren*
510	Jugendliche ~~solten~~ auch immer Augen und Ohren offen halten, ob jemand im eigenen Umfeld einen Azubi sucht.	**R** *sollten*

Hinweis:

501) Zwei gleichrangige Teilsätze (Hauptsätze) müssen durch ein Komma voneinander abgetrennt werden, außer sie sind mit „und", „oder", „sowie" etc. miteinander verbunden.

502) „ein paar" wird kleingeschrieben, wenn es als unbestimmtes Zahlwort im Sinne von „wenige" oder (wie hier) „einige" verwendet wird. Dagegen schreibt man „ein Paar" groß, wenn tatsächlich zwei Dinge oder Personen gemeint sind (z. B.: ein Paar Schuhe).

503) Nur in der Höflichkeitsanrede, z. B. in offiziellen Schreiben, wird „Ihre" großgeschrieben; bei der Kennzeichnung der Zugehörigkeit, wie hier im Fall von „ihre Stellen", schreibt man das Pronomen klein.

504) Das Präpositionalobjekt dieses Satzes steht im Dativ, deshalb muss es „an Ausbildungsplätzen" heißen.

505) Das Wort „kriegen" ist, obwohl häufig gebraucht, ein umgangssprachliches Verb. Es gehört nicht in einen sachlichen Text und muss durch ein hochsprachliches/standardsprachliches Wort ersetzt werden. Du kannst das Wort im Wörterbuch nachschlagen. Hier findest du passende Synonyme. Achte aber darauf, diese in der korrekten, konjugierten (gebeugten) Form anzugeben.

506) Das Verb „bieten" fordert ein Akkusativobjekt, um anzuzeigen, was geboten wird; „kostenlosen Vermittlungsservice" steht hier also im Akkusativ, folglich muss der begleitende unbestimmte Artikel ebenfalls im 4. Fall gebildet werden (bietet […] einen kostenlosen Vermittlungsservice).

507) Bei „weitergeben" handelt es sich um ein trennbares Verb (Präfix: weiter-, Verbstamm: geben). Ist ein trennbares Verb das finite (= gebeugte) Verb eines Satzes, muss das Präfix von dem Verb abgetrennt und an den Schluss des Satzes gestellt werden.

508) Infinitivgruppen grenzt man mit Komma ab, wenn sie von einem Nomen abhängen. In dem vorliegenden Satz besteht die Abhängigkeit von dem Nomen „Möglichkeiten".

509) Hier wird dir sicher schnell klar, dass das Wort „anquatschen" umgangssprachlich ist und in einem sachlichen Text vermieden werden sollte, denn niemand, der eine Ausbildungsstelle sucht, quatscht Mitarbeiter an. Er spricht sie höchstens an oder kontaktiert sie, wenn er eine Chance haben möchte.

510) Das finite Verb „sollten" wird mit doppeltem „l" geschrieben. Wenn du das Wortstammprinzip anwendest, stellst du fest, dass „sollten" hier die Konjunktivform (Konjunktiv II) von „sollen" (doppeltes „l" im Wortstamm) ist.

6 Erstellen eines Schreibplans

Hinweis: *Im vorgegebenen Schreibplan stehen bereits zwei Positionen, aber du kannst dich entscheiden, welche du als These und welche als Gegenthese verwenden möchtest. Das heißt, du musst eine der vorgegebenen Thesen streichen und dann im zweiten Teil die andere.*
Um dir das Finden von Argumenten und Gegenargumenten zu erleichtern, sind dir vier Sprechblasen mit Meinungsäußerungen zum Thema vorgegeben. Diese musst du allerdings umformulieren, du kannst sie nicht einfach nur übernehmen. Eine besondere Leistung wird von dir beim dritten Argument/Gegenargument verlangt, denn hier musst du dir selbst etwas ausdenken. Vergiss nicht: Du kannst überall dein Wissen oder die Erfahrungen aus deinem Leben einbeziehen. Auch für die Einleitung und den Schluss musst du dir selbst etwas überlegen. Am Ende sollst du ein Fazit ziehen, also das Ergebnis deiner Ausführungen zusammenfassen, und eine Empfehlung aussprechen, wie das Problem deiner Ansicht nach gelöst oder ein Kompromiss gefunden werden könnte.
601) Hier solltest du beispielhaft ein Ereignis nennen, das die Aktualität und Wichtigkeit des Themas gleich zu Beginn deutlich macht.
602) Formuliere eine nachvollziehbare Hinführung zum Thema und stelle dar, warum du dich mit diesem Thema beschäftigst.
603–608) Eine Erörterung sollte dem Sanduhrprinzip folgen, d. h., du solltest mit der These beginnen, die du selbst nicht vertrittst. Die Argumente sollten vom stärksten zum schwächsten hin angeordnet werden. Die Belege sollten das jeweilige Argument untermauern und den Inhalt des Arguments verdeutlichen.
Gegenthese: Hier beginnt der zweite Teil der „Sanduhr". Du lässt jetzt die These stehen, die deinem Standpunkt eher entspricht.
609–614) Um das Sanduhrprinzip weiter beizubehalten, beginnst du jetzt mit dem schwächsten Argument und steigerst die Aussageintensität dann zum letzten Argument hin.
615–617) Hier ist deine persönliche Meinung gefragt, deshalb darfst du nun auch das Wort „ich" verwenden. Du solltest versuchen, deine Meinung so verständlich wie möglich zu formulieren, und dabei nicht vergessen, dass das deine Meinung ist und andere anders darüber denken können. Aus diesem Grund ist es auch wichtig, eine Empfehlung auszusprechen, weil du damit unter Beweis stellst, dass du nicht nur einen Standpunkt formulieren kannst, sondern auch über Wege nachdenkst, wie man etwas ändern kann.

	1. Einleitung	
601	Schreibanlass/ aktueller Anlass	• Feuerwerk zu Silvester, in vielen Teilen der Welt Tradition • mittlerweile aber auch Feuerwerke bei Hochzeiten, Geburtstagen, Firmenjubiläen, Volksfesten, • besonderes Ereignis in diesem Jahr: Fußball-WM
602	Hinführung zum Thema	• aber: Diskussion, ob man ganz auf Feuerwerke verzichten sollte
	2. Hauptteil	
	These	Feuerwerke sollten verboten werden.
603	1. Argument	Jedes Jahr entstehen hohe Kosten für Feuerwerke.
604	Beleg/Beispiel	• besonders zu Silvester stürzen sich Menschen in Unkosten
605	2. Argument	Feuerwerke stellen eine große Umweltbelastung dar.
606	Beleg/Beispiel	• riesige Müllberge am 1. Januar jedes neuen Jahres • Höhenfeuerwerke bei Sommerfesten stören brütende Vögel
* 607	3. Argument	Feuerwerke können große gesundheitliche Schäden verursachen.
* 608	Beleg/Beispiel	• Verletzungsgefahr durch unsachgemäße Handhabung, Gefährdung v. a. von Kindern und Jugendlichen • lebensgefährliche Verletzungen besonders durch billige Böller aus dem Ausland, die nicht den Sicherheitsstandards entsprechen
	Gegenthese	Ein Feuerwerk ist ein besonderes Erlebnis.
609	1. Argument	Feuerwerke haben eine lange Tradition.
610	Beleg/Beispiel	• schon im Mittelalter wollte man böse Geister mit Lärm vertreiben; wirkungsvolle Fortsetzung dieser Tradition mit der Erfindung des Feuerwerks
611	2. Argument	Es gibt kaum jemanden, den ein Feuerwerk nicht in seinen Bann zieht.
612	Beleg/Beispiel	• schon sehr kleine Kinder sind fasziniert von Farben und Formen am Himmel

∗613	3. Argument	Ein Feuerwerk kann bei einem Fest einen besonderen Höhepunkt bilden.
∗614	Beleg/Beispiel	• Hochzeiten, Geburtstage, aber auch Volksfeste und Sportveranstaltungen finden durch ein Feuerwerk einen festlichen Abschluss. • Beispiel Fußball-WM: Feuerwerke im Stadion, beim Public Viewing und im privaten Bereich würdigen Sieg/Leistung der Mannschaften
	3. Schluss	
615	persönliche Meinung	Ich selbst liebe Feuerwerke, besonders wenn sie gut organisiert sind und z. B. mit Musikbegleitung gezeigt werden, wie bei der „Langen Nacht der Schlösser".
∗616	Fazit	Trotzdem sollten Feuerwerke nicht inflationär durchgeführt werden; Jugendschutz und Kosten müssen im Auge behalten werden.
∗617	eine Empfehlung	privates Knallen verbieten, zentrale Feuerwerke (z. B. zu Silvester am Brandenburger Tor) jedem zugänglich machen: • Minimieren der Verletzungsgefahr • Zurückdrängen der Beschaffungskriminalität (Kauf verbotener Knaller) • Vermeiden des privaten Wettbewerbs, wer am meisten Knallkörper hat

7 Umsetzung des Schreibplans: Verfassen einer Erörterung

Hinweis: Verfasse nun auf der Grundlage deines Schreibplans eine Erörterung. Achte unbedingt darauf, die Gliederung einzuhalten, denn dies fließt in die Bewertung deines Aufsatzes mit ein. Formuliere passende Überleitungen, um deine Argumente miteinander zu verknüpfen; auf keinen Fall solltest du sie einfach nur aneinanderreihen. Gestalte deinen Text übersichtlich und nimm dir am Schluss Zeit für einen Korrekturdurchgang, um Grammatik-, Rechtschreib- und Zeichensetzungsfehler zu berichtigen.

Soll auf Feuerwerk verzichtet werden?

Einleitung: Schreibanlass / aktueller Anlass

Feuerwerk verbinden wir in erster Linie mit Silvester. Das Abfeuern von Raketen und Knallkörpern zum Jahresende ist in vielen Teilen der Welt längst zu einer liebgewonnenen Tradition geworden. Aber auch zu besonderen Anlässen, wie z. B. einer Hochzeit, sind Feuerwerke mittlerweile sehr beliebt. Dieses Jahr gibt es darüber hinaus wieder ein besonderes Ereignis, das Anlass für zahlreiche Feuerwerke sein wird: die Fußballweltmeisterschaft. Für alle Fußballfans ist das der Höhepunkt, dem sie vier Jahre lang entgegengefiebert haben. Neben den offiziellen Feuerwerken an den Austragungsorten selbst oder bei größeren Public-Viewing-Veranstaltungen werden es sich viele Fans daher nicht nehmen lassen, auch privat Feuerwerkskörper abzubrennen, denn man will doch jedes Tor der eigenen Mannschaft besonders feiern.

Hinführung zum Thema

So wird es wieder laut und bunt am Himmel werden, aber es wird auch wieder viele geben, die

Thema

sich gestört fühlen und fordern, Feuerwerk grundsätzlich abzuschaffen. Ich will mich heute mit diesem Problem auseinandersetzen und die Frage beantworten: Soll auf Feuerwerk verzichtet werden?

Hauptteil: These

Feuerwerke sollten verboten werden: Was spricht für diese Forderung der Feuerwerksgegner?

1. Argument

Zum Jahreswechsel herrscht schon Tage zuvor emsiges

Beleg / Beispiel

Treiben. Wann kann man Feuerwerkskörper kaufen? Wo bekommt man sie am günstigsten? Ganz besonders wichtig für manch einen ist dann: Wer hat die meisten Krachmacher? Da vergisst man ganz schnell die Kosten, und wenn dann das besondere Himmelsereignis vorbei ist, stellt sich so mancher die Frage: War es das wert? Die bösen Geister,

die man am Anfang des neuen Jahres vertreiben wollte,
kommen schnell beim Blick auf das Konto zurück.
Fährt man dann am nächsten Tag durch die Stadt, fallen 2. Argument
einem die Überbleibsel des nächtlichen Spektakels auf.
Langsam muss man den Feuerwerkskritikern Glauben
schenken, die neben den hohen Kosten die Umweltbelastung kritisieren, die als Folge der Feuerwerke zu verzeichnen ist. Straßen und Plätze scheinen unter den Müllresten Beleg / Beispiel
zu ersticken, überall stehen Flaschen, die als Abschussram-
pen der Raketen genutzt wurden, und so manch ein Haus-
besitzer fischt aus den Dachrinnen noch Wochen später Ra-
ketenreste. Wesentlich schlimmer ist die Umweltbelastung Beleg / Beispiel
allerdings, wenn im Frühling oder Sommer gut gemeinte
Feuerwerksereignisse die Vögel beim Brüten stören oder
Kleintiere und ihre Jungen verschreckt werden.
Ein wesentliches Argument sind nicht zuletzt auch die ge- 3. Argument
sundheitlichen Schäden, die ein Knallkörper verursachen
kann. Geht nämlich so ein Knallkörper zu schnell und viel- Beleg / Beispiel
leicht sogar dann los, wenn man ihn noch in der Hand hält,
sind Verbrennungen die geringste Folge. Jedes Jahr verlet-
zen sich einige, insbesondere junge Menschen schwer, weil
sie mit den Feuerwerkskörpern nicht sachgemäß umgehen
oder diese nicht sicher sind. Das trifft vor allem auf billige Beleg / Beispiel
Feuerwerkskörper aus dem Ausland zu, die häufig eine viel
zu große, nicht genehmigte Menge Schwarzpulver enthalten. Vor allem unter den jugendlichen Käufern achten die
wenigsten auf Prüfsiegel oder andere Sicherheitsnachwei-
se, ist es doch besonders reizvoll, wenn der „Wumms“ viel
lauter und gewaltiger ist, als der von Knallkörpern mit ge-
prüfter Sicherheit. So kann ganz schnell der Spaß am Jahresende lebenslängliche Folgen und Behinderungen nach
sich ziehen.
Sollten Feuerwerke also wirklich verboten werden? Gibt es Überleitung
denn keine Alternativen? Ein Feuerwerk ist doch ein beson- Gegenthese
deres Erlebnis.
Feuerwerke haben eine lange Tradition. Schon seit Men- 1. Argument
schengedenken wollte man böse Geister mit Lärm vertrei- Beleg / Beispiel
ben. Die Erfindung des Feuerwerks hat diese Tradition fort-
gesetzt und noch verstärkt, auch wenn es vorerst nur den
Wohlhabenden vergönnt war, sich den Luxus eines Feuer-

werks zu leisten. Feuerwerke zu verbieten würde also heißen, mit einer jahrhundertealten Tradition zu brechen, und das Bewusstsein für ihre historische Bedeutung würde allmählich verloren gehen.

2. Argument

Die Faszination der Feuerwerke ist auch heute noch groß. Es gibt kaum Menschen, die sich der Wirkung eines Feuerwerks entziehen können.

Beleg / Beispiel

Schon sehr kleine Kinder bestaunen nach erstem Schrecken angesichts des Lärms die Gebilde und Farben, die immer neue Formen bilden und der Fantasie keine Grenzen setzen. So entstehen am nächtlichen Himmel Blumen, Muster und Sterne, wie ein Kind sich das nur im Märchen vorstellen kann. Es ist wie eine gigantische Zauberei.

3. Argument

Bei dieser Wirkung verwundert es nicht, dass ein Feuerwerk zu Geburtstagen und Hochzeiten auch im privaten Bereich einem Fest einen ganz besonderen Höhepunkt verleiht.

Beleg / Beispiel

So schenkt man gerne Jubilaren oder Hochzeitspaaren ein Feuerwerk, um diesen Tag zu einem unvergesslichen Erlebnis zu machen.

Beleg / Beispiel

Aber gerade in diesem Jahr wird das Feuerwerk wieder eine besondere Rolle spielen, denn es findet ja, wie eingangs erwähnt, die Fußballweltmeisterschaft statt. Um die Leistung der Mannschaften gebührend zu feiern, wird es nicht nur in den Fußballstadien selbst Feuerwerke geben. Auch beim Public Viewing sind sie längst eine liebgewordene Tradition. Hartgesottene Fußballfans horten darüber hinaus für diesen Anlass auch privat Feuerwerkskörper, um bei jedem Tor ihrer favorisierten Mannschaft ihre Freude kundzutun – auch wenn das Knallen ohne Genehmigung eigentlich nicht erlaubt ist.

Schluss: persönliche Meinung

Ich selbst liebe Feuerwerke sehr. Besonders, wenn sie gut geplant und aufgeführt werden und zum Beispiel mit einer Choreografie zu klassischer Musik gezeigt werden, können sie einen bleibenden Eindruck vermitteln. Solche Feuerwerke bilden zum Beispiel immer einen Höhepunkt in der „Langen Nacht der Schlösser".

Fazit

Trotzdem sollten sie nicht inflationär eingesetzt werden. Besonders der Jugendschutz muss großgeschrieben werden, und man darf nicht versäumen, vor den gefährlichen Böllern zu warnen, die kein Sicherheitsprüfsiegel besitzen.

Ebenso sollten Eltern darauf achten, dass nicht schon Kinder ohne Aufsicht mit Feuerwerkskörpern hantieren. Natürlich muss der Umwelt zuliebe der Müll vernünftig entsorgt werden. Jeder, der sein privates Feuerwerk plant, sollte gut das Für und Wider bedenken, bevor Umwelt oder Tierwelt irreparable Schäden erleiden.

Eine Möglichkeit wäre es, Feuerwerke im privaten Bereich gänzlich zu verbieten, organisierte Feuerwerke, wie sie zum Beispiel beim Jahreswechsel am Brandenburger Tor stattfinden, aber weiterhin zuzulassen. In vielen Metropolen gibt es nur zentrale, offiziell organisierte Feuerwerke. Diese haben nicht nur eine unvergleichliche Wirkung, ihre Rückstände werden nach dem Spektakel auch zuverlässig beseitigt. So ließe sich die Verletzungsgefahr durch das Knallen im privaten Bereich minimieren, der Kauf und Verkauf illegaler Knallkörper reduzieren und der unnötige Wettkampf darum, wer die meisten Knallkörper besitzt, verhindern, ohne dass gänzlich auf Feuerwerke verzichtet werden muss. Das Feuerwerk wäre ein gemeinsames Erlebnis, ohne dass man dafür Schulden macht oder das Augenlicht oder die Unversehrtheit der Gliedmaßen riskiert. Empfehlung

Bewertungstabelle:

Note	1	2	3	4	5	6
eBBR Punkte	≥84	83–72	71–59	58–45	44–23	22–0
MSA Punkte	120–112	111–100	99–88	87–72	71–36	35–0

1 Unser täglich Rot

Andreas Austilat

Ketchup ist ein unverzichtbarer Begleiter – beim sommerlichen Grillen ebenso wie zur Currywurst. Doch die Soße hat ein Imageproblem. Zu Recht?

Ketchup war streng verboten. Die Mutter kochte alles frisch, auch mal eine Tomatensoße, zumal sie in ihrem schwäbischen Elternhaus jede Menge Tomaten im Garten hatten. Aber Ketchup? „Es war ein absolutes No-Go, den über ihr Essen zu schütten." So erinnert sich Michael Kempf, mit zwei Michelin-Sternen[1] ausgezeichneter Koch im Berliner Restaurant „Facil", an seine Kindheit.

Kinder und Erwachsene, Currywurstesser und Feinschmecker, Amerikaner und Franzosen, zwischen ihnen scheint es eine Grenze zu geben, die von dieser ganz speziellen Tomatensoße markiert wird. In Frankreich wurde 2011 gar ein Gesetz auf den Weg gebracht, das den Ketchupkonsum in Schulkantinen drastisch reduzieren sollte. Zum Schutz der Kinder und der französischen Küche.

In den USA regte dagegen der Landwirtschaftsminister in den 1980er-Jahren an, Ketchup als eingelegtes Gemüse zu deklarieren[2], was es den Schulen erlaubt hätte, echtes Gemüse in den Kantinen einzusparen. Man wollte verhindern, dass da zu vieles auf den Tellern liegt, das von Kindern sowieso nicht gegessen wird. Der Vorstoß führte zu einer erregten Diskussion und setzte sich nicht durch.

Warum Tomaten gesund sind

Die Debatte hält an. Ketchup gilt manchen Ernährungsexperten als Risikolebensmittel, weil auf 100 Gramm je nach Hersteller bis zu 31 Gramm Zucker kommen können. Dabei ist die Tomate gesund. Vor allem das enthaltene Lycopin schützt vor Krebs- und Herzerkrankungen. Und Ketchup kann ziemlich viel Lycopin vorweisen, auch und gerade wenn er nicht aus frischen Früchten, sondern aus Tomatenmark oder Konserven gefertigt wurde – das Lycopin wird beim Kochen aufgeschlossen und kann dann vom Körper sogar besser verarbeitet werden. Ganz bedauerlich wäre der Verzicht auf Ketchup in der Grillsaison. 80 000 Tonnen verbrauchen die Deutschen im Jahr, einen Gutteil davon im Sommer. Denn die fruchtige Tomatensoße ist nicht nur in Fast-Food-Buden ein beliebter Begleiter, sondern auch zu Fleisch vom Grill. Hinzu kommen zahlreiche Varianten wie Curryketchup oder Barbecuesoße. Doch noch führt Tomatenketchup mit 70 Prozent Marktanteil vor all seinen Ablegern.

Ketchup in der Sterneküche

Michael Kempf hat das häusliche Verbot gut überstanden und bekennt sich heute zum Ketchup. Zwar werde die Soße im „Facil" kaum nachgefragt, und wenn, dann überwiegend von Kindern. Doch Ketchup hat, von vielen Gästen unbemerkt, auch in seiner Sterneküche einen festen Platz. Bei nahezu jedem Soßenansatz im Fleischbereich gibt Kempf zwei bis drei Esslöffel Ketchup hinein, statt Tomatenmark. Denn der gebe der Soße einen schönen Glanz, verleihe ihr vor allem den gewünschten Umami-Geschmack, jene geheimnisvolle fünfte Geschmacksrichtung neben süß, salzig, bitter und sauer. Im Übrigen sei das keineswegs eine Marotte von ihm. Ketchup hätten sie schon bei Dieter Müller in Bergisch Gladbach verwendet, dem Dreisternekoch, bei dem Kempf einst lernte. [...]

Wie die Tomate in die Flasche kam

In den 1830er-Jahren tauchten die ersten Flaschen Tomatenketchup als Handelsware in amerikanischen Geschäften auf. Noch einmal 30 Jahre später begann Henry John Heinz in Pennsylvania damit, eine Meerrettichsoße anzurühren. Zusammen mit einem Kompagnon verkaufte er sie in durchsichtigen Gläsern, um so die Güte des Produktes zu demonstrieren. Die Firma machte trotzdem Pleite. Doch Heinz, Sohn deutscher Einwanderer, startete neu, diesmal nahm er auch Tomatenketchup in seine Produktpalette auf.

Der Siegeszug seines Ketchups – beim Tod des Firmengründers 1919 war Heinz Ketchup bereits Marktführer in den USA und wurde es schließlich in 50 Ländern – hat wahrscheinlich drei Ursachen gehabt. Heinz verstand sich auf Marketing, seine durchsichtige Flasche mit dem praktischen Drehverschluss wurde zum Standard. Und er warb damit, dass sein Ketchup keine künstlichen Konservierungsstoffe enthielt, ein Vorteil, als zu Beginn des 20. Jahrhunderts in den USA erstmals die Debatte um Zusatzstoffe in der noch jungen Lebensmittelindustrie entbrannte. Was aber noch entscheidender war: Er schmeckte tomatiger als die mit künstlichen Mitteln haltbar gemachte Konkurrenz. Noch heute wirbt Heinz mit der Aufschrift „frei von Konservierungsmitteln, frei von Verdickungsmitteln". Ins Gerede kam Heinz in jüngster Zeit allerdings wegen des hohen Zuckergehalts.

Die Deutschen setzten auf Bratwurst mit Senf

Ebenso wichtig für den Erfolg dürften zwei andere Erfindungen gewesen sein: Mit der Weltausstellung 1893 in Chicago begann die Karriere des Hotdog. Und auf der Weltausstellung 1904 in St. Louis wurde der Hamburger im großen Stil der Öffentlichkeit präsentiert. Beide sollten sich als kongeniale[3] Partner des Ketchups erweisen. In Deutschland setzte man dagegen lange auf Bratwurst mit Senf. 1937 nahm die heute noch existierende Firma Zeisner in Bremen die Produktion des ersten deutschen Ketchups auf.

Fast Food und der industrialisierte Herstellungsprozess haben nicht nur die Karriere der Soße vorangetrieben. Sie haben gleichzeitig ihrem Image geschadet. Seit den 1950er-Jahren wird Ketchup kaum noch aus frischen Tomaten gemacht, sondern aus Konzentrat oder eingeweckten Früchten. Das muss nicht schlecht sein. Aber was tun, wenn man der Tunke aus der Flasche misstraut?

Michael Kempfs Ketchup-Rezept

Ketchup kann man leicht selbst zubereiten. Michael Kempf tut das aktuell beim Wollschweinnacken, den bestreicht er mit dem eigenen Barbecueketchup. Dafür schwitzt er Schalotten und Knoblauchzehen in Olivenöl glasig an und löscht mit passierten Tomaten ab, verfeinert das Ganze mit Pfeffer, Paprika, einer Prise Chili und geräuchertem Meersalz. Separat karamellisiert[4] er braunen Zucker und löscht mit weißem Balsamicoessig ab, die Lösung kommt dazu. Dann auf kleinster Flamme fünf, sechs Stunden köcheln lassen, je länger, desto besser. Zwischendurch regelmäßig rühren, am Ende durch ein Sieb passieren und in Gläser abfüllen. Deckel drauf, ein tiefes Backblech mit einer Zeitung auslegen und zwei Finger hoch mit heißem Wasser füllen, Gläser draufstellen und bei 100 Grad 30 Minuten lang sterilisieren. Danach hält der Ketchup etwa ein halbes Jahr.

Wem das zu mühsam ist: Auch im Handel gibt es jede Menge Ketchup, der mit der Sorgfalt bei der Auswahl seiner Zutaten wirbt. Der jüngste Anbieter kommt aus Berlin-Weißensee, dort macht Jan Daniel Fritz seit einem knappen Jahr seinen „Kiez-Ketchup“. Die Firma hat ihren Sitz in einer ehemaligen Patisserie[5].

Agavendicksaft statt Zucker

Eigentlich kommt Fritz vom Film. Aber nach 16 Jahren hatte der 48-Jährige davon genug. Und weil Soßemachen schon immer sein Hobby war, investierte er 400 000 Euro in einen mannshohen Homogenisator[6], in dem die kleine Firma rund 30 Soßen herstellt. Nacheinander selbstverständlich.

Der Ketchup war ursprünglich eine reine Auftragsarbeit für das Hotel Adlon, inzwischen gehört er zu den Bestsellern der kleinen Firma. Worauf aber kommt es Fritz bei seinem Ketchup an? Er verwendet Tomatenmark und passierte Tomaten aus biologischem Anbau. Den seiner Meinung nach wichtigen Unterschied machen die weiteren Zutaten: auf keinen Fall Branntweinessig, der habe in den Spitzen zu viel Säure und würde die 100 Fruchtnote übertönen. Er nimmt nur weißen Balsamico. Das Fundament liefert ihm die Gemüsebrühe, das Produkt ist auch für Veganer geeignet. Wichtig sind das Salz, er nimmt Steinsalz, und die Süße, statt Zucker verwendet er für den Kiez-Ketchup Agavendicksaft.

Ob sein Produkt nun gut zu Gegrilltem passt, das müssen am Ende andere entscheiden. Fritz isst kaum Fleisch. Immerhin, im Mai hat er 500 Kilo verkauft, das entspricht etwa 2 000 Flaschen. Und da hatte die Grillsaison noch nicht den Höhepunkt erreicht.

Quelle: Austilat, Andreas: Unser täglich Rot. 08. 08. 2016. www.tagesspiegel.de/weltspiegel/sonntag/der-grosse-ketchup-test-unser-taeglich-rot/13976590-all.html

1 Auszeichnung für Köche
2 auszuweisen
3 hier: besonders geeignete
4 Zucker trocken erhitzen
5 Feinbäckerei
6 Gerät zum Vermischen von Lebensmitteln

1 Sachtext „Unser täglich Rot“

Aufgaben zum Textverständnis

Punkte

101 Ergänzen Sie die Informationen zu Michael Kempf. 2

a) Beruf	
b) Name seines Restaurants	
c) Ort seines Restaurants	
d) Ort der Ausbildung	
e) Name des Ausbilders	
f) Auszeichnung	

102 In Michael Kempfs Elternhaus war Ketchup verboten.

Notieren Sie

a) den Grund für das Verbot.

b) die zwei Gründe, warum er für seine Soßen trotzdem Ketchup verwendet.

a) ______________________________ 1

____

b) • ______________________________ 1

____

• ______________________________

____

103 Notieren Sie für die folgenden Behauptungen jeweils ein Argument.

Behauptung	Argument	
a) Ketchup ist gesund,	weil	1
b) Ketchup ist ungesund,	weil	1

∗ 104 Notieren Sie, warum gekochte Tomaten gesünder als frische Tomaten sind. 1

____

____

____

____

∗ 105 Frankreich und die USA entwarfen unterschiedliche Strategien, um den Ketchupkonsum von Jugendlichen zu beeinflussen.
Notieren Sie jeweils die Strategie und ein damit verfolgtes Ziel.

Land	Strategie	Ziel	
a) Frankreich			1
b) USA			1

106 Der amerikanische Fabrikant Henry John Heinz hatte großen Erfolg mit seinem Ketchup. Notieren Sie zwei Gründe für seinen Erfolg.

- ____ 1

  ____

- ____ 1

  ____

107 Der Erfolg des Ketchups wird eng mit der Erfindung von zwei Fast-Food-Gerichten verbunden. Ergänzen Sie dazu die folgende Tabelle.

Erfindung	Jahr	Ort	Anlass	
a) Hotdog				1
b)	1904			1

✱ 108 Kreuzen Sie an, ob die folgenden Aussagen richtig oder falsch sind. 3

		richtig	falsch
a)	Im Sommer verbrauchen die Deutschen besonders viel Ketchup.	☐	☐
b)	In Deutschland werden jeden Sommer 80 000 Tonnen Ketchup verbraucht.	☐	☐
c)	Ketchup wird ausschließlich aus frischen Tomaten hergestellt.	☐	☐
d)	Heinz brachte als erster Ketchup in Flaschen auf den Markt.	☐	☐
e)	Ketchup ist immer frei von Konservierungsstoffen.	☐	☐

✱ 109 Texte können unterschiedliche Funktionen erfüllen.
Kreuzen Sie an, welche Funktion dieser Text <u>vorwiegend</u> erfüllt. 1

Der Text soll …

a)	unterhalten.	☐
b)	informieren.	☐
c)	appellieren.	☐
d)	kommentieren.	☐

Textverständnis gesamt **17**
(Fundamentum 10, ✱ Additum 7)

Aufgaben zum Sprachwissen und zur Sprachbewusstheit

Punkte

151 Kreuzen Sie an, welcher der Sätze der Aussage des folgenden Beispielsatzes entspricht. 1

Eigentlich kommt Fritz vom Film.

a)	Ursprünglich kommt Fritz vom Film.	☐
b)	Vielleicht kommt Fritz vom Film.	☐
c)	Angeblich kommt Fritz vom Film.	☐
d)	Womöglich kommt Fritz vom Film.	☐

152 Ordnen Sie den folgenden Sätzen die entsprechende Begründung für die Kommasetzung zu.

1. Satzgefüge
2. Infinitivgruppe mit hinweisendem Wort
3. Satzreihe
4. Entgegenstellung

	Nummer	
a) Ketchup ist nicht nur in Fast-Food-Buden ein beliebter Begleiter, sondern auch zu Fleisch vom Grill.		1
b) Doch Heinz startete neu, diesmal nahm er auch Tomatenketchup in seine Produktpalette auf.		1

153 Formulieren Sie den folgenden Satz in direkter Rede. 1

Kempf sagte, dass das keineswegs eine Marotte von ihm sei.

____

____

* 154 Das Partizip II kann unterschiedliche Funktionen erfüllen. Kreuzen Sie die Funktion in den folgenden Sätzen an.

	Teil des Prädikats	Attribut	Modalbestimmung	
a) Der Vorschlag führte zu einer <u>erregten</u> Diskussion.	☐	☐	☐	1
b) Die Gemüter sind <u>erregt</u>.	☐	☐	☐	1
c) Sie diskutieren <u>erregt</u> über den Vorschlag.	☐	☐	☐	1

155 Formulieren Sie den folgenden Satz so um, dass er ein reales Geschehen zum Ausdruck bringt. 1

Zwischen Currywurstessern und Feinschmeckern scheint es eine Grenze zu geben.

____

____

✱ 156 Kreuzen Sie an, ob die folgenden Sätze im Aktiv, Vorgangspassiv oder Zustandspassiv stehen.

	Aktiv	Vorgangs-passiv	Zustands-passiv	
a) Ketchup wird meistens durch Kochen hergestellt.	☐	☐	☐	1
b) In der Grillsaison wird er noch mehr Ketchup verkaufen.	☐	☐	☐	1

Sprachwissen und Sprachbewusstheit gesamt **10**
(Fundamentum 5, ✱ Additum 5)

2 Annähernd Alex

Jenn Bennett

Er könnte irgendeiner von den Leuten hier sein. Schließlich habe ich keine Ahnung, wie Alex aussieht. Ich weiß nicht mal seinen richtigen Namen. Na ja, wir chatten seit Monaten, ich weiß ein paar wichtige Sachen. Er ist klug und lieb und lustig und wir haben gerade beide die Elfte abgeschlossen. Wir haben dieselbe Leidenschaft – alte Filme. Wir sind beide gern allein. Wenn das alles wäre, was wir gemeinsam haben, wäre ich nicht so durch den Wind. Aber Alex lebt in derselben Stadt wie mein Vater, und das macht die Sache … kompliziert.

Denn während ich gerade in einem kalifornischen Flughafen die Rolltreppe hinunterfahre, Fremde beobachte, die in die entgegengesetzte Richtung schweben, begebe ich mich in die grundsätzliche Nähe von Alex und in meinem Kopf findet ein Gefecht zwischen endlosen Möglichkeiten statt. Ist Alex klein? Groß? Schmatzt er oder hat er irgendeinen nervigen Lieblingsspruch? Popelt er in der Öffentlichkeit in der Nase? Hat er statt Armen bionische Tentakel? (Merken: Kein Ausschlusskriterium!)

Tja. Den wirklichen Alex zu treffen könnte super sein, aber ebenso gut eine fette peinliche Enttäuschung. Und genau aus diesem Grund bin ich nicht sicher, ob ich wirklich mehr über ihn erfahren will.

Wisst ihr, eigentlich gehe ich prinzipiell jeder Konfrontation aus dem Weg. Schon immer. Dass ich jetzt, eine Woche nach meinem siebzehnten Geburtstag, auf die andere Seite des Landes fliege, um zu meinem Vater zu ziehen, hat nichts mit Mut zu tun. Es ist eine Meisterleistung an Vermeidung.

Ich heiße Bailey Rydell und ich bin eine notorische[1] Vermeiderin. Als meine Mutter meinen Vater gegen Nate Catlin von Catlin & Partner eingetauscht hat – ich schwör's, so stellt er sich allen Ernstes vor – bin ich nicht wegen der Versprechungen bei ihr geblieben: neue Klamotten, ein eigenes Auto, eine Reise nach Europa. Alles schön, aber nichts davon war mir wirklich wichtig. (Oder ist wirklich eingetreten. Aber das nur am Rande.) Sondern weil ich nicht wusste, wie ich mich meinem Vater gegenüber verhalten sollte, während er sich an sein neues Leben als sitzengelassener Ehemann gewöhnte. Es hatte auch nichts damit zu tun, dass er mir nichts bedeuten würde. Eher im Gegenteil. Aber in einem Jahr kann sich vieles ändern, und da sich Mom und Nate mittlerweile ununterbrochen streiten, ist es für mich an der Zeit, von der Bildfläche zu verschwinden. Das ist schließlich die Grundregel einer Vermeiderin: Man muss flexibel sein und wissen, wann Abflug angesagt ist, bevor am Ende alles zu verfahren wird. Das ist angenehmer für alle Beteiligten, echt. Ich will für alle nur das Beste.

Nachdem ich mein Gepäck vom Laufband genommen habe, spähe ich durch die automatischen Türen, hinter denen mein Vater mich erwartet. Ich halte mich gut verborgen hinter einem sonnigen California-Dreamers!-Aufsteller (den das

Tourismusbüro hilfreicherweise aufgestellt hat, falls jemand vergessen haben sollte, wo das Flugzeug gelandet ist). Das Wichtigste, um unangenehme Situationen zu vermeiden, ist der Präventivschlag: Sorgt dafür, dass ihr die anderen als Erste seht. Und bevor ihr mich der Feigheit bezichtigt, denkt noch mal darüber nach. Es ist nicht einfach, so neurotisch zu sein. Es erfordert Planung und gute Reflexe. Einen undurchsichtigen, verschlagenen Charakter. Meine Mutter sagt immer, ich würde eine 1a-Taschendiebin abgeben, denn bevor jemand „Wo ist meine Brieftasche?“ rufen kann, bin ich schon verschwunden. Wie der Artful Dodger, der Meisterdieb aus Oliver Twist, der sich aus jeder Schwierigkeit herauslaviert. Das bin ich.

Und da drüben ist mein Vater, der alte Schlawiner[2]. Der Artful Dodger senior. Wie gesagt, ich habe ihn vor einem Jahr das letzte Mal getroffen, und der dunkelhaarige Mann, der im schrägen Strahl der frühen Nachmittagssonne steht, ist anders, als ich ihn in Erinnerung habe. Dass er schlank und durchtrainiert ist, überrascht mich nicht. Ich habe seinem neuen fitnessstudiogestählten Körper jede Woche Beifall gezollt, wenn er beim Skypen stolz seine Arme präsentiert hat. Die dunkleren Haare sind auch nichts Neues; ich habe ihn weiß Gott oft genug damit aufgezogen, dass er versucht, die letzten paar Jahre seiner Vierziger ungeschehen zu machen, indem er das Grau wegfärben lässt.

Aber während ich ihn heimlich und gründlich aus meinem Versteck beobachte, wird mir bewusst, dass ich nicht erwartet hatte, mein Vater würde so … glücklich aussehen. Vielleicht wird es doch nicht so kompliziert. Tief Luft holen. Als ich aus meinem Versteck herauskomme, liegt ein Grinsen auf seinem Gesicht.

„Mink“, sagt er – das ist mein alberner pubertärer Spitzname. Es stört mich nicht, er ist der Einzige, der mich so nennt (abgesehen von online-Freunden), und alle anderen in der Ankunftshalle sind sowieso zu sehr damit beschäftigt, ihre eigenen verwandten Fremden zu begrüßen, anstatt sich um uns zu kümmern. Bevor ich etwas dagegen tun kann, nimmt mich mein Vater in die Arme und drückt mich so fest, dass meine Rippen knacken. Wir sind beide ein bisschen gerührt. Ich schlucke den Kloß in meinem Hals herunter und zwinge mich, Haltung zu bewahren. „Wow, Bailey.“ Er mustert mich scheu. „Du bist ja richtig erwachsen.“

„Du kannst mich gern als deine jüngere Schwester ausgeben, falls du sonst vor deinen Science-Fiction-Nerdkumpels zu alt aussiehst“, spotte ich, um uns beiden die Verlegenheit zu nehmen, und tippe auf den Roboter auf seinem Alarm-im-Weltall-Shirt. „Niemals. Du bist mein größter Erfolg.“

Argh. Es ist mir peinlich, wie geschmeichelt ich mich fühle, und mir fällt keine schlagfertige Antwort ein. Es endet damit, dass ich ein paarmal seufze.

Als er mir einige dunkle Strähnen meines Pagenkopfs[3] hinters Ohr schiebt, zittern seine Finger. „Ich freu mich so, dass du hier bist. Du bleibst doch, oder? Du hast während des Flugs nicht deine Meinung geändert?“

„Wenn du glaubst, dass ich freiwillig in diesen Karatekampf zurückkehre, den sie Ehe nennen, kennst du mich wirklich schlecht.“ Er kann seine Schadenfreude kaum verbergen und ich muss unwillkürlich zurücklächeln. Er umarmt mich noch einmal, aber jetzt ist das in Ordnung. Der schlimmste Teil der verlegenen Begrüßungsszene ist vorbei.

„Komm, wir fahren. Dann kannst du vergleichen, ob es draußen so aussieht, wie die Werbung dir vormachen wollte“, sagt er und schaut vielsagend zu dem California-Dreamers!-Aufsteller; eine Augenbraue ist hochgezogen.

Ups. Hätte ich mir ja denken können. Ein listiger Artful Dodger lässt sich nicht überlisten.

Nach einer Kindheit an der Ostküste, während der meine weiteste Reise in den Westen bisher eine Klassenfahrt nach Chicago war, ist es merkwürdig, ins helle Sonnenlicht hinauszutreten, unter diesen riesigen, so was von blauen Himmel. Es wirkt flacher hier ohne all die dichten Baumkronen der nördlichen Ostküste, die den Horizont verdecken – so flach, dass ich rings um das Silicon Valley die Ausläufer der Berge erkennen kann. Da ich nach San José geflogen bin, die einzige große Stadt in der Nähe, haben wir zum neuen Haus meines Vaters an der Küste noch eine Dreiviertelstunde Fahrt vor uns. Nicht gerade eine Strafe, vor allem nicht, als ich sehe, dass wir in einem glänzenden blauen Sportwagen mit heruntergeklapptem Verdeck fahren werden. Mein Vater ist Wirtschaftsprüfer. Früher fuhr er eine Familienkutsche. In Kalifornien hat sich das offenbar geändert. Was noch? „Ist das dein Auto für die Midlife-Crisis?“, frage ich, als er den Kofferraum aufschließt, damit ich mein Gepäck verstauen kann. Er kichert. Klarer Fall. „Steig ein“, sagt er und wirft einen Blick auf sein Handy. „Und bitte schreib deiner Mutter eine Nachricht, dass du nicht bei einem Flugzeugabsturz im Flammeninferno umgekommen bist, sonst nervt sie mich endlos weiter.“

„Zu Befehl, Captain Pete.“

„Dumme Nuss.“

„Spinner.“

Er rempelt mich mit der Schulter an und ich remple zurück, und von einem Moment auf den anderen ist wieder alles wie früher. Zum Glück. Sein neuer (alter) Wagen riecht nach dem Zeug, mit dem irgendwelche Pedanten Leder einsprühen; auf dem Boden stapeln sich ausnahmsweise keine Buchhaltungsunterlagen, offenbar werde ich bevorzugt behandelt. Als er den abartig lauten Motor aufheulen lässt, schalte ich zum ersten Mal seit der Landung mein Telefon ein. Nachrichten von Mom: vier.

Während wir aus dem Flughafenparkhaus fahren, antworte ich das Allernotwendigste. Allmählich lässt der Schock über das, was ich getan habe, nach – verdammte Scheiße, ich bin gerade auf die andere Seite des Landes gezogen. Ich versuche mir einzureden, das sei keine große Sache. Immerhin habe ich dank Nate & Partner und Mom schon vor ein paar Monaten die Schule gewechselt, als wir von

New Jersey nach Washington D.C. gezogen sind. Und musste deshalb keine Freundschaften dort zurücklassen, in die ich nennenswert investiert hätte. In einen Freund hatte ich auch nicht investiert. Doch als ich die Nicht-Notfall-Nachrichten auf meinem Telefon durchgehe, sehe ich eine von Alex auf der Filmseite und werde wieder nervös, weil ich nun in derselben Stadt bin. […]

Quelle: Bennett, Jenn: Annähernd Alex. Übers. v. Claudia Max. Königskinder, Hamburg 2016, S. 6 ff.

1 hier: ständige
2 hier: pfiffiger Mensch
3 Kurzhaarfrisur

2 Literarischer Text „Annähernd Alex“

Aufgaben zum Textverständnis

Punkte

201 Ergänzen Sie die Informationen zur Erzählerin. 2

a) Vor- und Nachname	
b) Spitzname	
c) Alter	
d) letzter Wohnort	
e) Leidenschaft	

∗202 Notieren Sie einen Grund, warum sich die Erzählerin auf dem Flughafen zunächst vor ihrem Vater versteckt. 1

∗203 In Zeile 82 f. heißt es:

> „Der schlimmste Teil der verlegenen Begrüßungsszene ist vorbei.“

Notieren Sie aus den Zeilen 68–73 jeweils einen Textbeleg für die Verlegenheit des Vaters und die Verlegenheit der Tochter.

	Textbeleg	
a) Vater		1
b) Tochter		1

204 Die Lebensumstände des Vaters haben sich seit der Trennung von seiner Frau verändert. Ergänzen Sie dazu die Tabelle.

	Lebensumstände vor der Trennung	Lebensumstände nach der Trennung	
a) Wohngegend			1
b) Auto			1

* 205 Die Erzählerin hat nicht erwartet, ihren Vater so glücklich zu sehen. Notieren Sie, welche Hoffnung sie damit verbindet. 1

____

____

____

____

____

* 206 Die Erzählerin bezeichnet sich als notorische Vermeiderin. Notieren Sie zwei Handlungen bzw. Verhaltensweisen, die diesen Charakterzug verdeutlichen.

- ____ 1

  ____

- ____ 1

  ____

207 Die Ich-Erzählerin vergleicht sich und ihren Vater mit einer literarischen Figur.

Notieren Sie
a) den Namen der Figur.
✱ b) die Eigenschaft der Figur, die sie auf sich und ihren Vater bezieht.

a) ______________________________ 1

✱ b) ______________________________ 1

208 Der Vater hat seine Tochter in ihrem Versteck beobachtet, ohne dass diese es bemerkt.

Notieren Sie ein Beispiel, das verdeutlicht,
a) dass der Vater seine Tochter bereits gesehen hat.
b) dass die Tochter das erkennt.

a) ______________________________ 1

b) ______________________________ 1

209 Kreuzen Sie an, ob die folgenden Aussagen über die Beziehung der Erzählerin zu Alex richtig oder falsch sind. 2

		richtig	falsch
a)	Sie hat Alex über das Internet kennengelernt.	☐	☐
b)	Sie hat bereits ein Foto von Alex gesehen.	☐	☐
c)	Sie besucht dieselbe Klasse wie Alex.	☐	☐
d)	Sie chattet seit Jahren mit Alex.	☐	☐

✱ 210 Die Zeitgestaltung stellt ein Element der Erzähltechnik dar.
Ordnen Sie dem Beispiel die entsprechende Art der Zeitgestaltung zu.

1. Zeitraffung
2. Zeitdeckung
3. Rückblende

	Nummer
„Du bist ja richtig erwachsen.“ „Du kannst mich gern als deine jüngere Schwester ausgeben, …“ (Z. 69 f.)	

1

Textverständnis gesamt **17**
(Fundamentum 9, ✱ Additum 8)

Aufgaben zum Sprachwissen und zur Sprachbewusstheit

Punkte

251 Notieren Sie den folgenden Satz in Standardsprache. 1

Alex zu treffen könnte eine fette peinliche Enttäuschung werden.

____

____

____

252 Der Text enthält Merkmale mündlicher Kommunikation.
Ergänzen Sie die Tabelle mithilfe der Zeilen 23–27.

Merkmal mündlicher Kommunikation	Beispiel aus dem Text	
a) Auslassen von Buchstaben		1
b) Ellipse/unvollständiger Satz		1

253 Kreuzen Sie die Bedeutung des unterstrichenen Wortes in der folgenden Wortgruppe an. 1

einen <u>verschlagenen</u> Charakter haben

a) verängstigt	☐
b) schlagfertig	☐
c) aggressiv	☐
d) hinterlistig	☐

∗254 Formen Sie den folgenden Satz so um, dass er Gleichzeitigkeit zum Ausdruck bringt. 1

Nachdem ich mein Gepäck vom Laufband genommen habe, spähe ich durch die automatischen Türen.

____

____

____

____

255 Formulieren Sie den folgenden Satz mithilfe von Modalverben

a) als Wunsch.
b) als Erlaubnis.
c) als Aufforderung.

Ich verstaue mein Gepäck im Kofferraum.

a) ______________________________ 1

____

b) ______________________________ 1

____

c) ______________________________ 1

____

✱256 Notieren Sie aus dem folgenden Satz jeweils ein Partizip I und ein Partizip II.

Mein Vater, einen glänzenden blauen Sportwagen mit heruntergeklapptem Verdeck fahrend, lächelt verzückt.

a) Partizip I		1
b) Partizip II		1

Sprachwissen und Sprachbewusstheit gesamt **10**
(Fundamentum 7, ✱ Additum 3)

3 Die nächste große Welle

Im Dezember 2004 rollte ein gewaltiger Tsunami durch den Indischen Ozean und forderte in den Ländern Asiens und Afrikas so viele Menschenleben wie alle anderen historisch belegten Riesenwellen zusammen. So groß danach die Versprechungen waren, die Vorsorgebereitschaft schwindet schon wieder – auch in Europa. Dabei ist auch hier die Gefahr für ein Unglück real.

Ungleich verteilt

Auftreten der historisch belegten Tsunamis der vergangenen 4000 Jahre nach Meeresgegend

Schwarzes Meer	3 %
Karibik	5 %
Indischer Ozean	5 %
Rest-Atlantik	6 %
Mittelmeer	17 %
Pazifischer Ozean	64 %

Nicht so selten

Zwischen 1900 bis 2009 wurden rund tausend Tsunamis gezählt, etwa hundert pro Jahrzehnt. 166 davon verursachten größere Schäden

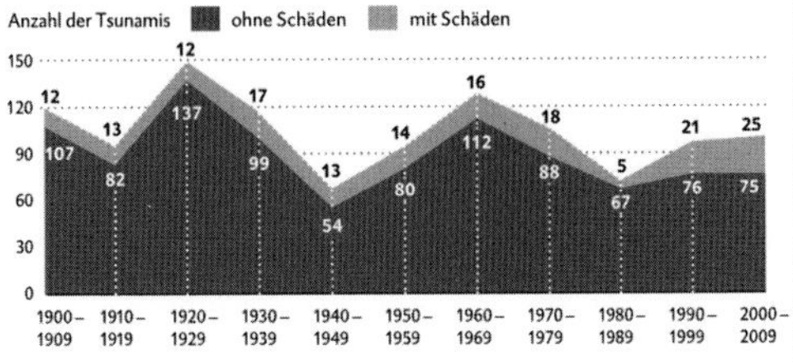

Lange unsichtbar

Ohne sichtbare Anzeichen rast ein Tsunami über den Ozean.
Eine hohe Welle türmt sich erst an der Küste auf:
Je flacher das Wasser, desto höher wächst und desto langsamer wird sie

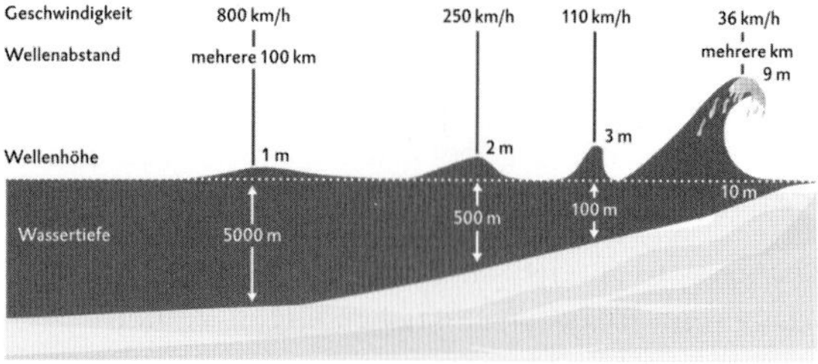

Früh gewarnt

❶ Dutzende Sensoren am Meeresboden messen ständig den Wasserdruck und senden ein Signal, sobald er auffällig ist

❷ GPS-Bojen empfangen das Signal akustisch oder per Kabel und funken es zusammen mit Messungen des Seegangs

❸ Satelliten empfangen diese Informationen und überwachen Veränderungen des Meeresspiegels

❹ Alle Daten werden an den Zentralrechner der Frühwarnstationen übertragen. Scheint ein Tsunami wahrscheinlich, wird dort Alarm ausgelöst – ansonsten wird Entwarnung gegeben

❺ Die zuständigen Behörden verbreiten die Alarmmeldung über Radio, Fernsehen, Internet, Sirenen an den Küsten oder SMS-Mitteilungen – oder sie geben Entwarnung

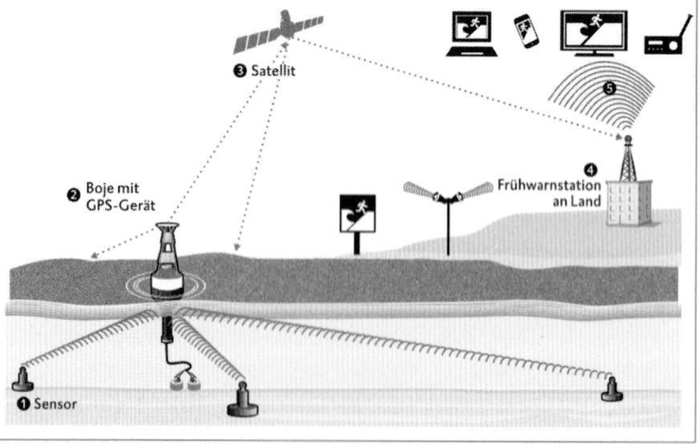

Quelle:
Die Zeit Nr. 52, 17. 12. 2014, S. 37.

Wichtiger Unterschied

Nicht jeder Abschnitt einer Küste ist gleichermaßen bedroht

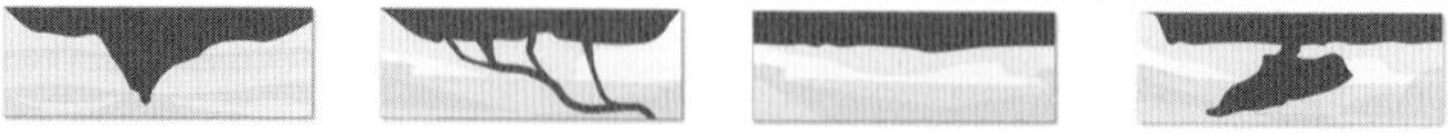

Spitze Buchten
Am höchsten türmen sich Tsunamiwellen häufig in V-förmigen Buchten auf. An deren Spitze ist die Gefahr am größten.

Flussmündungen
Tsunamiwellen können in Flussmündungen eindringen und auch kilometerweit landeinwärts noch Überschwemmungen auslösen.

Gerade Küstenlinie
An einem flachen, geraden Abschnitt ist die Gefahr zwar geringer. Allerdings: Der Fluchtweg zu höher gelegenem Gelände ist dort oft länger.

Enger Zugang
Buchten mit schmalem Zugang und Häfen mit enger Einfahrt sind meistens recht gut gegen Tsunamiwellen geschützt.

3 Diskontinuierliche Texte „Die nächste große Welle“

Aufgaben zum Textverständnis

Punkte

301 Warum sind auch in Europa Tsunami-Frühwarnsysteme notwendig? 1

____

____

302 Die Entstehung von Tsunamis wird durch Frühwarnsysteme angezeigt. Ordnen Sie die Phasen des Frühwarnsystems in der richtigen Reihenfolge. 1

	Nummer
a) Die Bevölkerung wird über die Tsunami-Gefahr informiert.	
b) Bojen registrieren Signale und leiten diese an den Satelliten weiter.	
c) Sensoren am Meeresboden geben auffällige Veränderungen weiter.	
d) Satelliten überwachen Veränderungen des Meeresspiegels und leiten Informationen weiter.	
e) Messdaten werden zentral ausgewertet.	

303 Die Entstehung eines Tsunamis folgt bestimmten Gesetzmäßigkeiten. Vervollständigen Sie dementsprechend die folgenden Sätze.

a) Je tiefer das Wasser, umso ________________ die Geschwindigkeit der Welle. 1

b) Je langsamer die Welle, umso ________________ ihre Höhe. 1

304 An einer Küste soll ein Hotel errichtet werden.
Wie muss die Küste beschaffen sein, damit das Hotel bestmöglich vor den Folgen von Tsunamis geschützt ist?
Geben Sie zwei Küstenformen an.

- ____ 1
- ____ 1

305 Kreuzen Sie an, ob die folgenden Aussagen richtig oder falsch sind. 3

	richtig	falsch
a) Die meisten schweren Schäden durch Tsunamis sind im letzten Jahrzehnt, das in der Grafik abgebildet wird, entstanden.	☐	☐
b) Es gab seit 1900 kein Jahrzehnt, in dem Tsunamis keine Schäden anrichteten.	☐	☐
c) Die meisten Tsunamis gab es zwischen 1920 und 1929.	☐	☐
d) Weltweit gab es zwischen 1900 und 2009 Tausende Tsunamis.	☐	☐
e) Um 1900 richteten Tsunamis die wenigsten Schäden an.	☐	☐

✱ 306 Begründen Sie, warum die folgende Aussage falsch ist. 1

Am Schwarzen Meer kann kein Tsunami auftreten.

✱ 307 Die Legende „Wo Tsunamis drohen" enthält ein Symbol zu Entstehungszentren größerer Tsunamis seit 2000, welches in der dazugehörigen Grafik nicht abgebildet ist.
Welche Erkenntnis leiten Sie daraus ab? 1

Textverständnis gesamt **11**
(Fundamentum 9, ✱ Additum 2)

4 Richtig schreiben

401 Welche Strategie wenden Sie an, um das Wort **mittags** an der markierten Stelle richtig zu schreiben?
Kreuzen Sie jeweils die zutreffende Rechtschreibstrategie an.

a) M oder m?			1
mittags	1. Ich wende die Artikelprobe an.	☐	
	2. Ich bilde ein stammverwandtes Wort.	☐	
	3. Ich erkenne ein typisches Suffix für Adverbien.	☐	

b) t oder tt?			1
mi**tt**ags	1. Ich verlängere das Wort.	☐	
	2. Ich bilde den Plural.	☐	
	3. Ich zerlege das Wort in seine Silben.	☐	

402 „Das“ oder „dass“?

a) Kreuzen Sie an, welche Schreibweise im folgenden Satz richtig ist. 1

Es gab ein Gesetz,

☐ dass ☐ dass
☐ das ☐ das
Ketchuprezept schützen sollte.

b) Notieren Sie, mit welcher Strategie Sie Ihre Entscheidung begründen können. 1

____

____

____

____

403 Notieren Sie das Suffix, das jeweils über die Groß- und Kleinschreibung entscheidet. 2

	Suffix
Beispiel: Krankheiten	-heit-
a) haltbar	
b) praktischer	
c) Richtungen	

404 Kreuzen Sie an, ob die unterstrichenen Wörter groß- oder kleingeschrieben werden.

	Groß-schreibung	Klein-schreibung	
a) Die Firma ist PLEITE.	☐	☐	1
b) Die ersten Flaschen kamen aus dem AMERIKANISCHEN.	☐	☐	1

405 Kreuzen Sie an, ob die unterstrichenen Wendungen getrennt oder zusammengeschrieben werden.

	Getrennt-schreibung	Zusammen-schreibung	
a) Beim Grillen ist das Fleisch regelmäßig zu wenden / zuwenden.	☐	☐	1
b) Gleichzeitig muss er sich dem Gast zu wenden / zuwenden.	☐	☐	1

Richtig schreiben gesamt **10**

5 Überarbeiten eines Textes

In den folgenden Informationen über den Spargel sind einige Fehler enthalten. Korrigieren Sie nur den jeweiligen Fehler.

R Rechtschreibfehler
Z Zeichensetzungsfehler
G Grammatikfehler
A Ausdrucksfehler

			Punkte
501	Die Spargelstange ist der Stängelspross der Spargelpflanze die zur Familie der Liliengewächse gehört.	**Z** *(Korrigieren Sie direkt im Text.)*	1
* 502	Viele alt bekannte Sorten werden heute kaum noch angebaut.	**R**	1
* 503	Spargelkulturen sollen über viele Jahre gute Erträge bringen, weil der Standort sorgfältig ausgewählt werden sollte.	**G** (Konjunktion)	1
504	Zur Ernte werden die Spargelstangen gestochen, was nach wie vor knüppelharte Handarbeit ist.	**A** (umgangssprachlich)	1
505	Spargel ist ein Gemüse, welches in seinem Geschmack einzigartig und deshalb bei Feinschmeckern voll beliebt ist.	**A** (umgangssprachlich)	1
* 506	Früher wurden die Spargelstangen die noch nicht zerkleinert waren relativ umständlich mit den Fingern gegessen.	**Z** *(Korrigieren Sie direkt im Text.)*	1
507	Deshalb wurde zum spargelessen immer ein mit warmem Wasser gefülltes Fingerschälchen gereicht.	**R**	1
508	Für die aus heutiger Sicht unsinnig erscheinende Sitte gab es ein einfachen Grund.	**G** (Kasus)	1
509	Wurde der Spargel geschnitten mit dem Messer, fing dieses stark zu rosten an.	**G** (Satzbau)	1
510	Heute können sich Spargelliebhaber über rostfreie Messer freuen und Spargel zu jedem Anlaß bedenkenlos mit Messer und Gabel essen.	**R**	1

Überarbeiten eines Textes gesamt **10**
(Fundamentum 7, * Additum 3)

6 Erstellen eines Schreibplans

Sollte man ein Ehrenamt ausüben?

Ihre Klasse hatte im Deutschunterricht die Möglichkeit, sich für ein Erörterungsthema zu entscheiden.
Ihre Wahl fiel auf das Thema „Ehrenamtliche Arbeit".
In Vorbereitung auf die Erörterung haben Sie sich intensiv mit dem Thema auseinandergesetzt.
Verfassen Sie eine Erörterung, in der Sie die Vor- und Nachteile der Ausübung eines Ehrenamtes deutlich machen.

Lesen Sie zunächst folgende Meinungen, die Sie bei Ihrer Recherche gefunden haben:

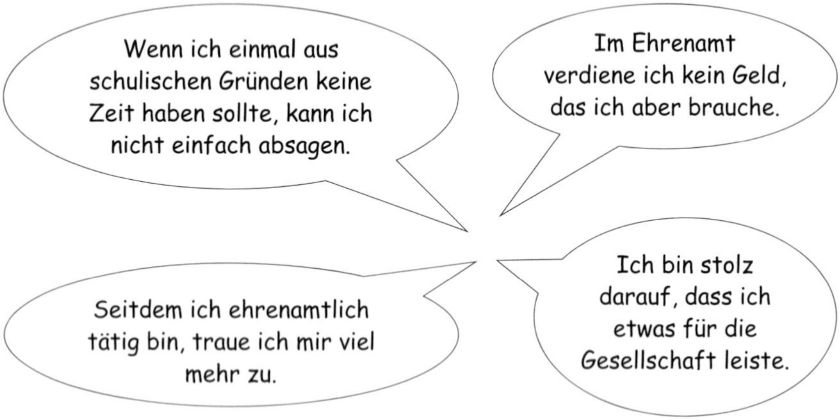

Wenn ich einmal aus schulischen Gründen keine Zeit haben sollte, kann ich nicht einfach absagen.
Im Ehrenamt verdiene ich kein Geld, das ich aber brauche.
Seitdem ich ehrenamtlich tätig bin, traue ich mir viel mehr zu.
Ich bin stolz darauf, dass ich etwas für die Gesellschaft leiste.

Aufgabe:

Vervollständigen Sie den nachfolgenden Schreibplan in Form eines Gliederungsrasters. Gehen Sie dabei wie folgt vor:

a) Entscheiden Sie, welche der beiden vorgegebenen Positionen Sie als These und Gegenthese verwenden wollen. Streichen Sie die jeweils für Ihren Schreibplan nicht zutreffende These und Gegenthese durch.
b) Leiten Sie aus den vorgegebenen **Meinungen** zwei Pro- und zwei Kontra-**Argumente** ab.
c) Stützen Sie die Argumente mit jeweils einem Beleg oder Beispiel. Sie müssen dabei auch auf Ihr Alltagswissen und eigene Erfahrungen zurückgreifen.

∗d) Formulieren Sie noch ein weiteres Pro- und Kontra-Argument und stützen Sie jedes mit einem eigenen Beleg oder Beispiel.

e) Ergänzen Sie stichwortartig Ihre Überlegungen für Einleitung und Schluss des Artikels, wobei der Schluss Ihre Meinung widerspiegeln soll.

∗f) Ziehen Sie ein Fazit und formulieren Sie dementsprechend eine Empfehlung.

Gliederungsraster:

	1. Einleitung		
601	Schreibanlass/ aktueller Anlass		1
602	Hinführung zum Thema		1
	2. Hauptteil		
	These **oder** Gegenthese	Die Ausübung eines Ehrenamtes ist erstrebenswert. Das Ausüben eines Ehrenamtes ist abzulehnen.	
603	1. Argument	•	1
604	Beleg/Beispiel	•	1
605	2. Argument	•	1
606	Beleg/Beispiel	•	1
∗607	3. Argument	•	1
∗608	Beleg/Beispiel	•	1

	These **oder** Gegenthese	Die Ausübung eines Ehrenamtes ist erstrebenswert. Das Ausüben eines Ehrenamtes ist abzulehnen.	
609	1. Argument	•	1
610	Beleg/Beispiel	•	1
611	2. Argument	•	1
612	Beleg/Beispiel	•	1
✱613	3. Argument	•	1
✱614	Beleg/Beispiel	•	1
	3. Schluss		
615	persönliche Meinung		1
✱616	Fazit		1
✱617	eine Empfeh-lung		1

Erstellen eines Schreibplans gesamt **17**
(Fundamentum 11, ✱ Additum 6)

7 Umsetzung des Schreibplans: Verfassen einer Erörterung

Aufgabe:

Verfassen Sie die Erörterung auf der Grundlage Ihres Schreibplans.

Sollte man ein Ehrenamt ausüben?

701	Einhalten der Gliederung	(Fundamentum 1, ✱ Additum 1)	2
702	Schreibfunktion	(Fundamentum 2, ✱ Additum 3)	5
703	Sprachliche Darstellungsleistung	(Fundamentum 2, ✱ Additum 2)	4
704	Sprachliche Korrektheit (Grammatik)		2
705	Sprachliche Korrektheit (Rechtschreibung)		2
706	Sprachliche Korrektheit (Zeichensetzung)		2
707	Lesefreundliche Form (Übersichtlichkeit/Schriftbild)		1
		Verfassen einer Erörterung gesamt (Fundamentum 12, ✱ Additum 6)	**18**

Lösungsvorschläge

1 Unser täglich Rot *(Andreas Austilat)*

Sachtext „Unser täglich Rot“ – Aufgaben zum Textverständnis

101

a) Beruf	**Koch**
b) Name des Restaurants	**Facil**
c) Ort seines Restaurants	**Berlin**
d) Ort der Ausbildung	**Bergisch Gladbach**
e) Name des Ausbilders	**Dieter Müller**
f) Auszeichnung	**zwei Michelin-Sterne**

Hinweis: *Achte darauf, dass es hier nur um Michael Kempf geht.* ***a)–c)*** *und* ***f)*** *Vgl. Z. 4 f.* ***d)*** *und* ***e)*** *Vgl. Z. 39 f.*

102 a) Seine Mutter kochte alles frisch.
b)
- Die Soße erhält damit einen schönen Glanz.
- Ketchup verleiht der Soße den Umami-Geschmack.

Hinweis: a) *Vgl. Z. 1. Auch möglich: Die Familie hatte viele Tomaten im Garten.* ***b)*** *Vgl. Z. 36 f.*

103

Behauptung	Argument
a) Ketchup ist gesund,	weil **es Lycopin enthält, das vor Krebs und Herzerkrankungen schützt.**
b) Ketchup ist ungesund,	weil **es sehr viel Zucker enthält.**

Hinweis: a) *Vgl. Z. 19–21.* ***b)*** *Vgl. Z. 59. Übrigens: Du kannst sowohl „das Ketchup“ als auch „der Ketchup“ sagen – beide Formen sind korrekt.*

* 104 Der menschliche Körper kann das Lycopin aus gekochten Tomaten besser verarbeiten.

Hinweis: *Vgl. Z. 22 f.*

∗ 105

Land	Strategie	Ziel
a) Frankreich	**Gesetz zur Reduktion von Ketchup in Schulkantinen erlassen**	**Schutz der Kinder und der französischen Küche**
b) USA	**Ketchup zum eingelegten Gemüse erklären**	**Einsparung von frischem Gemüse / Vermeidung, Gemüse zu verschwenden, das die Kinder nicht essen**

Hinweis: *Vgl. Z. 8–14.*

106
- erfolgreiches Marketing
- besonders tomatiger Geschmack

Hinweis: *Weitere mögliche Gründe, die genannt werden können: durchsichtige Flasche mit praktischem Drehverschluss, keine Verwendung von Konservierungs- und Verdickungsmitteln. Vgl. Z. 51–58.*

107

Erfindung	Jahr	Ort	Anlass
a) Hotdog	**1893**	**Chicago**	**Weltausstellung**
b) **Hamburger**	1904	**St. Louis**	**Weltausstellung**

Hinweis: *Vgl. Z. 61–64.*

∗ 108

	richtig	falsch
a) Im Sommer verbrauchen die Deutschen besonders viel Ketchup.	☒	☐
b) In Deutschland werden jeden Sommer 80 000 Tonnen Ketchup verbraucht.	☐	☒
c) Ketchup wird ausschließlich aus frischen Tomaten hergestellt.	☐	☒
d) Heinz brachte als erster Ketchup in Flaschen auf den Markt.	☐	☒
e) Ketchup ist immer frei von Konservierungsstoffen.	☐	☒

Hinweis: ***a)*** *Vgl. Z. 24 f. „Gutteil" bedeutet so viel wie „Großteil".* ***b)*** *80 000 Tonnen entspricht dem Verbrauch im ganzen Jahr, vgl. Z. 24 f.* ***c)*** *Vgl. Z. 21 f. und 70 f.* ***d)*** *Der erste Anbieter war die Firma Heinz nicht, vgl. Z. 42 ff.* ***e)*** *Die Konkurrenz der Firma Heinz nutzt Konservierungsstoffe, vgl. Z. 56 f.*

∗ 109 Der Text soll …

a) unterhalten.	☐
b) informieren.	☒
c) appellieren.	☐
d) kommentieren.	☐

Hinweis: *Dieser Text ist sicher auch unterhaltsam und appelliert indirekt, über den Konsum von Ketchup nachzudenken, aber überwiegend ist es ein informierender Text, der viel Wissen rund um den Ketchup vermittelt.*

Sprachwissen und Sprachbewusstheit – Aufgaben zu Text 1

151

a) Ursprünglich kommt Fritz vom Film.	☒
b) Vielleicht kommt Fritz vom Film.	☐
c) Angeblich kommt Fritz vom Film.	☐
d) Womöglich kommt Fritz vom Film.	☐

Hinweis: *Der Satz bezieht sich auf Jan Daniel Fritz, der erst kürzlich als Anbieter von Tomatenketchup begonnen hat. Er hat damit sein Hobby zum Beruf gemacht, denn ursprünglich arbeitete er beim Film. Vgl. Z. 90.*

∗ 152

	Nummer
a) Ketchup ist nicht nur in Fast-Food-Buden ein beliebter Begleiter, sondern auch zu Fleisch vom Grill.	**4**
b) Doch Heinz startete neu, diesmal nahm er auch Tomatenketchup in seine Produktpalette auf.	**3**

Hinweis: *Ein* ***Satzgefüge*** *besteht aus einer Verbindung von Hauptsatz und Nebensatz. Eine* ***Satzreihe*** *ist eine Aneinanderreihung von Hauptsätzen. Eine*

***Infinitivgruppe** erkennst du meist am Wort „zu“ in Verbindung mit dem Verb in der Grundform. Eine **Entgegenstellung** erkennt man an Konjunktionen oder Adverbien wie „aber“, „doch“, „sondern“.*
***a)** Hier drückt der Nebensatz, eingeleitet mit „sondern“, eine Entgegenstellung aus. **b)** Es handelt sich um zwei Hauptsätze, was man an der Stellung der finiten (= gebeugten) Verbformen erkennen kann: „startete“ und „nahm“ stehen jeweils an zweiter Satzgliedposition. Somit bilden die Sätze eine Satzreihe.*

153 Kempf sagte: „Das ist keineswegs eine Marotte von mir.“ /
„Das ist keineswegs eine Marotte von mir“, sagte Kempf.

***Hinweis:** Hier muss man sehr genau arbeiten, da der Punkt nur bei korrekter Zeichensetzung und Umformung gegeben wird. Das heißt, es muss klar werden, wer spricht (Begleitsatz), und der Inhalt muss korrekt wiedergegeben werden. Achte auf die Änderung des Pronomens („ihm“ → „mir“) und die Verwendung des Indikativs statt des Konjunktivs („sei“ → „ist“). Beide oben genannten Sätze sind als Lösung möglich.*

∗154

	Teil des Prädikats	Attribut	Modalbestimmung
a) Der Vorschlag führte zu einer <u>erregten</u> Diskussion	☐	☒	☐
b) Die Gemüter sind <u>erregt</u>.	☒	☐	☐
c) Sie diskutieren <u>erregt</u> über den Vorschlag.	☐	☐	☒

***Hinweis:** **a)** Hier dient das Partizip II dazu, das Nomen „Diskussion“ genauer zu beschreiben, ist also attributiv verwendet. **b)** Dieser einfache Hauptsatz besteht nur aus Subjekt und Prädikat, das Partizip II gehört zum Prädikat („sind erregt“). **c)** Bei diesem Satz zeigt die Umstellprobe, dass das Partizip II eigenständig ist (z. B.: „<u>Erregt</u> diskutierten sie über den Vorschlag.“). Damit bildet es eine Modalbestimmung.*

155 Zwischen Currywurstessern und Feinschmeckern gibt es eine Grenze.

***Hinweis:** Der Ausgangssatz drückt eine Vermutung aus. Das erkennt man am Verb „scheint“ (es scheint so zu sein, aber es ist nicht sicher). Du musst den Satz so verändern, dass er eine Tatsache zum Ausdruck bringt, also die im Ausgangssatz vermutete Grenze als real darstellt. Das erreichst du, indem das Verb, das die Vermutung ausdrückt, weggelassen wird.*

✱ 156

	Aktiv	Vorgangs-passiv	Zustands-passiv
a) Ketchup wird meistens durch Kochen hergestellt.	☒	☐	☐
b) In der Grillsaison wird er noch mehr Ketchup verkaufen.	☐	☒	☐

Hinweis: a) *Das Subjekt des Satzes ist nicht der aktiv Handelnde (derjenige, der den Ketchup herstellt), dieser wird gar nicht genannt. Daher handelt es sich um einen Satz im Passiv. Die Herstellung des Ketchups wird als Vorgang beschrieben, das Verb „werden", weist darauf hin. (Im Aktiv könnte der Satz z. B. so lauten: „Die Firma Heinz stellt den Ketchup durch Kochen her." Ein Satz im Zustandspassiv wäre z. B.: „Dieser Ketchup ist in Amerika hergestellt.")* ***b)*** *Der Handelnde („er") ist das Subjekt des Satzes. Dies ist im Aktiv der Fall. Das Verb „werden" ist hier nicht Teil einer Passivform, sondern der Zeitform Futur I: Der beschriebene Verkauf des Ketchups liegt in der Zukunft.*

2 Annähernd Alex *(Jenn Bennett)*

Literarischer Text „Annähernd Alex“ – Aufgaben zum Textverständnis

201

a)	Vor- und Nachname	**Bailey Rydell**
b)	Spitzname	**Mink**
c)	Alter	**17 Jahre**
d)	letzter Wohnort	**Washington D.C.**
e)	Leidenschaft	**alte Filme**

Hinweis: ***a)*** *Vgl. Z. 22.* ***b)*** *Vgl. Z. 62.* ***c)*** *Vgl. Z. 19.* ***d)*** *Vgl. Z. 119 f.* ***e)*** *Vgl. Z. 4 f.*

* 202 Die Erzählerin möchte nicht zuerst vom Vater gesehen werden.

Hinweis: *Der Text erlaubt hier mehrere Antwortmöglichkeiten, von denen nur eine genannt werden muss. Hinweise für eine richtige Antwort geben diese Textstellen: Z. 18, 22, 27 f., 40–43 und 58 ff. Andere mögliche Antworten als die oben genannte sind: Die Erzählerin will den „Präventivschlag“ machen (vgl. Z. 41). / … ist unsicher. / … hat Angst vor dem Wiedersehen. / … will sich innerlich auf das Wiedersehen vorbereiten. / … will eine unangenehme Situation vermeiden (vgl. Z. 22).*

* 203

		Textbeleg
a)	Vater	**„Er mustert mich scheu.“ (Z. 69) / „Du bist ja richtig erwachsen.“ (Z. 69)**
b)	Tochter	**„… spotte ich, um uns beiden die Verlegenheit zu nehmen, …“ (Z. 71 f.) / „… und zwinge mich, Haltung zu bewahren.“ (Z. 68)**

Hinweis: *Beachte, dass diese Aufgabe es verlangt, wortwörtlich aus dem Text zu zitieren, das heißt also, dass die Punkte nur bei korrektem Zitieren aus dem Text gegeben werden. Dazu gehört auch das Setzen von Anführungszeichen und das Nennen der genauen Textstelle. Oben sind je zwei Möglichkeiten angegeben, es genügt jedoch jeweils ein Textbeleg.*

204

	Lebensumstände	
	vor der Trennung	**nach der Trennung**
a) Wohngegend	**Ostküste/New Jersey**	**Westküste/Kalifornien**
b) Auto	**Familienkutsche**	**Sportwagen**

Hinweis: a) *Vgl. Z. 89, 119f. und Z. 99, 117.* ***b)*** *Vgl. Z. 98f. und Z. 97f.*

∗205 Sie hofft, dass das Zusammenleben mit ihrem Vater nicht so kompliziert wird, wie sie befürchtet hat.

Hinweis: *Vgl. Z. 60. Andere Antworten sind möglich, wenn darin Folgendes deutlich wird: Die Erzählerin erkennt, dass der Vater anscheinend glücklich ist. Dies lässt sie hoffen, dass das Leben in Kalifornien angenehmer bzw. weniger kompliziert sein würde als das bei ihrer Mutter.*

∗206
- Sie zieht zum Vater, um dem Streit der Mutter mit deren neuem Partner zu entgehen.
- Sie versteckt sich am Flughafen vor ihrem Vater.

Hinweis: Verhaltensweise 1: *Vgl. Z. 19–21 und 79f.* ***Verhaltensweise 2:*** *Vgl. Z. 36–38. Möglich sind auch andere Antworten, z. B.: Sie chattet lieber mit Alex, als ihn zu treffen (vgl. Z. 2f., 15–17). Sie möchte „den Abflug machen", bevor es kompliziert oder unangenehm wird (vgl. Z. 31–35).*

207 a) Artful Doger
b) pfiffig / schlau

Hinweis: *Vgl. Z. 46–49 und 87f. Du musst hier nicht nur gründlich lesen, um die relevanten Textstellen zu finden, sondern daraus in Aufgabe b auch ableiten, welche Eigenschaft gemeint ist. Denn diese wird nicht ausdrücklich genannt, sondern das Verhalten des Vaters wird in diesem Sinne gewertet. Richtig wären auch ähnliche Umschreibungen wie z. B. „listig", „clever" etc.*

208 a) Er schaut mit hochgezogener Augenbraue vielsagend zu dem California-Dreamers!-Aufsteller, hinter dem sich die Erzählerin versteckt hatte.
b) Die Erzählerin fühlt sich ertappt und denkt bei sich: „Ups. Hätte ich mir ja denken können. Ein listiger Artful Dodger lässt sich nicht überlisten."

Hinweis: a) *Vgl. Z. 85f. Diese Reaktion des Vaters hast du beim Lesen eventuell nicht so interpretiert. Versuche die Aufgabe trotzdem zu lösen, indem du die Verhaltensweisen des Vaters beim Wiedersehen durchgehst und überlegst, was auf die Behauptung in der Aufgabenstellung hinweisen kann.*

b) *Vgl. Z. 87f. Dass die Tochter das erkennt, wird daran deutlich, dass sie sich ertappt fühlt und den Vater für „listig“ hält.*

209

		richtig	falsch
a)	Sie hat Alex über das Internet kennengelernt.	☒	☐
b)	Sie hat bereits ein Foto von Alex gesehen.	☐	☒
c)	Sie besucht dieselbe Klasse wie Alex.	☐	☒
d)	Sie chattet seit Jahren mit Alex.	☐	☒

Hinweis: a) *Vgl. Z. 1–3.* ***b)*** *Vgl. Z. 1f. Sie weiß nicht, wie er aussieht.* ***c)*** *Sie sind zwar beide in der gleichen Klassenstufe (kommen in die zwölfte), aber da sie in unterschiedlichen Landesteilen gewohnt haben, besuchen sie nicht dieselbe Schule oder Klasse.* ***d)*** *Vgl. Z. 2f. Sie chatten seit mehreren Monaten.*

∗210

	Nummer
„Du bist ja richtig erwachsen.“ „Du kannst mich gern als deine jüngere Schwester ausgeben, …“ (Z. 69 f.)	**2**

Hinweis: *Bei einer* ***Zeitraffung*** *wird die tatsächlich vergangene Zeit stark gerafft, d. h. verkürzt wiedergegeben (z. B. zwei Jahre in zwei Minuten erzählt). Eine* ***Zeitdeckung*** *liegt dann vor, wenn die erzählte Zeit der tatsächlich vergangenen Zeit entspricht (z. B. bei wörtlicher Rede). Eine* ***Rückblende*** *stellt einen zeitlichen Rückblick auf in der Vergangenheit Geschehenes dar.*
Überlege, was hier erzählt wird und in welcher Zeit. Die Handlung, nämlich das Gespräch zwischen Vater und Tochter, wird nicht verkürzt wiedergegeben (keine Raffung) und es wird auch nicht rückblickend erzählt (keine Rückblende), sondern es findet genau in dem Moment statt, von dem erzählt wird. Es wird also zeitdeckend, das heißt, eins zu eins so wiedergegeben, wie es sich vollzieht.

Sprachwissen und Sprachbewusstheit – Aufgaben zu Text 2

251 Alex zu treffen könnte eine **sehr** peinliche Enttäuschung werden.

Hinweis: Vor der Umformulierung musst du dir darüber klar werden, was an diesem Satz nicht standardsprachlich ist. Meistens sind das umgangssprachliche Formulierungen. Auch ähnliche Antworten werden gewertet, wenn das Wort „fette" durch ein standardsprachliches ersetzt wurde, z. B. „äußerst", „höchst" etc.

252

Merkmal mündlicher Kommunikation	Beispiel aus dem Text
a) Auslassen von Buchstaben	**… ich schwör's …** (Z. 23 f.)
b) Ellipse / unvollständiger Satz	**Alles schön, …** (Z. 26) / **Oder ist wirklich eingetreten.** (Z. 26 f.) / **Aber das nur am Rande.** (Z. 27)

***Hinweis:** **a)** Ausgeschrieben müsste es heißen „schwöre es", das „e" wurde ausgelassen. **b)** Ein Satz ist vollständig, wenn er mindestens Subjekt und Prädikat umfasst. In den genannten Beispielen fehlt in den Sätzen 1 und 3 jeweils das Prädikat, in Satz 2 fehlt das Subjekt. Es genügt, wenn du ein Beispiel aufschreibst.*

253

a) verängstigt	☐
b) schlagfertig	☐
c) aggressiv	☐
d) hinterlistig	☒

***Hinweis:** Wenn dir die Bedeutung unklar ist, kannst du im Wörterbuch nachschlagen. Auch kann es hilfreich sein, die Formulierung im Textzusammenhang zu betrachten (Z. 44). Die Erzählerin beschreibt sich an dieser Stelle in ihrer Rolle als Vermeiderin. Dazu passt eine gewisse **Listigkeit**. **Verängstigt** ist jemand, der eingeschüchtert und voller Angst ist. **Schlagfertig** ist jemand, der immer eine passende Antwort/Reaktion parat hat. **Aggressiv** ist jemand, dessen Reden oder Handeln von Brutalität geprägt ist.*

∗254 **Während/Als** ich mein Gepäck vom Laufband **nehme**, spähe ich durch die automatischen Türen.

__Hinweis:__ Auch richtig wäre: Ich nehme mein Gepäck vom Laufband und spähe währenddessen/dabei durch die automatischen Türen.
Der gegebene Satz drückt zwei Handlungen aus, die nacheinander vollzogen werden: zuerst das Herunternehmen des Gepäcks vom Laufband und anschließend das Spähen durch die Türen. Der Satz muss so umformuliert werden, als ob diese beiden Handlungen gleichzeitig abliefen. Dafür musst du eine geeignete __Konjunktion__ („als“, „während“) oder ein passendes __Adverb__ („währenddessen“, „dabei“) verwenden und die __Zeitform__ im ersten Satzteil anpassen (Präsens statt Perfekt).

255 a) Ich **möchte/will** mein Gepäck im Kofferraum verstauen.
b) Ich **darf/kann** mein Gepäck im Kofferraum verstauen.
c) Ich **soll/muss** mein Gepäck im Kofferraum verstauen.

__Hinweis:__ Modalverben drücken aus, ob etwas möglich, notwendig, erlaubt, gewollt oder verlangt wird. Die Modalverben im Deutschen sind: „dürfen“, „können“, „mögen“, „müssen“, „sollen“ und „wollen“. Du musst überlegen, welche hiervon einen Wunsch, eine Erlaubnis und eine Aufforderung zum Ausdruck bringen. Es gibt jeweils zwei richtige Möglichkeiten, eine davon genügt als richtige Lösung.

∗256

a) Partizip I	**glänzenden / fahrend**
b) Partizip II	**heruntergeklapptem / verzückt**

__Hinweis:__ Partizipien sind von einem __Verb__ abgeleitete Formen. __a)__ Das Partizip I ist an der Endung „-end“ erkennbar. __b)__ Typisch für das Partizip II sind das Suffix „-t“ und das Präfix „ge-“ („heruntergeklappt“). Handelt es sich um ein Verb, das in der Grundform schon ein Präfix aufweist („verzücken“), entfällt allerdings das „ge-“. Es gibt jeweils zwei richtige Möglichkeiten, eine davon genügt als Lösung.

3 Die nächste große Welle

Diskontinuierliche Texte „Die nächste große Welle“ – Aufgaben zum Textverständnis

301 Es gibt in Europa viele durch Tsunamis gefährdete Küstenabschnitte.

Hinweis: *Vgl. Grafik „Europas Küsten“.*

302

	Nummer
a) Die Bevölkerung wird über die Tsunami-Gefahr informiert.	**5**
b) Bojen registrieren Signale und leiten diese an den Satelliten weiter.	**2**
c) Sensoren am Meeresboden geben auffällige Veränderungen weiter.	**1**
d) Satelliten überwachen Veränderungen des Meeresspiegels und leiten Informationen weiter.	**3**
e) Messdaten werden zentral ausgewertet.	**4**

Hinweis: *Die Phasen des Tsunami-Frühwarnsystems werden in der Grafik „Früh gewarnt“ erklärt.*

303 a) Je tiefer das Wasser, umso **höher** die Geschwindigkeit der Welle.
b) Je langsamer die Welle, umso **größer** ihre Höhe.

Hinweis: *Die richtigen Antworten findest du in der Grafik „Lange unsichtbar“. Du musst hier zuerst überlegen, welche Größen dir gegeben sind:* ***a)*** *Wassertiefe und Geschwindigkeit,* ***b)*** *Geschwindigkeit und Wellenhöhe. Dann kannst du in der Grafik ablesen, wie sie sich jeweils zueinander verhalten.*

304
- Bucht mit schmalem Zugang oder enger Hafen
- gerade, flache Küstenlinie

Hinweis: *Der diskontinuierliche Text „Wichtiger Unterschied“ geht auf die unterschiedlichen Gefährdungen verschiedener Küstenformen ein, von Tsunamis überrollt zu werden.*

305

	richtig	falsch
a) Die meisten schweren Schäden durch Tsunamis sind im letzten Jahrzehnt, das in der Grafik abgebildet wird, entstanden.	☒	☐
b) Es gab seit 1900 kein Jahrzehnt, in dem Tsunamis keine Schäden anrichteten.	☒	☐
c) Die meisten Tsunamis gab es zwischen 1920 und 1929.	☒	☐
d) Weltweit gab es zwischen 1900 und 2009 Tausende Tsunamis.	☐	☒
e) Um 1900 richteten Tsunamis die wenigsten Schäden an.	☐	☒

Hinweis: *Die Lösungen findest du in der Grafik „Nicht so selten". Hier musst du die richtigen Werte ablesen. Die X-Achse stellt die Zeiträume zwischen 1900 und 2009 dar, die Y-Achse die Anzahl der Tsunamis. Außerdem unterscheidet die Datenkurve zwischen Tsunamis, die Schäden hinterlassen haben (hellgrau), und solchen ohne Schäden (dunkelgrau).*
a) *Das erkennst du daran, dass der helle Bereich in diesem Zeitraum am breitesten ist.* ***b)*** *Denn andernfalls müsste die hellgraue Fläche zu irgendeinem Zeitpunkt komplett aus der Grafik verschwunden sein.* ***c)*** *Die Kurve reicht hier am weitesten in die Höhe. Es sind in diesem Zeitraum 137 plus 12, also 149 Tsunamis verzeichnet.* ***d)*** *Hier müssten alle im Diagramm genannten Zahlen addiert werden. Du musst das nicht genau ausrechnen, sondern kannst es überschlagen, z. B. so: Die Kurve liegt im Schnitt ca. bei 100 Tsunamis pro Jahrzehnt. Nimmt man dies mal elf Jahrzehnte, wären es im genannten Zeitraum 1 100 Tsunamis. Dies sind nicht „Tausende".* ***e)*** *Hier ist der Zeitpunkt gesucht, wo der hellgraue Bereich am kleinsten ist. Dies ist um 1980, und nicht um 1900 der Fall.*

306 Zwar sind Tsunamis am Schwarzen Meer selten, aber sie können dennoch vorkommen: 3 % aller Tsunamis in den letzten 4 000 Jahren traten am Schwarzen Meer auf.

Hinweis: *Hier musst du genau aufpassen, denn es gibt eine doppelte Verneinung: Die Aufgabenstellung gibt dir vor: Die gegebene Aussage ist falsch. In der Aussage, um die es geht, heißt es: „… kann kein Tsunami auftreten." Beides zusammen bedeutet also, du musst begründen, warum auch am Schwarzen Meer Tsunamis vorkommen können. Einen Hinweis auf die Antwort findest du in der Tabelle „Ungleich verteilt".*

307 Die Gebiete, in denen seit dem Jahr 2000 größere Tsunamis entstanden sind, liegen außerhalb des auf der Karte abgebildeten Bereichs.

✎ ***Hinweis:*** *Die „Legende“ zu einer Grafik ist der Teil, in dem die verwendeten Symbole erklärt werden. Das Symbol der Legende, das auf der Karte nicht zu finden ist, ist der dunkelblaue Kreis, um die sich konzentrische Kreise gruppieren. Auf der Karte sind lediglich Europas Küsten dargestellt. Aus den anderen diskontinuierlichen Texten erfährst du, dass die größte Tsunamigefahr in Asien und Afrika besteht. Es ist also davon auszugehen, dass die großen Tsunamis seit 2000 in Regionen außerhalb Europas entstanden sind und das Symbol deshalb hier keine Verwendung findet.*

4 Richtig schreiben

401

a) M oder m?		
mittags	1. Ich wende die Artikelprobe an.	☐
	2. Ich bilde ein stammverwandtes Wort.	☐
	3. Ich erkenne ein typisches Suffix für Adverbien.	☒

Hinweis: *Das Suffix „-s" weist auf ein Adverb hin (z. B. montags). Diese werden kleingeschrieben. Auch das Ausschlussprinzip führt zur Lösung: Eine Artikelprobe ist nicht möglich und auch die Bildung eines stammverwandten Wortes hilft für die Frage der Groß- oder Kleinschreibung nicht weiter.*

b) t oder tt?		
mi**tt**ags	1. Ich verlängere das Wort.	☐
	2. Ich bilde den Plural.	☐
	3. Ich zerlege das Wort in seine Silben.	☒

Hinweis: *Auch hier hilft das Ausschlussverfahren: Ein Adverb ist unveränderlich, insofern kannst du es weder verlängern noch den Plural bilden.*

402

a) Es gab ein Gesetz, …

☐ dass	☐ dass	Ketchuprezept schützen sollte.
☒ das	☒ das	

Hinweis: *Um die Schreibung von „das"/„dass" zu ermitteln, musst du wissen, um welche Wortart es sich handelt: „dass" ist immer eine* ***Konjunktion****, „das" ist entweder* ***Relativpronomen****,* ***Demonstrativpronomen*** *oder* ***Artikel****. Herausfinden kannst du das mit der Ersatzprobe: Ist ein Austausch durch „dieses", „jenes" oder „welches" möglich, liegt ein Pronomen oder ein Artikel vor. Bei „dass" ist kein Austausch möglich.* ***Ersatzprobe:*** *Es gab ein Gesetz, welches (= Relativpron.) dieses/jenes (= Artikel) Ketchuprezept schützen sollte.*

403

	Suffix
a) haltbar	**-bar**
b) praktischer	**-isch-**
c) Richtungen	**-ung-**

*✎ **Hinweis:** Ein Suffix ist ein hinten an den Wortstamm angehängter Wortbestandteil. (Du kannst das, wenn nötig, auch im Wörterbuch nachschlagen.)* ***a)*** *„-bar" ist eine typische Endung für Adjektive, diese schreibt man klein.* ***b)*** *Auch das Suffix „-isch" ist eine Adjektivendung. Da hier die Steigerungsform (Komparativ) vorliegt, musst du dir zunächst die Grundform des Adjektivs in Erinnerung rufen.* ***c)*** *Gehe auch in diesem Fall von der Grundform aus, denke dir also die Pluralendung weg. Dann erkennst du das Suffix „-ung", das auf ein Nomen hinweist.*

404

	Groß-schreibung	Klein-schreibung
a) Die Firma ist PLEITE.	☐	☒
b) Die ersten Flaschen kamen aus dem AMERIKANISCHEN.	☒	☐

*✎ **Hinweis:*** ***a)*** *Ob es sich um das Adjektiv/Adverb „pleite" oder das Nomen „(die) Pleite" handelt, kannst du versuchen zu erfragen: Was macht die Firma? Die Firma macht Pleite (Nomen). Wie ist die Firma? Sie ist pleite (Adverb). Somit wird das Wort hier kleingeschrieben.* ***b)*** *Adjektive wie „amerikanisch" werden kleingeschrieben. Allerdings ist das Wort hier nominalisiert, das heißt, es wird wie ein Nomen verwendet („das Amerikanische"). Das kannst du am vorangestellten Artikel erkennen: „aus dem Amerikanischen". Deshalb wird hier großgeschrieben.*

405

	Getrennt-schreibung	Zusammen-schreibung
a) Beim Grillen ist das Fleisch regelmäßig zu wenden / zuwenden.	☒	☐
b) Gleichzeitig muss er sich dem Gast zu wenden / zuwenden.	☐	☒

*✎ **Hinweis:** Leite dir die richtige Schreibung her, indem du dir klarmachst, wie das jeweilige Verb im Infinitiv aussieht: „wenden" oder „zuwenden". So muss bei* ***a)*** *getrennt geschrieben werden, weil es um das Verb „wenden" geht. Das „zu" zeigt hier den erweiterten Infinitiv an. Bei* ***b)*** *handelt es sich um das Verb „zuwenden". Das „zu" ist also fester Bestandteil des Verbs, weshalb zusammengeschrieben wird.*

5 Überarbeiten eines Textes

501	Die Spargelstange ist der Stängelspross der Spargelpflanze, die zur Familie der Liliengewächse gehört.	**Z** *(Korrektur direkt im Text)*
✱ 502	Viele ~~alt bekannte~~ Sorten werden heute kaum noch angebaut.	**R** altbekannte
✱ 503	Spargelkulturen sollen über viele Jahre gute Erträge bringen, ~~weil~~ der Standort sorgfältig ausgewählt werden sollte.	**G** (Konjunktion) weshalb / sodass / weswegen
504	Zur Ernte werden die Spargelstangen gestochen, was nach wie vor ~~knüppelharte~~ Handarbeit ist.	**A** (umgangssprachlich) äußerst / sehr harte
505	Spargel ist ein Gemüse, welches in seinem Geschmack einzigartig und deshalb bei Feinschmeckern ~~voll~~ beliebt ist.	**A** (umgangssprachlich) sehr / äußerst
✱ 506	Früher wurden die Spargelstangen, die noch nicht zerkleinert waren, relativ umständlich mit den Fingern gegessen.	**Z** *(Korrektur direkt im Text)*
507	Deshalb wurde zum ~~spargelessen~~ immer ein mit warmem Wasser gefülltes Fingerschälchen gereicht.	**R** Spargelessen
508	Für die aus heutiger Sicht unsinnig erscheinende Sitte gab es ~~ein~~ einfachen Grund.	**G** (Kasus) einen
509	Wurde der Spargel ~~geschnitten mit dem Messer~~, fing dieses stark zu rosten an.	**G** (Satzbau) … mit dem Messer geschnitten, …
510	Heute können sich Spargelliebhaber über rostfreie Messer freuen und Spargel zu jedem ~~Anlaß~~ bedenkenlos mit Messer und Gabel essen.	**R** Anlass

Hinweis:

501) *Da hier zwei finite Verben vorhanden sind („ist", „gehört"), muss es sich um zwei Sätze handeln: einen Haupt- und einen Nebensatz (Relativsatz). Diese müssen durch Komma getrennt werden.*

502) *Es handelt sich nur um ein Wort. Würden zwei getrennte Adjektive vorliegen, müsste auch das erste dekliniert sein („alte, bekannte Sorten").*

503) *Hier soll kein Grund, sondern eine Bedingung ausgedrückt werden. Deshalb ist „weil" die falsche Konjunktion.*

504) *„Knüppelhart" ist ein umgangssprachlicher Begriff. Überlege, welches Wort der Standardsprache den gleichen Inhalt, die Schwere der Arbeit, zum Ausdruck bringt.*

505) *Hier liegt derselbe Fall wie im vorherigen Satz vor und du musst ein standardsprachliches Ersatzwort für das umgangssprachliche „voll" finden.*

506) *In den Hauptsatz ist hier ein Relativsatz eingeschoben, der mit Kommas vorn und hinten vom übrigen Satz abgetrennt werden muss. Wieder kannst du aus den zwei finiten Verben („wurden", „waren") erschließen, dass zwei Sätze vorliegen.*

507) *Es handelt sich um eine Nominalisierung des Verbs „Spargel essen". Erkennbar ist sie am vorausgehenden Artikel („zum" = „zu dem"). Deshalb wird hier wie bei einem „echten" Nomen großgeschrieben.*

508) *Die Wortgruppe „ein einfacher Grund" wird in diesem Satz im Akkusativ gebraucht und muss deshalb dekliniert werden: „einen einfachen Grund".*

509) *Die Wortstellung ist hier falsch. Das Partizip der zweiteiligen Verbform („wurde … geschnitten") muss am Ende des Nebensatzes stehen.*

510) *Nach einem lang gesprochenen Vokal wird ein scharf gesprochener s-Laut als „ß" geschrieben, nach kurzem Vokal, wie bei „Anlass", als „ss".*

6 Erstellen eines Schreibplans

*Hinweis: Das **Thema** und die damit verbundene **Problemfrage** sind dir vorgegeben. Lies dir erst einmal in Ruhe die beschriebene Situation und die gegebenen Argumente durch. Du kannst daraus diese wichtigen Infos entnehmen: a) Man verdient bei einem Ehrenamt kein Geld und es kostet Zeit. b) Mit einem Ehrenamt leistet man etwas für die Gesellschaft und es kann einen persönlich stärken.*
*Im vorgegebenen Schreibplan stehen bereits **zwei Positionen**, du kannst dich aber frei entscheiden, welche du als These und welche als Gegenthese verwenden möchtest. Das heißt, du musst eine der vorgegebenen Thesen streichen und dann im zweiten Teil die andere.*
*Um dir das Finden von **Argumenten und Gegenargumenten** zu erleichtern, sind dir vier Sprechblasen mit Meinungsäußerungen zum Thema vorgegeben. Diese musst du allerdings umformulieren, du kannst sie nicht einfach nur übernehmen. Eine besondere Leistung wird von dir beim dritten Argument/Gegenargument verlangt, denn hier musst du dir selbst etwas ausdenken. Du kannst überall dein Wissen oder die Erfahrungen aus deinem Leben einbeziehen.*
*Auch für die **Einleitung** und den **Schluss** musst du dir selbst etwas überlegen. Am Ende sollst du ein **Fazit** ziehen, also das Ergebnis deiner Ausführungen zusammenfassen, und eine **Empfehlung** zum Thema aussprechen.*
*Je gründlicher du bei der Erstellung des Schreibplans vorgehst und je besser du hier schon das Thema durchdenkst, umso leichter wird dir das anschließende Ausformulieren der Erörterung fallen. Du musst nur daran denken, dass die **Überleitungssätze** zwischen den einzelnen Abschnitten im Schreibplan nicht verankert sind und bei der Ausformulierung der Erörterung noch eingefügt werden müssen.*

***601** und **602**) Für die Einleitung musst du dir selbst etwas überlegen, um den Leser zum Thema „Ehrenamt" hinzuführen und um schlüssig darzulegen, warum du dieses Thema erörterst, also den Schreibanlass. Dabei musst du auch die Aufgabenstellung berücksichtigen. Da diese hier recht allgemein gehalten ist, hast du in Bezug auf die Einleitung viel Freiheit. Oft bietet sich zum Einstieg eine dieser Möglichkeiten an: ein aktuelles Ereignis, eine Definition, ein persönliches Erlebnis oder ein konkretes Beispiel. Du darfst dir hier auch etwas ausdenken.*
***603–608**) Eine Erörterung sollte dem Sanduhrprinzip folgen, d. h., du solltest hier mit der These beginnen, die nicht deiner persönlichen Meinung entspricht. Die drei Argumente sollten vom stärksten zum schwächsten hin angeordnet werden. Die Belege sollten das jeweilige Argument untermauern und den Inhalt des Arguments verdeutlichen.*
Zwei Argumente kannst du aus den gegebenen Meinungsäußerungen ableiten. Denke aber daran, dass du diese Äußerungen zu Argumenten umformulieren

musst. Etwas schwieriger ist das dritte Argument, denn das musst du alleine entwickeln. Hier kommt es darauf an, dass du dich gut in das Thema „hineindenkst“. Die Belege/Beispiele sollten das jeweilige Argument untermauern und den Inhalt des Arguments verdeutlichen.
Um nun die andere Seite zu erörtern, ist ein kurzer Überleitungssatz wichtig. Oft reicht es schon aus, zu erwähnen, dass ein Thema/Problem immer zwei Seiten hat und diese erst einmal wertneutral betrachtet werden müssen. Deine Meinung sollte erst im Schlussteil eine Rolle spielen.
***609–614)** Hier lässt du die These stehen, die deinem Standpunkt eher entspricht, also die, die du oben ausgestrichen hattest. Nun beginnt der zweite Teil der „Sanduhr“, das heißt, du beginnst jetzt mit dem schwächsten Argument und steigerst die Aussageintensität dann zum letzten Argument hin. Auch hier kannst du zwei Argumente wieder aus den Meinungsäußerungen ableiten und musst das dritte Argument selbstständig finden. Nutze für die Belege dein Allgemeinwissen.*
***615)** Im Schlussteil sollst du deine persönliche Meinung zum Thema formulieren. Auch wenn du hier gerne so schreiben möchtest, wie du in einer mündlichen Diskussion auf das Thema reagieren würdest, solltest du aufpassen, dass sich keine Umgangssprache einschleicht.*
***616)** Im abschließenden Fazit kannst du noch einmal das, was du als wichtigste Erkenntnis empfindest, hervorheben.*
***617)** Daraus ableitend soll eine Empfehlung ausgesprochen werden, die deinen Lesern hilft, Stellung zum Thema Ehrenamt zu beziehen und evtl. ihr eigenes Handeln zu überdenken.*

Gliederungsraster:

		1. Einleitung
601	Schreibanlass/ aktueller Anlass	Definition: Was ist ein Ehrenamt? Unterrichtseinheit im Ethikunterricht zum Ehrenamt
602	Hinführung zum Thema	• im Detail für viele Schülerinnen und Schüler neu • Diskussion mit widersprüchlichen Meinungen • Anregung einer schulweiten Debatte über ehrenamtliche Arbeit
		2. Hauptteil
	These	~~Die Ausübung eines Ehrenamtes ist erstrebenswert.~~ Das Ausüben eines Ehrenamtes ist abzulehnen.
603	1. Argument	Der persönliche Zeitmangel verhindert ein regelmäßiges Ehrenamt.
604	Beleg/Beispiel	• an Ganztagsschulen Unterricht oft bis spät am Nachmittag • schon für Hobbys, z. B. Sport, wenig Zeit
605	2. Argument	Die fehlende Bezahlung macht ein Ehrenamt unattraktiv.
606	Beleg/Beispiel	• kein Ausgleich für die oft große Arbeitsbelastung und Anstrengung • Jugendliche wollen Geld dazuverdienen, um sich Kleidung etc. zu kaufen
∗607	3. Argument	Mangelnde Anerkennung bei den Menschen, denen geholfen wird, und im eigenen Umfeld ist frustrierend.
∗608	Beleg/Beispiel	• geringe Wertschätzung der Lernhilfe in Willkommensklassen • wenig Verständnis im Freundeskreis und Ausschluss von Freizeitaktivitäten
	Gegenthese	Die Ausübung eines Ehrenamtes ist erstrebenswert. ~~Das Ausüben eines Ehrenamtes ist abzulehnen.~~
609	1. Argument	Es macht stolz, etwas für die Gesellschaft zu leisten.
610	Beleg/Beispiel	• Schritt ins Erwachsenenleben, Wahrnehmung als vollwertiges Mitglied der Gemeinschaft • Bedeutung der eigenen Tätigkeit

611	2. Argument	Ehrenamtliches Engagement steigert das Selbstbewusstsein.
612	Beleg/Beispiel	• positive Erfahrungen und Anerkennung anderer für gute Arbeit • selbstbewussteres Auftreten, mehr Offenheit und Sicherheit im Umgang mit anderen
✱613	3. Argument	Das eigene Engagement kann eine Signalwirkung haben, man kann Vorbild sein.
✱614	Beleg/Beispiel	• gute Projekte finden Beachtung durch Dritte • „Ansteckung“ anderer für ehrenamtliches Engagement
	3. Schluss	
615	persönliche Meinung	Ein Ehrenamt ist eine gute Sache. • wichtiger Beitrag für die Gemeinschaft • fördert die persönliche Entwicklung
✱616	Fazit	Ehrenamtliche Tätigkeiten sind ein Schritt ins Erwachsenenleben und tragen zur Entwicklung zu einer reifen Persönlichkeit bei.
✱617	eine Empfehlung	Appell zum Ausüben eines Ehrenamtes • viele Organisationen und Projekte möglich • etwas aussuchen, das einem Spaß macht

7 Umsetzung des Schreibplans: Verfassen einer Erörterung

Hinweis: Verfasse nun auf der Grundlage deines Schreibplans eine Erörterung. Achte unbedingt darauf, die Gliederung einzuhalten, denn dies fließt in die Bewertung deines Aufsatzes mit ein. Formuliere passende Überleitungen, um deine Argumente miteinander zu verknüpfen; auf keinen Fall solltest du sie einfach nur aneinanderreihen. Gestalte deinen Text übersichtlich und nimm dir am Schluss Zeit für einen Korrekturdurchgang, um Grammatik-, Rechtschreib- und Zeichensetzungsfehler zu berichtigen.

Sollte man ein Ehrenamt ausüben?

Einleitung: Schreibanlass / aktueller Anlass

Ein Amt hat jeder von uns schon kennengelernt. Bürgeramt, Arbeitsamt, Standesamt – all das sind Einrichtungen, die im Leben weiterhelfen, wichtige Entscheidungen treffen oder auch bestätigen. Doch was ist ein Ehrenamt?

Hinführung zum Thema

Ein Ehrenamt ist eine freiwillige Aufgabe, die man regelmäßig übernimmt, um jemandem zu helfen, der darauf angewiesen ist, oder um eine gute Sache zu unterstützen, zum Beispiel in einem Verein oder einer gemeinnützigen Organisation. Für ehrenamtliche Arbeit erhält man keine Bezahlung.

Im Ethikunterricht haben wir uns kürzlich mit dem Thema „Ehrenamt" beschäftigt und dabei auch erfahren, welche verschiedenen Möglichkeiten es gibt, ein Ehrenamt auszuüben. Für viele von uns war das neu, denn kaum einer hat zum Beispiel schon darüber nachgedacht, wer die Rettungsschwimmer an unseren Badestränden im Sommer sind, und kaum einer wusste, dass die meisten von ihnen diese Arbeit ehrenamtlich machen. Und das ist nur ein Beispiel. So haben wir die Frage diskutiert, ob man ein Ehrenamt ausüben sollte. Da es viele unterschiedliche Meinungen zu diesem Thema gab, lohnt es sich, die einzelnen Standpunkte und Argumente noch einmal genau zu betrachten und zu erörtern. Vielleicht können unsere Überlegungen ja eine schulweite Diskussion über ehrenamtliche Arbeit anstoßen.

Hauptteil: These

Die Ausübung eines Ehrenamtes ist abzulehnen. Diese These vertraten einige in unserer Klasse. Dabei kamen verschiedene Argumente zur Sprache. Da ist zunächst der Zeitaspekt, das heißt, dass es aufgrund fehlender Zeit nicht möglich ist, ein Ehrenamt auszuüben. Es ist tatsächlich nicht einfach, Freizeitaktivitäten zu planen und regelmäßig wahrzunehmen, wenn man an der Ganztagsschule bis um

1. Argument
Beleg/Beispiel

16 oder 17 Uhr Unterricht hat. So ist es oft schon schwierig, Hobbys wie etwa regelmäßigen Sport neben dem Unterricht und den Hausaufgaben zu betreiben. Da bleibt keine Zeit für ein zeitaufwendiges Ehrenamt.

2. Argument
Beleg/Beispiel

Ein weiteres Argument ist die fehlende Bezahlung. Ein Ehrenamt ist oft sehr arbeitsaufwendig und anstrengend. Einen Ausgleich in Form einer Bezahlung, die das Amt attraktiver machen würde, gibt es aber nicht. Für die meisten Jugendlichen ist es jedoch sehr wichtig, sich ein wenig Geld dazuzuverdienen. Denn nur so kann man sich bestimmte Wünsche erfüllen, wie zum Beispiel modische Kleidung oder ein Smartphone kaufen, oder den Führerschein finanzieren. Ein Ehrenamt ist in dieser Hinsicht unattraktiv und die meisten suchen sich lieber eine bezahlte Tätigkeit.

3. Argument
Beleg/Beispiel

Ein drittes Argument gegen die Ausübung eines Ehrenamtes ist die oft mangelnde Anerkennung. Es ist frustrierend, wenn das Engagement, das man zeigt, weder von den Menschen, denen man helfen möchte, noch vom eigenen Umfeld gewürdigt wird. Ein Beispiel dafür ist die Lernhilfe, die in sogenannten Willkommensklassen angeboten wird. Die Lernenden in diesen Klassen, meist Flüchtlinge, sind zum Teil so in ihre eigenen Sorgen verstrickt, dass sie wenig Dankbarkeit gegenüber denen zeigen, die sich hier mit viel Mühe engagieren. Auch im eigenen Freundeskreis fehlt es oft an Verständnis. Anstatt zu würdigen, dass man sich ehrenamtlich betätigt, kann es sogar passieren, dass man aufgrund von Terminproblemen bei gemeinsamen Freizeitaktivitäten nicht mehr einbezogen wird.

Überleitung
Gegenthese

Allerdings stehen diesen negativen Sichtweisen auch einige Argumente gegenüber, die die These stützen, dass es erstrebenswert ist, ein Ehrenamt auszuüben.

1. Argument
Beleg/Beispiel

So kann man etwa den Stolz nennen, den man empfindet, wenn man etwas für die Gesellschaft leistet. Auf dem Weg ins Erwachsenenleben kann gesellschaftliches Engagement einen wichtigen Schritt darstellen. Dank dem positiven Beitrag, den man mit einem Ehrenamt leistet, wird man als vollwertiges Mitglied der Gemeinschaft, nicht mehr als Kind wahrgenommen. Bei vielen Ehrenämtern, wie z. B. bei der freiwilligen Feuerwehr, der DLRG oder der Alten- und Demenzbetreuung, merkt man ganz direkt, wie sehr man gebraucht wird und wie wichtig die eigene Arbeit ist. Daraus entwickelt sich meist ein Gefühl des Stolzes.

Ehrenamtliches Engagement hat häufig auch ein selbstbewussteres Auftreten zur Folge. Oft handelt es sich bei Ehrenämtern um sehr verantwortungsvolle Aufgaben, bei denen sich viele Menschen auf einen verlassen. Hat man hier die Erfahrung gemacht, dass man diese Aufgaben gut bewältigt und dafür die Anerkennung der anderen erhält, so kann ein Ehrenamt dazu führen, dass das Selbstbewusstsein gestärkt wird. Man kann dann vielleicht freier sprechen und geht offener auf Menschen zu, man fühlt sich in einer Gruppe, wie zum Beispiel in der Teamarbeit im Unterricht, viel sicherer und kann selbstbewusst seinen Standpunkt vertreten.

2. Argument
Beleg/Beispiel

Ein besonders überzeugendes Argument für die Ausübung eines Ehrenamtes ist die Signalwirkung, die davon ausgehen kann. Mit einem Ehrenamt zeigt man Engagement für eine gute Sache. Das bringt manchmal andere Menschen dazu, sich auch für diese Dinge zu interessieren, über die sie vorher nicht nachgedacht haben. Erzählt man begeistert von der ehrenamtlichen Arbeit und davon, welche positiven Erfahrungen man damit macht, so kann das eigene Engagement ansteckend sein und beispielsweise Freunde und Klassenkameraden dazu bringen, selbst ehrenamtlich tätig zu werden. Diese Vorbildfunktion ist ebenfalls ein wichtiger Punkt, der für ein Ehrenamt spricht.

3. Argument
Beleg/Beispiel

Zusammenfassend kann ich sagen, dass für mich ehrenamtliche Arbeit eine gute Sache ist, weil sie nicht nur einen wichtigen Beitrag für die Gemeinschaft darstellt, sondern auch die eigene Entwicklung vorantreibt und positive Eigenschaften bei sich selbst zutage fördert.

Schluss:
persönliche Meinung

Ein solches Engagement für die gute Sache ist ein Zeichen des Erwachsenwerdens und dafür, dass man bereit ist, Verantwortung zu übernehmen. Es kann die Entwicklung zu einer reifen und verantwortungsbewussten Persönlichkeit und zu einem vollwertigen Mitglied der Gesellschaft fördern.

Fazit

Deshalb empfehle ich jedem: Erkundigt euch, wo, mit wem und wofür ihr euch engagieren könnt. Es gibt viele Organisationen, die auf Ehrenämtler angewiesen sind. Bestimmt findet ihr etwas, das euch liegt und zu euren Interessen passt. Und wenn etwas Spaß macht, lässt sich das Ehrenamt sicher auch in einen engen Zeitplan integrieren. Ehrenamtliche Arbeit ist eine coole Sache!

Empfehlung

Bewertungstabelle:

Note	1	2	3	4	5	6
eBBR Punkte	≥84	83–72	71–59	58–45	44–23	22–0
MSA Punkte	120–112	111–100	99–88	87–72	71–36	35–0